沉思

有什麼用？

哲學皇帝的每日功課！

來教你，身處殘酷的世界，為心靈堡壘！

自我 × 存在 × 生命 × 成長

超然於現實，卻又包容現實的方方面面，
蘊含深遠智慧的修身哲學！

梁實秋評論其為「人間的至寶」；
費迪曼稱它能「負起做人的重荷」；
哲學家皇帝馬可·奧理略一生披荊斬棘的終極寶典
——教你如何透過「沉思」來喚醒心靈的力量！

劉燁，王郁陽 編著

目錄

目錄

序言

一個人的閱讀史就是一個人的思想史。

今天，我們應該讀什麼書？

約兩千年以前，一位古羅馬皇帝在戎馬倥傯、車馬勞頓間隙寫下《沉思錄》，這是一本寫給自己的書，作者從沒想過它會發表甚至傳之後世，他只是忠實記錄自己的所思所想，藉以幫助自己進行一種精神和德行的訓練。這本書在傳世的近兩千年裡，指引無數來自社會各個階層的人，上至國家元首，下至平民百姓，找到了內心的安寧和幸福。到了近代，它更是大放異彩，成為眾多飽受世事困擾、追求明澈智慧人生的人們的心靈救贖之書。

這是一本什麼樣的書呢？

我們還是先從這本書的作者說起吧！

馬可‧奧理略‧安東尼努斯（Marcus Aurelius Antoninus），西元 121 年 4 月 26 日出生於羅馬一個貴族家庭，其外曾祖父擔任過兩次羅馬執政官，祖父三度擔任羅馬執政官，家族地位顯赫。奧理略幼年喪父，從孩提直到成年，一直師從於私聘教師，在希臘文學和拉丁文學、修辭、法律、繪畫、尤其是哲學方面都得到了當時最好的教育，這也為他之後成為斯多葛派（Stoics）哲學的代表人物，奠定了堅實深厚的基礎。

孩提時的奧理略以其天性稟賦深得赫德里安皇帝（又譯哈德良，Hadrianus，西元 117 ～ 138 年在位）的好感。在原先的繼嗣死後，赫德里安皇帝選定奧理略的姑父，後來成為其養父的安東尼‧畢尤（Antoninus Pius）為繼嗣。安東尼‧畢尤皇帝於西元 138 ～ 161 年在位，在其統治下羅馬帝國迎來了空前的繁榮，他與馬可‧奧理略在史上並稱為「兩安東尼」，是羅馬帝

國「五賢君」中的第四位，他可以說是對奧理略一生影響最大的人。

西元 161～180 年，馬可·奧理略·安東尼努斯皇帝在位的近二十年間，他的國家不斷遭受颱風、地震、瘟疫等自然災害，帝國邊境也不安寧，不斷發生一些部落的入侵戰爭，而國家內部也有總督叛亂。所以，馬可·奧理略執政期間的大部分時間都沒有留在羅馬城內，而是在戎馬倥傯、鞍馬勞頓之中度過。對於層出不窮的災難和難題，馬可·奧理略表現出一種斯多葛派哲學家冷靜、鎮定的精神和以靜制動的智慧，以堅如磐石的信念和堅持不懈的勤勉，克服了重重磨難。他統治的歲月被英國著名羅馬史學家吉朋（Edward Gibbon）稱為「人類過著最為幸福繁榮的生活」的時期，而他也被尊崇為「古羅馬五賢君」的最後一位，在其死後相當長一段時間內，被人們像神一樣崇敬和愛戴。

馬可·奧理略建立的豐功偉業和美德操行獲得了生前死後的巨大聲名，但是如果不是他具有一種比這功業更深沉的精神，而這精神又被賦予文字並被幸運地流傳下來，那麼近兩千年之後的我們大概很少有人會記起這位偉大的皇帝。如今，他在約兩千年前建立的功業早已湮滅在歷史的塵埃之中，而他的《沉思錄》卻穿越約兩千年的時空，永放光輝。他的哲學在過去被反覆閱讀，在今天被反覆閱讀，在將來也會一直被反覆閱讀，具備了一種超越時空的永恆力量。《沉思錄》被視為斯多葛派哲學的代表作品，表達了身為斯多葛派哲學代表人物的馬可·奧理略對於社會倫理、個人倫理和精神信仰等方面的思考，它不是一種精心構製的哲學體系，甚至不是連貫完整的論著，而是一種始終連繫於自己人生和道德實踐的片段思考。

在社會倫理層面，奧理略不僅把自己視為一個羅馬公民，同時也是一個世界公民。他說：「我的本性是理性的和社會的，就我是安東尼努斯來

說，我的城市與國家是羅馬；但就我是一個人來說，我的國家就是這個世界。」（卷六）這位古羅馬皇帝表現出一種令人驚嘆的世界主義情懷，他超越了狹隘的國家主義，不僅從一個特定政治社會的角度考慮自己的義務，也從一個普遍的人類大家庭中的一員來考慮自己的義務。他極其重視對社會義務的承擔，甚至把這種承擔強調到了一種絕對義務論的程度。他強調人應該按照本性生活，並且指出「來自命運的東西並不脫離本性」（卷二）。《沉思錄》處處展現了一種自省精神和超越精神，一種在各種極端中保持平衡、恪守中道的精神，一種堅定而溫和的應對萬事萬物的精神，一種恪盡職守、及時行德、淡泊名利、按照本性生活的精神。這些精神和智慧具有永恆的價值，可以幫助我們在現代這樣一個浮躁、忙碌的世界裡找回心靈的力量，從容面對競爭和挑戰。

19 世紀的法國學者雷朗評價《沉思錄》為「真正永久的福音書」，他這樣說道：「馬可‧奧理略的宗教是絕對的宗教……它產生於一顆高貴的、面對宇宙的道德良心這一事實。這一高貴的道德良心，是任何民族、任何國家、任何革命、任何進步、任何發現都不可能改變的。」

中國文學評論家梁實秋這樣說道：「這位一千八百年前的曠世奇人於無意間為我們留下這一部《沉思錄》。我們借此可以想見其為人，窺察其內心，從而對於為人處世、律己待人之道有所領悟，這部書不能不說是人間至寶之一。」

美國的費迪曼（Fadiman）在《一生的讀書計畫》（*The Lifetime Reading Plan*）中寫道：「《沉思錄》有一種不可思議的魅力，它甜美、憂鬱和高貴。這部黃金之書以莊嚴不屈的精神負起做人的重荷，直接幫助人們去過更好的生活。」

那麼，對於這樣一本書，我們應該怎樣去讀它呢？

序言

　　《沉思錄》全書都致力於闡述這樣一個道理，即無論身處什麼環境，無論和什麼樣的人打交道，你都要冷靜、鎮定、堅如磐石的按照自己的本性生活，恪盡職守，修練德行。它並不十分強調對環境的改造作用，它強調的是一種從自己內心建立強大精神堡壘用以應對萬事萬物的人生哲學，即使它十分強調人的義務，也是把它作為人本性的一部分來強調的。所以，我們可以稱之為一種「修身哲學」，因為它從不強調與現實世界的互動作用，而只是強調人要從內心把持自己，我們甚至可以認為它是一種「出世哲學」，但是這種「出世哲學」蘊含的深遠智慧，對我們以積極主動的入世精神處理現實世界的種種問題具有更深層次的指導意義，這也是本書的由來。

　　本書立足於原著，對散見於全書的智慧言論，做了深入論述，並結合實際案例和哲理故事，進行了精彩點評。更重要的是，本書給《沉思錄》的智慧注入了時代的活力，使得《沉思錄》不再高不可攀，不再超然於世，而能夠成為我們的日常行為指導，這也是我們進行閱讀的一個重要意義。

　　本書共十二卷，以《沉思錄》原著十二卷為依據，每卷開篇簡述本卷主旨及要點，每一小節引述一段《沉思錄》的精彩原文，然後結合實際案例及哲理故事，以故事和理論相結合的形式，闡述出《沉思錄》原著蘊含的智慧精華。理論闡述是為了讓讀者更好地理解原著的思想，講故事則是為了讓讀者更好地理解原著中的智慧，如何在現實中得以展現和運用。同時，故事本身，也是本書一處風景，哲理性和趣味性兼具，另配有大量精美插圖，相信一定會令你在閱讀中興趣盎然，收穫良多。全書近百個小節，涵蓋了為人處世的各個方面，無論你是想快速獲得《沉思錄》原著的智慧精華，還是想在輕鬆閱讀中收穫人生哲理，本書都是一個很好的

選擇。

全書的結構就好比一個雞蛋，理論和案例闡述部分是蛋黃，《沉思錄》的相關闡述是蛋白，全書的架構是蛋殼。在雞蛋裡，蛋黃和蛋白相對獨立，提供不同的營養成分；這本書也一樣，理論和案例闡述部分的內容相對獨立，但是內容詳實，故事生動，形式活潑，具備很強的可讀性，和《沉思錄》的相關闡述一樣都為讀者提供養分；正如我前面提到的那樣，《沉思錄》有時候可以看做一種「出世哲學」，不可能和我們的現實生活水乳交融。它和我們現實生活的關係，正像是蛋白和蛋黃的關係，它包容現實生活的方方面面，但它是超然於現實生活之外的（這正是作者所追求的人生境界），同時，它所展現的智慧又是與現實生活的智慧相通的。

這個世界每天都在高速運轉，置身其中的我們很容易產生一種焦慮和無力感，難以從容地應對日常生活的壓力和挑戰。本書可以幫助你運用流傳近兩千年的智慧解決你人生中的困惑和難題。相信你讀完此書，一定會獲得一種全新的力量，重新發現自我，你的生活和世界一定會從此不同。

最後，引用一段《沉思錄》的原文：

要像峙立於不斷拍打的巨浪之前的礁石，
它巍然不動，馴服著它周圍海浪的狂暴。（卷四）

願我們能以這種冷靜、鎮定、堅如磐石的精神直面人生的挑戰，穿越重重迷霧，贏得自己的人生！

編者

序言

第一卷　自我由來

在《沉思錄》的開篇，這位古羅馬皇帝以充滿深情的筆調，回顧了在他成長過程中，父輩們良好的言傳身教對其品格形成的重要作用。「家庭是人的第一課堂。」一個人在青少年時代最重要的收穫是什麼呢？不僅僅是系統的學科知識，也不只是某種就業的實用技能，更不是成為某一領域的專家，而是成為一個和諧的人，一個能夠獨立行動和思考的個人，一個充分自知、自尊、自省的個人。這是這位哲學先知從父輩們身上學到的最重要的東西，是他受到的最好的教育。

良好品德的傳承是最好的教育

從我的祖父維魯斯（Verus）那裡，我學習到弘德和制怒。

從我父親的名聲及對他的追憶中，我懂得了謙虛和果敢。

從我的母親那裡，我耳濡目染了虔誠、仁愛和不僅戒除惡行，甚而戒除惡念的品德，以及遠離奢侈的簡樸生活方式。

從我的曾祖父那裡，我懂得了不要時常出入公立學校，而是要在家裡有好的教師；懂得了在這些事情上一個人要不吝錢財。

從我的老師那裡，我明白了不要介入馬戲中的任何一派，也不要陷入角力戲中的黨爭；我從他那裡也學會了忍受勞動、清心寡欲，不干涉他人事務和不輕信流言誹謗。

……

我為我有好的祖輩、好的父母、好的姐妹、好的教師、好的同伴、好的親朋和幾乎好的一切而感謝神明。

馬可‧奧理略出生於一個顯赫的貴族家庭，其外曾祖父兩次擔任羅馬執政官，祖父三度擔任羅馬執政官，從孩提直至成年，一直師從於私聘教師，在希臘文學和拉丁文學、修辭、法律、繪畫，尤其是哲學方面都得到了當時最好的教育。從上文中可以看到，家庭的長輩們對其影響很深，在他們的言傳身教下，奧理略最終成長為一個以豐功偉業和偉大操行為後世景仰的君王，被尊為「古羅馬五賢君」的第五位。

眾所周知，一個人要取得成功，其本身的品格和能力是基石。這基石越牢固，越寬廣，他成功的機率越大，持續的時間也越長。然而，一個人的品格和能力不是天生的，要在後天的教育和環境中不斷磨練和形成。其

中，早期的家庭教育是非常重要的一步。

我們就以現代人普遍關注的理財能力來說吧。理財能力是現代人必須具備的基本素養，直接關係到一個人一生的發展和幸福。許多卓有成效的財富管理者告訴我們，理財能力是要透過長時間持續不斷的學習和實踐來培養和提高的，世界上很多經濟發達國家的父母，在孩子們尚未成人之際，就有意識對他們進行理財觀念的教育，一些獨具慧眼的父母更把小孩子的理財能力，作為一項不可或缺的技能加以培養。

世界各地對教育孩子的理財觀念都是非常重視的。例如在英國，兒童儲蓄十分流行，有三分之一的英國兒童將自己的零用錢存入銀行；而5～7歲的英國兒童，要學會如何使用金錢，並要懂得金錢的來歷和作用；7～11歲的兒童，要學會自己管理金錢；11～14歲的學生，就要懂得如何控制花費，懂得花費應受到哪些因素的影響；14～16歲的學生，就要學會進行預算和儲蓄，必要時還要學會使用一些金融工具。

我們都知道這樣一句話──世界上一半以上的財富在猶太人口袋裡。猶太人裡面巨賈富商輩出，猶如天上的星星一樣眾多，這除了他們自身的努力和勤奮之外，還與他們早期的家庭教育和薰陶是分不開的。

一位中國的單親媽媽帶著她的三個孩子，來到以色列定居。在這裡，她仍然做著一位合格的中國式媽媽應該做的一切：每天把孩子們送去學校讀書，在他們上學的時候做家務、賣點心，到孩子們下午放學後停止營業，給孩子們做晚餐。

然而，她的這種做法受到了不少當地鄰居的責難。一天，當三個孩子放學後等待母親做晚餐時，一位鄰居過來斥責孩子們：「你們已經是大孩子了，你們已經有能力幫助你們的媽媽了，不要像一堆廢物一樣只會看著媽媽為你們忙碌！」接著，鄰居又轉過頭對這位還在不停忙碌的母親說：

「你教育孩子的方式該改改了，這裡是以色列，不要把那種落後的教育方式帶到這裡，不要以為只會寵孩子就是好母親……」

這位母親和孩子們都很委屈，但老大好像開始明白了什麼，他清晰而堅定地說：「她說的沒錯，媽媽，以後就讓我們來幫助您吧……」從那天開始，老大開始學習做點心，並和弟弟妹妹一起帶著做好的點心去學校賣給同學。

剛開始，這位母親覺得很心酸，非常心疼孩子們小小年紀就要擔起生活的擔子。但是，孩子們並沒有表現出委屈，反而說他們慢慢開始喜歡這種賺錢的感覺了。

看到這種情況，鄰居太太很滿意，經常過來和這位母親聊天，告訴她傳統的猶太家庭是如何教育孩子的。在猶太人看來，賺錢並不是需要到達一定的年齡才能開始的活動，而是要「從小做起」，這在他們看來才是最好的教育方式。

猶太人從小就注重財富的教育，尤其是對於教育的投資更是世界聞名：他們會給剛滿週歲的小孩送股票，這是他們民族的慣例。尤其是在今天聚集於北美的猶太人更是如此。

小孩 3 歲的時候，他們的父母就開始教他們辨認硬幣和紙幣；5 歲的時候，讓他們知道錢幣可以購買任何他們想要的東西，並且告訴他們錢是怎樣來的；7 歲的時候能看懂價格的標籤，以培養他們「錢能換物」的理財觀念；8 歲的時候，教他們可以去打工賺錢，把錢儲存在銀行的帳戶裡；10 歲的時候，懂得每週節省一點錢，以備大筆開支使用；11 歲～ 12 歲的時候，知道從電視廣告裡發現事實的真相，看穿廣告包裝的假像，制定並執行兩週以上的開銷計畫，懂得正確使用銀行專業術語。

這樣，他們很小就知道金融等方面的知識，稍大時就對金融業的運作

模式很了解了。這也許就是為什麼猶太人在金融業占有優勢的原因：他們一直壟斷著世界的金融產業，和他們從小就對錢很敏感的這種特質有著很大的關係，難怪人們都說猶太人是天生的金融家。

人們還說，猶太人天生就會做生意，這句話也不是沒有道理的。那些猶太人大亨早年就知道怎麼賺錢，如著名的石油大王洛克斐勒（Rockefeller），從小就接受了財富的教育。

洛克斐勒出生於一個典型的猶太家庭，他的父親身為一個猶太人，經常用他們猶太人的教育方式來教導他的幾個孩子。他的父親在他四、五歲的時候就讓他幫媽媽提水、拿咖啡杯，然後給他一些零用錢。他們還把各種勞動都標上了價格：打掃 10 坪的室內可以得到半美元，打掃 10 坪的室外可以得到 1 美元，為父母做早餐可以得到 12 美元。洛克斐勒更大的時候，他的父親就不給他零用錢了，只告訴他，如果想花錢，就自己去賺。

於是他前往父親的農場做工，幫父親擠一頭乳牛、出去送貨、包括拿個牛奶桶、算帳……他們把每一個細節都標準化。他把自己為父親做了多少事，都記錄在自己的記帳本上，到了月底，就和父親結算。每到這個時候，父子兩個依記帳本上的每一個工作專案，開始討價還價，他們也經常會為一點小錢而爭吵起來。

洛克斐勒 6 歲的時候，他看到有一隻火雞在馬路上閒晃，過了很長時間也沒有人來找尋，於是他捉了那隻火雞，把牠賣給了附近的農民鄰居。他父親認為這是一個好現象，覺得他有做商人的特質，對他大加讚賞。有了這次經商經歷，洛克斐勒的膽子大了起來，不久他就把從父親那裡賺來的 50 美元貸給了附近的農民，他們說好利息和歸還的日期。之後，到了時間他就準時去討債，且毫不含糊地收回 53.75 美元的本息。這件事令當地的農民覺得不可思議，他們心想：這樣的一個小孩，居然有這麼好的生

意頭腦。

　　洛克斐勒成名之後，也用這套方法來教育他的子女。在他家裡，他設計了一套逼真的虛擬市場經濟，洛克斐勒讓自己的妻子當總經理，而讓自己的孩子們做家務事，由自己的妻子根據每個孩子做家務事的情況，給他們零用錢，他整個家似乎就是一間公司。

　　洛克斐勒還讓他的孩子們學著記帳，他要求他們在每天睡覺前必須記下今天的每一筆花費，無論是買玩具還是買鉛筆，都要如實地一一記錄。洛克斐勒每天晚上都要查看孩子們的紀錄，無論孩子們買什麼，他都要詢問為什麼要這些東西，讓孩子們做一個合理的解釋。如果孩子們的紀錄清楚、真實，而且解釋得有道理，洛克斐勒覺得很滿意，那他就會獎賞孩子們 5 美分。如果他覺得不好就警告他們，如果再這樣就從下次的零用錢中扣 5 美分。洛克斐勒這種詢問孩子花錢動機，但又絕對不干涉的政策，讓孩子們很高興，他們都爭著把自己記錄整齊的帳本，交給父親檢查，並進一步請父親指導什麼地方需要改善。

　　洛克斐勒經常告訴孩子們，要學會過有節制的生活。他在廚房裡擺放了 6 個杯子，杯上寫著每個孩子的姓名，裡面裝的是孩子們一週用的方糖。如果哪個孩子貪吃了杯子裡的方糖，那麼，等到別人喝咖啡放方糖的時候，他就只能喝苦咖啡了。如果想要得到方糖，那就只有到下週等父母發放了。經過這樣的幾次訓練，孩子們都知道了有節制的生活是有好處的，而隨便浪費自己的東西，用完了，就只有等著嘗苦味了。

點石成金

　　猶太人這些早期的有關財富的教育，讓他們很早就知道怎樣投資，怎樣獲得財富，怎樣理財。這些教育，都為他們日後的成功累積了巨額財富，打下了堅實的基礎。而別的民族的孩子們，在這個時候，他們的父母卻在教他們的孩子如何聽話，教育他們怎樣才能得到大人的歡心，做一個讓家長、老師都滿意的孩子。他們從小做的所有事情都被父母所管制，喜歡什麼，不喜歡什麼，都由父母決定。他們的孩子甚至很大了，還無法獨立生活，需要有人來照顧他們。就是因為有這樣的落差，猶太少年和其他民族的少年一起開創事業時，前者就能展現出過人的才能和效率。

　　父輩們品德和智慧的傳承，對於下一代的成長具有關鍵性的作用。所以，馬可·奧理略在《沉思錄》的開篇，滿懷深情地追憶那些令他獲益良多的長輩們和老師們。從他們身上，馬可·奧理略繼承了成為一名偉大君王和哲學家所需要的全部品德和智慧。

為友之道

從柏拉圖派學者亞歷山大那裡，我懂得了不必經常但也不是無需對人說話或寫信；懂得了我沒有閒暇；懂得了我們並不是總能以緊迫事務的藉口來推卸對與自己一起生活的那些人的義務。

從克特勒斯那裡，我懂得了當一個朋友抱怨，即使是無理地抱怨時也不能漠然置之，而是要試圖使他恢復冷靜；懂得了要隨時準備以好言相勸，正像人們所說的多米蒂厄斯和雅特洛多圖斯一樣。

從我的兄弟西維勒斯那裡，我懂得了……為人隨和，抱以善望，相信自己為朋友所愛；我也看到他從不隱瞞他對他所譴責的那些人的意見，他的朋友無需猜測他的意願（這些意願是相當透明的）。

從這些字句裡，我們可以看到馬可・奧理略是怎樣對待朋友的：不輕易推卸對朋友的義務；朋友抱怨時，不能漠然置之，要好言相勸；為人隨和，抱以善望，對人坦白……這些都可以作為我們對待朋友的準則。

人生是需要朋友的，無論是在炮火連天的戰爭年代，還是激烈競爭的現代社會，友誼都曾譜寫動人的篇章，留下了許多感人肺腑的故事。

人生活在這個世界上，不是獨立存在的，是相互依存的，我們都對身邊的人負有一定責任，這些責任不僅把我們連繫在一起，也讓我們的人生奮鬥更有價值。

阿拉伯傳說中有這樣一個故事。

兩個朋友在沙漠中旅行，在旅途中他們吵架了，其中一個還打了另外一個一記耳光。被打的覺得受辱，一言不發，在沙子上寫下：「今天我的好朋友打了我一巴掌。」他們繼續往前走。後來，被打巴掌的那位差點淹

死，幸好被朋友救起。被救起後，他拿了一把小劍在石頭上刻了這些話：「今天我的好朋友救了我一命。」

一旁的朋友好奇地問：「為什麼我打了你以後你要寫在沙子上，而現在要刻在石頭上呢？」

另一個笑笑，然後回答說：「當被朋友傷害時，我寫在易忘的地方，風會抹去它；相反的，如果被幫助，我就要把它刻在心裡，任何風都不能抹滅它。」

朋友之間的傷害往往是無心的，幫助卻是真心的，忘記那些無心的傷害，銘記那些對你真心的幫助，你會發現這世上你有很多真心的朋友。

西元前4世紀，在義大利，有一個名叫皮斯阿司的年輕人觸犯了國王。皮斯阿司被判絞刑，在某個法定的日子要被處死。皮斯阿司是個孝子，在臨死之前，他希望能與遠在百里之外的母親見最後一面，以表達他對母親的歉意，因為他不能為母親養老送終了。他的這一要求被告知了國王。

國王感其誠孝，決定讓皮斯阿司回家與母親相見，但條件是皮斯阿司必須找到一個人來替他坐牢，否則他的這一願望只能是鏡中花、水中月。這是一個看似簡單，其實近乎不可能實現的條件。有誰肯冒著被殺頭的危險替別人坐牢，這豈不是自尋死路？

但，茫茫人海中，就有人不怕死，而且真的願意替別人坐牢，他就是皮斯阿司的朋友達蒙。達蒙住進牢房以後，皮斯阿司回家與母親訣別。人們都靜靜地關注著事態的發展。眼看刑期在即，皮斯阿司也沒有回來的跡象。人們一時議論紛紛，都說達蒙上了皮斯阿司的當。

行刑日是個雨天，當達蒙被押赴刑場之時，圍觀的人都在笑他的愚蠢，幸災樂禍的大有人在。但刑車上的達蒙，不僅面無懼色，反而有一種慷慨赴死的豪情。追魂炮被點燃了，絞索也已經掛在達蒙的脖子上。有膽

小的人嚇得緊閉了雙眼，他們在內心深處為達蒙深深地惋惜，並痛恨那個出賣朋友的小人皮斯阿司。但是，就在這千鈞一髮之際，在淋漓的風雨中，皮斯阿司飛奔而來，他高喊著：「我回來了！我回來了！」

這真是人世間最最感人的一幕，大多數人都以為自己在夢中，可事實不容懷疑。這個消息宛如長了翅膀，很快便傳到了國王的耳中。國王聞聽此言，也以為這是痴人說夢。國王親自趕到刑場，他要親眼看一看自己優秀的子民。最終，國王萬分喜悅地為皮斯阿司鬆了綁，並親口赦免了他。

一個人的人格魅力是成功交友的根本所在，因此，要盡力培養自己迷人的人格魅力。同時，對待朋友也應遵循一定的原則和方法，這樣建立起來的友誼才能深厚、牢固，如善於傾聽、親疏有度、留有餘地、不強人所難……

點石成金

身為朋友，你要學會傾聽。當你的朋友遇到挫折、碰上煩惱，他便想找一個發洩情感的對象，而你身為朋友，能夠真誠、耐心地傾聽對方的訴說，就是為朋友開了一個情感的發洩口。朋友在向你訴說的過程中，你不僅耐心地傾聽，而且適時地插上一兩句富含情感的話語，抑或為朋友出出點子、想想辦法，朋友的情緒就會因此而步出低谷，他會覺得有你這樣的朋友才是真正的依靠，友誼會更加牢固。

任何時候都要依賴理性

從戴奧吉納圖斯（Diognetus）那裡，我學會了不相信術士巫師之言，驅除鬼怪精靈和類似的東西。

從阿珀洛尼厄斯那裡，我懂得了在任何時候都要依賴理性，而不依賴任何別的東西。

你有理性嗎？我有。那為什麼你不運用它呢？是因為當它要走這條路，你卻希望別的東西嗎？

如果你回到你的原則並崇敬理性，十天之後，你對人們來說就會像是一個神，而現在你對他們來說卻像是一頭野獸或一隻猿猴。

馬可·奧理略是一個堅定的理性主義者，對人的理性無比尊崇——「如果你回到你的原則並崇敬理性，十天之後，你對人們來說就會像是一個神，而現在你對他們來說卻像是一頭野獸或一隻猿猴。」、「不相信術士巫師之言，驅除鬼怪精靈和類似的東西。」我們可以看到，這位一千八百多年前的皇帝，在科學極不發達的古代，仍然保持了正確的判斷力，這有賴於他長期堅持的理性訓練。

理性是一種偉大的力量，能讓弱者擺脫恐懼和困境，能讓強者更強。人們常常將知識等同於理性，知識固然重要，但它是用來磨練理性的。理性力量是終其一生永遠相伴相隨的財富，它會永遠幫助你，庇護你；而知識不同，它可能給你帶來好運，給你帶來財富，但它不會永遠這樣，因為知識會隨著時間的推移而變得陳舊。因此，必須不斷地追求新的知識以保持正確的理性力量。

西元 1871 年，普法戰爭以法國戰敗而告終，法國因此陷入一片混

亂，既要賠償德國 50 億法郎的鉅款，又要盡快恢復經濟。這一切都需要錢，而法國政府要維持下去，就必須發行 2.5 億法郎的國債。面對如此巨額的國債，再加上一個變數頗多的法國政治環境，法國的羅斯查爾德男爵和英國的哈利男爵（他們分別是兩國的銀行巨頭）不敢接下這筆巨債的發行任務，而其他小銀行就更不敢了。面對風險，誰也不敢鋌而走險。這時，摩根憑直覺敏銳地感到：當前的環境，政府不想垮臺就必須發行國債，而這些債務將成為投資銀行證券交易的重頭戲，誰掌握了它，誰就可以在未來稱雄。但是，誰又敢來冒這個險呢？摩根想到：能不能將華爾街各行其是的各大銀行聯合起來？

把華爾街的所有大銀行聯合起來，形成一個規模宏大、資財雄厚的國債承購團體──「辛迪加（syndicat）」，這樣就把需由一個金融機構承擔的風險分攤到眾多的金融機構頭上，無論在數額上，還是所承擔的風險上都是可以被消化的。摩根這套想法從根本上動搖和背離了華爾街的規則與傳統，不，它應該是對當時倫敦金融中心和世界所有的交易所投資銀行的傳統的背離與動搖。

當時流行的規則與傳統是：誰有機會，誰獨吞；自己吞不下去，也不讓別人染指。各金融機構之間，資訊阻隔，相互猜忌，互相敵視，即使迫於形勢聯合起來，為了自己的最大獲利，這種聯合也像六月的天氣，說變就變。各投資商都是見錢眼開的，為一己私利不擇手段、不顧信譽、爾虞我詐，鬧得整個金融界人人自危、提心吊膽，各國經濟烏煙瘴氣，當時人們稱這種經營為「海盜經營」。

而摩根的想法正是針對這一弊端的：各個金融機構聯合起來，成為一個資訊相互溝通、相互協調的穩定整體──對內，經營利益均沾；對外，以強大的財力為後盾，建立可靠的信譽。摩根堅信自己的想法是對的，他

憑藉過人的膽略和遠見卓識看到：一場暴風雨是不可避免的。

正如摩根所料想的那樣，他的想法就如一顆重磅炸彈，在華爾街乃至世界金融界引起了軒然大波。人們說他「膽大包天」、「是金融界的瘋子」，但摩根不為所動，他相信自己的判斷沒有錯，他在靜默中等待著機會的來臨。

後來的事實，無疑證明了摩根天才的洞察力，華爾街的辛迪加成立了，法國的國債也消化了。摩根改變了以前海盜式的經營模式，後來又積極向銀行托拉斯轉變。此處無意去評析托拉斯的壟斷模式，但華爾街無疑從投機者的樂園變成了全美經濟的中樞神經，而摩根及其龐大的家族也成了全美最大的財團之一。

商場上風雲變幻，只有隨時隨地保持理性的頭腦，才能頂住來自各方面的壓力，堅持自己的正確判斷。

威爾遜在創業之初，全部家當只有一臺分期付款賒來的爆米花機，價值 50 美元。第二次世界大戰結束後，威爾遜做生意賺了點錢，便決定從事地產生意。如果說這是威爾遜的成功目標，那麼，這一目標的確定，就是基於他對自己的市場需求進行理性預測，並充滿信心。

當時，在美國從事地產生意的人並不多，因為戰後人們一般都很窮，買地修房子、建商店、蓋廠房的人很少，土地的價格也很低。當親朋好友聽說威爾遜要做地產生意，異口同聲地反對。而威爾遜卻堅持己見，他認為反對他的人目光短淺。他認為雖然連年的戰爭使美國的經濟很不景氣，但美國是戰勝國，它的經濟會很快進入大發展時期。到那時買地產的人一定會增多，土地的價格會暴漲。

於是，威爾遜用手頭的全部資金再加一部分貸款在市郊買下很大的一片荒地。這片土地由於地勢低窪，不適宜耕種，所以很少有人問津。可是威爾遜親自觀察了以後，還是決定買下這片荒地。他的預測是，美國經濟

會很快繁榮，城市人口會日益增多，市區將會不斷擴大，必然向郊區延伸。在不遠的將來，這片土地一定會變成黃金地段。

後來的事實正如威爾遜所料。不出三年，城市人口劇增，市區迅速發展，大馬路一直修到威爾遜買的土地的邊上。這時，人們才發現，這片土地周圍風景宜人，是人們夏日避暑的好地方。於是，這片土地價格倍增，許多商人競相出高價購買，但威爾遜不為眼前的利益所惑，他還有更長遠的打算。後來，威爾遜在自己這片土地上蓋起了一座汽車旅館，命名為「假日旅館」。由於它的地理位置好，舒適方便，開業後，顧客盈門，生意非常興隆。從此，威爾遜的生意越做越大，他的「假日旅館」逐步遍及世界各地。

摩根和威爾遜的勝利，不僅是知識和信心的勝利，更在於他們在驚濤駭浪中始終堅持理性，這讓他們做出了正確的判斷和行動。

點石成金

要學會運用理性的力量思考。所謂「思考」，不單是指對知識的理解、咀嚼，更是指對環境、對變化的一種反應。我們每天都在經歷著變化，也在耳聞目睹種種變化，可是，我們有多少人可以洞悉到變化的規律，預見到變化的趨勢呢？應該說，學會思考是人理性的最高境界，它必須在知識被理解掌握而融會貫通、舉一反三的基礎上才可能達到，並且還必須輔以敏銳的直覺力、開闊的視野和胸懷。

斯多葛派哲人都是堅定的理性主義者，「在任何時候都要依賴理性，而不依賴任何別的東西」，從馬可・奧理略這裡，我們學會了理性是我們唯一可以依賴的力量。

善於集合眾人的智慧

　　從阿珀洛尼厄斯那裡，我懂得了意志的自由，以及目標的堅定不移；懂得了在任何時候都要依賴理性，而不依賴任何別的東西；懂得了在喪子和久病的劇烈痛苦中鎮定如常；從他那裡，我也清楚地看到了一個既堅定又靈活，在教導人時毫不暴躁的活的榜樣；看到了一個清醒地不以他解釋各種哲學原則時的經驗和藝術自傲的人；從他那裡，我也學會了如何從值得尊敬的朋友那裡得到好感而又絲毫不顯得卑微，或者對他們置若罔聞。

　　從塞克斯都那裡，我看到了一種仁愛的氣質，一個以慈愛方式管理家庭的榜樣和合乎自然地生活的觀念，看到了毫無矯飾的莊嚴，為朋友謀利的細心，對無知者和那些不假思索發表意見的人的容忍：他有一種能使自己和所有人欣然相處的能力，以致和他交往的愉快勝過任何奉承，同時，他又受到那些與其交往者的高度尊敬。他具有一種以明智和系統的方式發現和整理必要的生活原則的能力，他從不表現任何憤怒或別的激動，完全避免了激動而同時又溫柔寬厚，他能夠表示嘉許而毫不囉唆，擁有淵博知識而毫不矜誇。

　　從文法家亞歷山大那裡，我學會了避免挑剔，不去苛責那些表達上有些粗俗、欠文理和生造等毛病的人們，而是靈巧地透過回答的方式、證實的方式、探討事物本身而非詞彙的方式，或者別的恰當啟示，來引出那應使用的正確表達。

　　斯多葛派哲人的個性是溫和的，這讓他們善於察納雅言，善於從別人身上學習。阿珀洛尼厄斯、塞克斯都、亞歷山大都是馬可·奧理略的老師，他們代表著當時教育的最高水準，馬可·奧理略集合了他們身上從知

識到思想觀念、從個性到處事原則的全部智慧。

　　自古以來，取得巨大成就的人物總是非常善於廣泛聽取各方面的意見，以修正自己經驗和思維的不足，做出最好的決策。對於一個現代企業的經營者來說，當企業規模小、影響決策的因素少時，領導者可以僅憑直覺經驗指導行動。但在企業規模大、因素複雜的情況下，單憑經驗和直覺便遠遠不夠。企業在制定戰略性決策時，策略部門大量支援性的資料分析及所有員工的參與思考，對決策層的直覺判斷，有著非常重要的輔助作用。

　　某國有企業曾經與外商草簽了一份供銷合約，合約規定由外商給該企業提供價值 1,500 萬元的生產設備，以提高企業的生產能力，合約為期三年，三年後該企業將無償擁有這些設備的所有權。合約約定，在三年合約期內，該企業按雙方商定好的價格每年為外商提供某種產品 10,000 件。合約同時約定，若第一年少交貨 1 件，該企業將按每件 5,000 元交付賠償金，第二年少交貨 1 件，該企業將按每件 10,000 元交付賠償金，第三年該企業將按每件 15,000 元交付賠償金。

　　該企業幾個主要主管商議後認為有利可圖，便與外商正式簽訂了合約。1,500 萬元的設備到位後，該企業立即開始生產，但由於生產能力不足，雖經全體員工的努力，第一年只生產出了 8,000 件產品，按合約規定，被罰金額 1,000 萬元。第二年該企業調整好生產方式，準備大幹一年，挽回經濟損失，但第二年只能生產 8,500 件，結果被罰金額 1,500 萬元。第三年只交貨 7,000 件，被罰金額 4,500 萬元。辛苦三年，損失竟然達到了 7,000 萬元以上。正是由於該企業老闆沒有多方聽取意見，自己獨斷而造成了嚴重的損失。

　　遺憾的是，許多管理者都已經習慣了獨斷專行，把別人的意見當作是對他們權威的挑戰和對他們權力的干涉。這造成了許多企業只聽從一人、

萬馬齊喑的局面。

在團隊中，管理者要想成功地做出一項決策，絕不能一味地固執己見。相反，必須善於傾聽各方面的意見。換句話說，就是要集思廣益，集眾人的智慧和意見，取精華棄糟粕，只有這樣，才能使決策取得更好的效果。

事實上，企業的發展不能夠只靠上層管理者的決策，還應該集中全體員工的智慧。企業中重大的問題，應該廣泛地聽取大家的意見，並分析看有沒有不合理的成分；少數人的意見也要聽，看有沒有合理的方面，認真思考分析，對各種意見進行分析、歸納和整理，最終得出正確的結論。畢竟，集中大家的智慧和力量比較容易實現目標。

奇異公司（GE, General Electric Company）的前身是美國愛迪生電氣公司（Edison Electric Illuminating Company），創立於西元 1878 年。經過一百多年的努力，奇異公司現已發展成世界上最大的電氣設備製造企業。它生產的產品種類繁多，除了一般的電氣產品，如家電、X 光機等，還生產電力設備、核反應爐、航太設備和導彈。然而到了 1980 年，這個巨大的企業卻到了山窮水盡、難以維持的境地。

就在這個危急時刻，年僅 44 歲，出生於一個火車司機家庭的威爾許（Jack Welch）走馬上任，擔任了這個龐然大物般企業的董事長和總裁。他上任後進行了一系列改革，其中最重要的一條就是宣布奇異公司是一家「沒有界限的企業」。他指出，「毫無保留地發表意見」是奇異公司文化的重要內容。

「集思廣益」的大部分理論，包含諸如工人的參與、信任感和下放權力等平凡、甚至有些陳舊的觀念。它將不同職位、不同階層的員工集中到一起，針對某些問題提出建議和要求，當場確定實施方案。這種管理方式，減少了大量的中間環節，迅速提高了行政效率。「集思廣益」討論會不僅帶來了明顯的經濟效益，而且讓員工廣泛參與管理，從而明顯提升了

員工的工作熱情。

1987 年，奇異公司製造一臺燃燒式噴氣發動機上的關鍵零件需要 30 週，透過開展「集思廣益」活動，1991 年初，這一產品的生產週期縮短到了 8 週，現在只需 4 週。「集思廣益」討論會已成為奇異公司一種日常性活動，隨時都可以根據需要舉行，參與人員也從員工擴大到顧客、用戶和供應商。「集思廣益」活動把本來毫不相干的人們聚集到了一起，包括計時工人、白領階層、管理者甚至是工會領袖們。他們平時在工作中很少有機會接觸，現在卻可以在這種活動中相互交談並相互信任。這些會場很快就變成了打靶場，靶子就是令人厭惡的各種官僚主義的具體表現形式 ── 一項小小的申請需要 10 個人簽名；毫無意義的行政工作；多餘的工作慣例以及盲目自大。這些東西絕大部分當場就被廢除或改良，而不是再「研究研究」。在這種工作經歷中，人們看到企業的言行一致，他們的信任感在這個過程中不斷地增加，智慧的火花不斷地迸發。

點石成金

正確的決策來自眾人的智慧。企業就像一所大房子，房子越大，門窗越多，需要決策的問題也越多，在這個時候，管理者往往會顯得不夠用，所以集合集體的智慧才是最明智的，這樣才能更好地找到企業的方向和目標。

《沉思錄》卷一主要是馬可‧奧理略談自己從親人、老師、朋友那裡學到或觀察到的東西，由此追溯自己思想、學識及品格的由來。一個善於發現和採擷別人身上優點的人，會成為一個更為優秀和完美的人；一個善於集合眾人智慧的人，才能成大事。

從父親那裡學到的

　　在我的父親那裡，我看到了一種溫柔的氣質，和他在經過適當的考慮之後，對所決定的事情的不可更改的決心；在世人認為光榮的事情上，他毫無驕矜之心，熱愛勞動、持之以恆、樂意傾聽對公共福利提出的建議；在論功行賞方面，他毫不動搖，並擁有一種從經驗中獲得的辨別精力充沛或軟弱無力行動的知識。我注意到克服了對孩子的所有熱情；他把自己視為與任何別的公民一樣平等的公民；他解除了他的朋友要與他一起喝茶，或者在他去國外時必須覲見他的所有義務；那些由於緊急事務而沒有陪伴他的人，總是發現他對他們一如既往。我也看到了他仔細探討所有需要考慮的事情的習慣，他堅持不懈，絕不因對初步印象的滿足就停止他的探究；他有一種保持友誼的氣質，不會很快厭倦朋友，同時又不放縱自己的柔情；他對所有環境都感到滿足和快樂；能不誇示地顯微知著，富有遠見；他直接阻止流行的讚頌和一切諂媚；對管理帝國所需要的事務保持警醒，善於量入為出、精打細算，並默默地忍受由此而來的責難；他不迷信神靈，也不以賞賜、娛樂或奉承大眾而對人們獻股勤；他在所有事情上都顯示出一種清醒和堅定，不表現任何卑賤的思想或行為，也不好新驚奇。對於命運所賜的豐富的有益於生命的東西，他不炫耀也不推辭，所以，當他擁有這些東西時，他享受它們且毫不做作；而當他沒有這些東西時，他也不渴求它們。沒有人能說他像一個詭辯家、一個能說會道的家奴、或者賣弄學問的人，而都承認他是成熟的人，完善的人，不受奉承的影響，能夠安排也自己和別人事務的人。除此之外，他尊重那些真正的哲學家，也不譴責那些自稱是哲學家的人，同時又不易受他們的影響。他在社交方面也

是容易相處的，他使人感到愜意且毫無損人的裝腔作勢。

……

在他那裡，找不到任何苛刻、頑固和橫暴；他詳細考察所有事情，彷彿他有充分的時間，毫不混淆、有條有理、精力充沛、貫徹始終。那對蘇格拉底的記錄也可以用之於他，他能夠放棄也能夠享受那些東西──這些東西是許多人太軟弱，以致既不能夠放棄、又不能夠有節制的享受的。而這種一方面能足夠強健地承受，另一方面又能保持清醒的品格，正是一個擁有一顆完善的、不可戰勝的靈魂的人的象徵，這正像他在馬克西穆斯（Maximus）的疾病中所表現的一樣。

這裡提到的父親，是馬可‧奧理略的養父──安東尼‧畢尤皇帝，他於西元 138 ～ 161 年在位，在其統治下羅馬帝國迎來了空前的繁榮，他與馬可‧奧理略在史上並稱為「兩安東尼」，分列羅馬帝國「五賢君」中的第四位和第五位，他是對馬可‧奧理略一生影響最大的人。正是在這種影響下，馬可‧奧理略成長為與他父輩們並駕齊驅的一代偉大君王。

在一個人成長的道路上，父親扮演了一個很重要的角色。有句話是這樣說的：父親，是兒子眼中的第一位英雄；是女兒眼中的第一位情人。父親的形象對於子女品格的形成有著至關重要的作用。父愛是深沉的，不像母愛那樣關懷備至，溫暖貼心；父愛是嚴厲的，許多人在成年之後，仍然對兒時父親的懲罰記憶猶新；父親教會你如何理性地思考，如何有效地行動……

大約在瑪麗亞 12 歲時，有個女孩子總是跟她過不去，她老是挑瑪麗亞的缺點，什麼她講話聲音太大、她是皮包骨、她不是好學生、她是搗蛋鬼、她驕傲自大……有一天，聽完瑪麗亞的「控訴」後，她的爸爸平靜地問道：「這個女孩所講的這些是否都是事實？」

「差不多。但我想知道的是怎樣回擊她！這和是不是事實有什麼關

係？」

「瑪麗亞，知道自己的真實情況難道有什麼不好嗎？你現在已經知道那個女孩子的看法，去把她所講的一一寫在紙上，在正確的地方標上記號，其他的則不必理會。」

遵照爸爸的話，瑪麗亞把那個女孩子的意見羅列在了紙上。她驚訝地發現，這個女孩所講的差不多有一半是正確的。有一些缺點是瑪麗亞無法改變的，例如她特別瘦的身材；但是大多數她都能改，並願意立即改掉它們。有生以來，她第一次對自己有了一個較為全面而清晰的認知。

升入中學後，有一天，同學們說好到附近的湖邊去野炊。那天很陰冷，瑪麗亞的媽媽千叮萬囑，要她千萬別下湖。可是，當別人下水時，不甘落後的瑪麗亞也穿上游泳衣，上了划艇。當她最後劃向岸邊時，幾個頑皮的男同學開始搖晃她的船；在要靠岸時，她的船翻了。為了不掉進水裡，瑪麗亞一個大步邁上岸去，卻不料踩到了一個破瓶子，玻璃渣插到她腳跟的骨頭。

瑪麗亞被送進了醫院。父親來看她，她辯解說：「我所有的同學都認為下湖不會有什麼問題。如果我老實在船裡待著，就不會出事了。」「但他們都錯了！」父親語重心長地說，「你會發現世界上有不少人，他們自認為在對你負責。不要忽視他們的意見，但你只能吸收正確的，並努力去做你認為是正確的事情。」

在人生許多重要的時候，父親的這個教導總是縈繞在瑪麗亞的耳邊。由於一個偶然的機會，瑪麗亞來到好萊塢闖蕩。在電影城，她試遍了每一家製片廠。歲月流逝，轉眼兩年一晃而過，瑪麗亞還沒有找到工作。有一位導演討厭她的外表，他說：「你的脖子太長、鼻子太大，你這副樣子永遠演不了電影。」瑪麗亞想：「倘若這導演說的是正確的，我對此也沒有辦

法。對我的脖子和鼻子我又能怎樣？可是，也許這意見並不對呢。我覺得應該繼續用加倍的努力來贏取成功！」後來，一位善良、聰慧，名叫傑羅姆·科恩（Jerome Kern）的人給了她所需要的正確意見，他對瑪麗亞說：「你應該學會用你自己的方法去演唱。」

她認真思索了科恩先生的話，覺得很對。這些話開始鼓舞瑪麗亞，正像父親常對她講的那樣。不久後，好萊塢夜總會宣布候補演員演出節目。和以往一樣，「候補瑪麗亞」又一次登臺了。但這次，她不再試圖模仿別人，她決心做真正的自己。她不想施展所謂的魅力，而只是穿上一件普通的鑲有黑邊的白罩衫，用她在德州學到的唱法放開喉嚨歌唱，瑪麗亞終於成功了，終於找到了夢寐以求的工作。

父親是孩子的榜樣，嚴厲也是父愛的一種顏色。

一次，蘇聯兒童文學家蓋達爾（Gaidar）帶著 5 歲的小女兒珍妮，給夏令營的小朋友講故事。蓋達爾此次要為小朋友們講的是童話故事《一塊燙石頭》，小朋友們已經期待很久了。

大禮堂裡，孩子們聚精會神地聽蓋達爾講故事，除了蓋達爾的聲音，整個禮堂靜得連針掉在地上都可以聽到。此時，小珍妮卻旁若無人地在禮堂裡走來走去，有時還故意使勁踩踩腳，發出惹人討厭的聲響，踩完腳後還露出得意的神情，她的舉動彷彿在告訴小朋友：「你們看，我是蓋達爾的女兒！你們一個個都在聽我爸爸講故事，這些故事我每天都能聽到！」

蓋達爾看到女兒的行為，立即停止了講故事，他突然提高嗓門，大聲地對大家說：「那個猖狂的小朋友是誰？請你們把那個不守秩序的小朋友趕出去！她妨礙了大家安靜地聽故事。」

小珍妮一下子愣住了，她萬萬沒有想到自己親愛的父親竟然會這樣說她，雖然她連哭帶喊地賴著不走，想讓父親心軟，但是蓋達爾不為所動，

堅決要求工作人員把珍妮拉出會場。

之後，蓋達爾又繼續給孩子們講故事，故事講完了，孩子們對蓋達爾報以熱烈的掌聲。

蓋達爾給孩子們講的不僅是一個有趣的故事，還透過對小珍妮的懲罰，給孩子們上了生動的一課。小珍妮也明白這樣一個道理：無論是誰，都不應以優越助攻驕縱。一個人，如果因優越而蠻橫，只會使自己變成不知天高地厚，甚至成為仗勢欺人的人。

點石成金

父愛是人世間最具力量的愛，和母愛一起構築人類社會愛的基石。父愛，是塑造優秀人格的人生教科書，是激發力量的精神源泉，是滋養心靈的情感雨露，對人生具有重大影響。年輕人，常有叛逆之心，對於父母的教導置若罔聞，然而，當你經歷人生的艱難和挫折，就會發現，父親的話有道理，因為每一位父親都是在用自己真實、寶貴的人生經驗教導孩子，他們不希望孩子重複自己走過的彎路。所以，尊重你的父親，盡可能地吸取他們的人生經驗，你會在人生路上走得更快、更穩。

「一種溫柔的氣質」、「不可更改的決心」、「毫無驕矜之心，熱愛勞作，持之以恆」、「把自己視為與任何別的公民一樣平等的公民」、「在所有事情上都顯示出一種清醒和堅定」、「一方面能足夠強健地承受，另一方面又能保持清醒的品質，正是一個擁有一顆完善的、不可戰勝的靈魂的人的象徵」……從馬可·奧理略的描述中，這位父親的形象在我們心目中慢慢清晰起來，正是這位偉大的父親，鍛造了馬可·奧理略的黃金品格和深沉智慧，給他留下了取之不盡、受用終生的精神財富。

第二卷　人性反省

　　《沉思錄》卷二主要探討人性。人類的本性是善良的，與宇宙的本性是相融合的，人應該按照本性來生活，使自我的本性與人類的、宇宙的本性合為一體，這才是臻於完善的至美人生。同時，作者也注意到人性的差別，他這樣寫道：「一日之始就對自己說：我將遇見好管閒事的人、忘恩負義的人、傲慢的人、欺詐的人、嫉妒的人和孤僻的人。他們染有這些品性是因為他們不知道什麼是善，什麼是惡。」人性千差萬別，但是本性相通，要善待他們。作者在本卷強調的是自我反省和及時行德。

與所有人和諧相處

一日之始就對自己說：我將遇見好管閒事的人、忘恩負義的人、傲慢的人、欺詐的人、嫉妒的人和孤僻的人。他們染有這些品性是因為他們不知道什麼是善，什麼是惡。但是，我身為知道善和惡的性質，知道前者是美後者是醜的人；身為知道做了錯事的人們的本性是與我相似，我們不僅具有同樣的血液和皮膚，而且分享同樣的理智和同樣的一份神性的人 —— 絕不可能被他們中的任何一個人損害，因為任何人都不可能把惡強加於我，我也不可能遷怒於這些與我同類的人，或者憎恨他們。因為，我們是天生要合作的，猶如手足、唇齒和眼瞼。那麼，相互反對就是違反本性了，就是自尋煩惱和自我排斥。

在待人方面，馬可‧奧理略也像儒家一樣強調不能逃離自己的同胞，要與人為善，甚至要善待品行不端的人，這是他一日之始就告誡自己的一條座右銘。這便展現了一種與各種人和諧相處的哲學。

社會包羅萬象，我們要在社會上立足，不得不和各式各樣的人打交道，與其每天被動地疲於應付乃至突然情緒失控，造成不良後果，還不如在一日之始就主動提醒自己：今天我將遇見我不願見到的人，而這就是我的人生，我的命運。從上文我們還可以感覺到，這種皇帝生涯帶給馬可‧奧理略的困擾，他一直對那種隱退沉思的生活心生嚮往，但是命運始終沒有給他這種機會。

人具有共性，也有差別性。因此，我們必須接觸不同類型的人，才會有不同的刺激，才會產生不同的創意。什麼樣的人就會有什麼樣的朋友，希望成為怎樣的人，就要跟那樣的人在一起。一個人不能長期獨自生活，

一個人的生活雖然也是一種生活方式，人也需要一些獨處的時間，可是人本質是一種社會動物，需要有朋友，需要和別人相處。人之所以會成功，很多時候也是因為有朋友幫助；人之所以會成長，是因為他吸收了別人的成功經驗。

「如果你想知道金錢的祕訣，就向有一大堆錢的人學。」成功的商人很少單靠個人的能力，通常都得力於良好的人際關係。所以，這種人際關係是一項很重要的資產和財富。他們更懂得，與成功的人在一起，跟抱持正面人生觀的人在一起，這樣會增強自己對生活的正面態度。

認識的人愈多，機會就愈多。這句話是實實在在的真理。若要創造更多機會，創造機會時更方便，便需要建立適當的人際關係網。

怎樣才算適當的人際關係網？首先，要和與工作直接有關的人，維持和諧的工作關係。例如和上司、同事、下屬、客戶保持良好關係，有利於工作的進行。其次，要分清關係的性質，有工作關係、朋友關係、夥伴關係等，不要把這些不同關係混淆，否則容易公私不分。在公司裡，當然以工作關係為首要，但也應針對不同對象，另外建立適當的朋友或夥伴關係。

在商業運作中，必須培養自己商業和社會的關係網。沒有人可以在真空中取得成功。你需要建立一個廣泛的關係網，包括銀行家、律師、顧問、會計師、分析師、投資人、政客、記者，以及最重要的 —— 顧客。信譽永遠是最重要的，它用錢買不到，必須靠努力贏得。建立並發展關係網就像種樹一樣 —— 如果成功，分枝會不斷延伸，而且枝枝交錯相連。

而生活中，我們接觸的往往是同一群人，這樣的成長是有限的；你必須懂得接觸不同類型的人，因為不同類型的人會帶給你不同的刺激，不同的刺激會帶給你不同的創意，不同的創意可以讓你想出新的點子，能夠讓

你在市場上占更大的優勢，這樣的話，你成功的機會就會大幅度提升。一個人能夠擴大自己的生活圈，他的層次也就會大幅度提升。

　　設想這樣一個團體，每個隊友都至少認識 100 個有價值的關係，因此，一支 6 個人的隊伍就認識 600 個人。如果這些關係中每個人，另外認識 100 個有價值的關係，那麼你就能接觸到 6 萬個有價值的關係。但是，這些數字是具有欺騙性的。人們經過計算發現，網路價值是網路中人數的平方。如果你直接認識的網路人數為 600 人，那麼你最終能夠接觸到的是 $600 \times 600 = 36$ 萬個有價值的關係。顯然，一人小組是不夠的。你需要一個網路的力量。在這個網路中，有幾個重點關係 —— 也就是控制巨大人際網路關係的那些人。一個重點關係具有「成事」的力量。這個重點關係說一句話，事情就能辦成。大型網路的價值在於增大了找到重點關係的可能性。要記住，需要的只是一個重點關係。

　　社會學家馬克・格蘭諾維特（Mark Granovetter）1974 年發表了一篇研究論文《找到一份工作》（Getting A Job），其中他採訪了數百名職業工作者和技術工作者，記錄了他們的就業經歷。發現有 56% 的被調查者是透過個人關係介紹找到工作的，其他 20% 是透過自己申請求職找到工作的，約 18.8% 的被調查者是透過獵頭公司等管道找到工作的。

　　透過個人關係找到工作絲毫不讓人意外，而意外的是這些人利用的個人關係大多數都是非常疏遠的「微弱關係」，真正依靠父母、最好的朋友等「強關係」找到工作的人比例很少。

　　新近失業的 A 在路上遇到了一年難得一見的熟人 B，兩人聊起最近的生活情況，A 對 B 說自己正想找一個軟體工程師的工作。B 突然想起了大學同學 C 上週在一次聚會上提到他們公司正在徵人，於是將 C 的電話和電子郵件告訴了 A。最後，A 透過 C 應徵到了他們公司。

這就是所謂「弱連結的威力」。可不要小看了那些一年只有一兩面之交的「半生不熟」的人，他們在資訊傳遞過程中威力無比。弱連結威力為何會比牢固的親友關係威力更大？格蘭諾維特這樣解釋：最親近的朋友可能生活圈子和你差不多，你們的生活幾乎完全重合。而那些久不見面的人，他們可能掌握了很多你並不了解的情況。只有這些「微弱關係」的存在，資訊才能在不同的圈子中流傳。

既然人際關係如此重要，那麼，怎樣才能成為一個受歡迎的人呢？

一位 16 歲的少年去拜訪一位年長的智者。

他問：「我如何才能變成一個自己愉快、也能夠給別人愉快的人呢？」

智者笑著望著他說：「孩子，在你這個年齡有這樣的願望，已經是很難得了。很多比你年長很多的人，從他們問的問題本身就可以看出，不管給他們多少解釋，都不可能讓他們明白真正重要的道理，就只好讓他們那樣好了。」

少年滿懷虔誠地聽著，臉上沒有流露出絲毫得意之色。

智者接著說：「我送給你四句話。第一句話是，把自己當成別人。你能說說這句話的含義嗎？」

少年回答說：「是不是說，在我感到痛苦憂傷的時候，就把自己當成是別人，這樣痛苦就自然減輕了；當我欣喜若狂之時，把自己當成別人，那些狂喜也會變得平和一些？」

智者微微點頭，接著說：「第二句話，把別人當成自己。」

少年沉思一會兒，說：「這樣就可以真正同情別人的不幸，理解別人的需求，並且在別人需要的時候給予恰當的幫助？」

智者兩眼發光，繼續說道：「第三句話，把別人當成別人。」

少年說：「這句話的意思是不是說，要充分地尊重每個人的獨立性，

在任何情形下都不可侵犯他人的核心領地？」

智者哈哈大笑：「很好，很好。孺子可教也！第四句話是，把自己當成自己。這句話理解起來太難了，留著你以後慢慢品味吧。」

少年說：「這句話的含義，我是一時體會不出。但這四句話之間就有許多自相矛盾之處，我用什麼才能把它們統一起來呢？」

智者說：「很簡單，用一生的時間和經歷。」

少年沉默了很久，然後叩首告別。

後來少年變成了中年人，又變成了老人。再後來在他離開這個世界很久以後，人們都還時時提到他的名字。人們都說他是一位智者，因為他是一個愉快的人，而且也給每一個見到過他的人帶來了愉快。

點石成金

把自己當成別人；把別人當成自己；把別人當成別人；把自己當成自己。 ── 這就是與人相處的祕訣。今天的你，你的個性、走向，你所處的地位，基本上是由你的生存環境決定的。將來的你，10 年、20 年以後的你幾乎完全取決於你未來的環境。那麼，從現在開始做點什麼來打造你未來的人際環境吧。結交新朋友，參加新團體，擴大社交範圍。各式各樣的人，就像各式各樣的新鮮事物，會給你的生活帶來無窮樂趣，會擴大你的社交領域。所以，我們要結交不同的人，與所有的人和諧相處。

對馬可‧奧理略來說，身為一個政治家，他需要和很多人打交道，其中包括一些他並不喜歡甚至很厭惡的人 ──「好管閒事的人、忘恩負義的人、傲慢的人、欺詐的人、嫉妒的人和孤僻的人」，他認為「他

們染有這些品性是因為他們不知道什麼是善，什麼是惡」，認為「做了錯事的人們的本性是與我相似」，而且「任何人都不可能把惡強加於我」；他認為人與人「是天生要合作的，猶如手足、唇齒和眼瞼」，這是他對所有人的基本態度。擁有這種對人的基本態度，我們就能與所有人和諧相處。

幸福依己而不依人

你錯待了自己，我的靈魂，而你將不再有機會來榮耀自身。每個人的生命都是足夠的，但你的生命卻已接近尾聲，你的靈魂卻還不去關照自身，而是把你的幸福寄予別的靈魂。

不要去注意別人心裡在想什麼，一個人就很少會被看成是不幸福的，但那些不注意他們自己內心活動的人，卻必然是不幸的。

若你堅持這一點，無所欲望亦無所畏懼，滿足於你現在合乎本性的活動，滿足於你說出的每個詞和音節中的勇敢的真誠，你就能生活得幸福。沒有任何人能阻止這一點。

這裡表現了馬可·奧理略對於幸福的看法。馬可·奧理略認為一個人的幸福完全在於自身，如果一個人可以做到「無所欲望亦無所畏懼，滿足於你現在合乎本性的活動，滿足於你說出的每個詞和音節中的勇敢的真誠」，「就能生活得幸福」。他告誡自己，「不要去注意別人心裡在想什麼」，而是要注意自己的內心，因為幸福的源泉就在自己的內心，不要「把你的幸福寄予別的靈魂」。馬可·奧理略的個人生活有諸多不盡如人意的地方，他幼年喪父，母親也去世較早，在他即位之後，羅馬帝國連遭各種自然災害、邊境戰爭和內部叛亂，導致他常年在外奔波。他的親生兒子康茂德（Commodus）難擔重任，導致羅馬帝國的盛世無以為繼。康茂德最終被殺，羅馬帝國陷入長期混亂。我們可以想像，在遭遇個人生活的不幸時，馬可·奧理略是如何用這套幸福哲學找回心靈平靜的。

每個人都在追求幸福，每個人對幸福的定義也不盡相同。有人認為財富功名就是幸福，有人認為婚姻美滿就是幸福，有人認為實現自我就是幸

福……然而，不管你定義的幸福是什麼，都要透過自身才能有效果，幸福是掌握在自己手中的。把幸福寄託在別人或者外物之上，無法獲得真正的幸福。關注幸福，從關注你的內心開始。以下獲得幸福的要訣希望所有人牢記：

幸福要訣一：幸福是掌握在自己手裡的。

幸福要訣二：獲得幸福要依靠自己。

幸福要訣三：有時候，當你並不感到幸福的時候，很可能你已經身處幸福當中了，你所要做的就是提醒自己，不要忘記幸福的存在。要長期保持幸福的感覺，你必須不斷地提醒自己已經擁有幸福。

幸福要訣四：人世間最珍貴的是現在能把握的幸福。

點石成金

林肯說：「我一直認為，如果一個人決心想獲得某種幸福，那麼他就能得到這種幸福。」

克勞德說：「每個人都有獲得幸福的機會，關鍵是我們如何發現他們。」

幸福是一種能力，它來源於自身。如何尋找幸福，那些幸福的人自有答案：

我獲得幸福的方法就是幫助別人獲得幸福。

我不嫉妒任何人，不仇恨任何人，而是熱愛、尊敬和寬容他們。

我從不要求任何人的恩賜，而是透過辛勤的勞動為別人創造價值，從而獲得回報。

我和理智保持良好的關係，它總能指導我正確的處理一切事情。

……

　　你知道該怎麼做了嗎？

　　「若你堅持這一點，無所欲望亦無所畏懼，滿足於你現在合乎本性的活動，滿足於你說出的每個詞和音節中的勇敢的真誠，你就能生活得幸福。沒有任何人能阻止這一點。」從馬可‧奧理略這裡，我們收穫到一種自給自足的心靈幸福哲學。這種幸福哲學能讓我們在任何境遇下擁有幸福的感覺。

擁有和把握現在

　　雖然你打算活三千年，活數萬年，但還是要記住：任何人失去的不是什麼別的生活，而只是他現在所過的生活；任何人所過的也不是什麼別的生活，而只是他現在失去的生活。最長和最短的生命就如此成為同一。雖然那已逝去的並不相同，但現在對於所有人都是同樣的。所以那喪失的看來就只是一個單純的片刻。因為一個人不可能喪失過去或未來 —— 一個人沒有的東西，有什麼人能從他那裡奪走呢？這樣你就必須把這兩件事牢記在心：一是所有來自永恆的事物猶如形式，是循環往復的，一個人是在一百年還是在兩千年或無限的時間裡看到同樣的事物，這對他都是一回事；二是生命最長者和瀕臨死亡者失去的是同樣的東西。因為，唯一能從一個人那裡奪走的只是現在。如果這是真的，即一個人只擁有現在，那麼一個人就不可能喪失一件他並不擁有的東西。

　　從長遠的觀點來看，所有人都要死去，這是人類不可更改的宿命。從極其長遠、接近永恆的觀點來看，一個人是活幾十年、一百年還是幾千年甚至幾萬年，並沒有太大的差別，都是蒼茫宇宙中短短的一瞬。馬可·奧理略說，「一個人是在一百年還是在兩千年或無限的時間裡看到同樣的事物，這對他都是一回事」，「任何人失去的不是什麼別的生活，而只是他現在所過的生活；任何人所過的也不是什麼別的生活，而只是他現在失去的生活」，「唯一能從一個人那裡奪走的只是現在」。我們很多時候並不能真正意識到這一點，很多人的大部分時光或是為過去的錯誤懊悔傷懷，或是為即將發生的事情擔憂，以至於無法好好地擁有和把握現在，活在當下。

　　我們來聽聽禪宗大師、詩人、爭取人類和平的社會活動家一行禪師是

怎樣描述「當下」這個概念的：

「我們真正的家園存在於此時此刻。活在當下是個奇蹟。所謂奇蹟不是說我們能行走於水面上，而是指我們能在綠色的大地上徜徉，欣賞周遭和平寧靜的美景。和平寧靜環繞在我們周圍。整個宇宙、整個自然界彌漫著和平寧靜的氣息。我們的身體和精神世界也奏響著同樣的旋律。一旦我們學會觸摸這個旋律，傷痛就都會得到治癒，我們就能化蛹成蝶。……我們只要想辦法使自己的身體和思想活在當下，就會很自然地觸摸到這一不可思議的、能使我們神清氣爽並撫平傷痛的美妙旋律。」

多麼好的境界啊！下面我們再來看看一個「活在未來」的人的發現之旅：

10 歲的時候，我想的是：「我真恨不得現在就 12 歲，那麼我就上國中了，是高年級的學生了。國中生多好啊，他們能去露營，可以參加好多校外活動。」

14 歲的時候，我想的是：「我真恨不得現在就 16 歲，那樣我就用不著受這個管、受那個管了，就可以被看成是『『大人』了。我就是個高中生了，所有人都不能再瞧不起我了，我就可以參加高中校隊的比賽了。」

17 歲的時候，我想的是：「我真恨不得現在就 18 歲，那樣我就高中畢業了，就是成人了，沒有人再會對我指手畫腳了。我不用再依賴誰了。」

20 歲的時候，我想的是：「我真恨不得現在就大學畢業，那樣我就可以考入法學院繼續攻讀碩士學位了，也就能做些更有意義的事了。」

24 歲的時候，我想的是：「我真恨不得現在就從法學院畢業，我已經厭倦了讀這些沒完沒了的課程，我想賺錢買那些自己想要的東西。」

26 歲的時候，我想的是：「我真恨不得現在讀 MBA，沒錯，我是一名律師，可是為什麼當初自己會選擇這個職業？我恨死它了。一旦我讀了

MBA，就會有更多的選擇，就有機會去做那些真正想做的事了。」

28 歲的時候，我想的是：「我真恨不得現在就能讀完 MBA，然後找一份企業高級管理人員的體面工作，賺很多錢，買一輛新車，買一棟新房子。」

30 歲的時候，我想的是：「我真恨不得現在就是這家公司的合夥人，那麼我就能真正喘口氣了，就可以享受這麼多年奮鬥所得的勞動果實了。現在，每年光去各地出差的時間就有好幾個月，我只能在假日及週末才能看到年幼的孩子們，根本無法進行像樣的體能鍛鍊。假如我是合夥人，情況就不一樣了，我可以充分享受這份工作，享有更大的自主權和控制權。我可以經常看見兒子，且一定會加強鍛鍊保持一個好的體型。」

35 歲的時候，我想的是：「我真恨不得現在就賺到足夠的錢，那樣我就能擺脫這些乏味單調的工作了。雖說現在我已經是這家公司合夥人了，可那又怎麼樣呢？我還不是得應付同樣的工作要求，還得在路上奔波，一個星期只有幾天看到家人。體型上我也沒達到自己想要的效果。要是我在銀行裡有 500 萬元的流動資產就好了，就不做這些事情了。我會去尋找那些能激起自己的興趣、使自己獲得滿足感的工作。我就能快樂地生活了，就有更多的時間和孩子們待在一起了，也能做些努力來改善和妻子的關係了 —— 我們倆彆彆扭扭好多年了，而我連弄明白究竟是為什麼的時間都沒有。我會進行更多的戶外活動，身體狀況也一定會變得比以前更好。」

40 歲的時候，我想的是：「好吧，現在我已經開始自己經營企業了。我是一家在紐約股票交易所上市的公司的董事長。我正在出售這家公司，這有可能是個大買賣，能賺到很多錢，足夠自己退休養老用的，也許價錢會好得不得了，也許我一賣掉它，就根本不用再賺什麼錢了。我真恨不得立即結束交易，因為我現在不得不每週往返於相距遙遠的自己家和公司總

部之間，真想多陪陪兩個兒子啊，他們現在一個 9 歲，一個 11 歲。我也得在婚姻問題上多下點工夫了，它真是糟透了。也許有一天我會離婚，然後尋找自己一直嚮往的愛情。我相信，終有一天我會獲得滿足 —— 當上面這些事情統統解決之後。」

直到 41 歲的某一天，我已經度過了幾乎一半的人生，卻仍然充滿煩惱，內心無法平靜和滿足，我突然冒出了很多想法：「在這過去的 41 年裡，我幾乎每天都活在未來之中 —— 總是熱切地盼望著某一天馬上到來，相信當那天到來的時候，所有的一切都會變得完美無缺。我一直朝著自己的目標前進，但可以肯定的是，這種生活方式其實並不能使我獲得滿足感，也不能使我獲得成就感，更不能使我獲得真正的幸福。現在我不得不承認：自己一點都不快樂，我從來沒有獲得真正的滿足！那麼，活在未來一定不會產生真正的滿足感，滿足感一定只有在此時此刻，只有在當下才能找到。」

從此，這個一直生活在未來之中的人，為自己的人生展開了一個全新的旅程，他的人生也因此發生了根本性的、不可逆轉的改變，對生活有了全新的感受，也獲得了從未有過的力量感和滿足感。

點石成金

我們都曾經體驗過擁有和把握現在，徹頭徹尾地活在當下的感覺。回想一下當你完全沉浸在某件事情裡的時候，你的腦海中沒有任何其他的想法。你的頭腦中只有正在發生的事情，甚至沒時間思考任何事情，所有的想法都不見蹤跡，你完全被眼前發生的事情所吸引。

「活在當下」，是完全意識到此時此刻的存在，意味著你正在經歷此

時此地發生的事情。你將真實地感受世界上存在的人和事，並且感受到，在一個大的、不可分割的整體系統中，有一種能量把自己和其他事物連接到了一起，這種感覺給你帶來的滿足感是不言而喻的。

「任何人失去的不是什麼別的生活，而只是他現在所過的生活；任何人所過的也不是什麼別的生活，而只是他現在失去的生活。」馬可·奧理略在這裡反覆告誡自己，人所真正擁有的只是現在，所能把握的也是現在。

學習之道

　　你碰到的外部事物使你分心嗎？給出時間來學習新的和好的東西而停止繞圈子吧。同時，你也必須避免被帶到另一條道路。因為那些在生活中被自己的活動弄得精疲力盡的人也是放浪者，他們沒有目標來引導每一個行為，總之，他們的所有思想都是無目的的。

　　從戴奧吉納圖斯那裡，我學會了不使自己碌碌於瑣事，不相信術士巫師之言，驅除鬼怪精靈和類似的東西；學會了不畏懼也不熱衷於戰鬥；學會了讓人說話；學會了親近哲學。我先是巴克斯，然後是坦德西斯、瑪律塞勒斯的一個傾聽者……從他那裡，我還學會了其他所有屬於希臘學問的東西。

　　從拉斯蒂克斯那裡，我領悟到我的品格需要改進和訓練，知道不迷誤於詭辯的競賽，不寫作投機的東西，不進行繁瑣的勸誡，不顯示自己訓練有素，或者做仁慈的行為以圖炫耀；學會了避免辭藻華麗、構思精巧的寫作；不穿著出門用的衣服在室內行走及別的類似事件；學會了以樸素的風格寫信，就像拉斯蒂克斯從錫紐埃瑟給我母親寫的信一樣；對於那些以言詞冒犯我，或者對我做了錯事的人，一旦他們表現出和解的意願，我就樂意地與他們和解；從他那裡，我也學會了仔細地閱讀，不滿足於表面的理解，不輕率地同意那些誇誇其談的人；我亦感謝他使我熟悉了愛比克泰德（Epictetus）的言論，那是他從自己的收藏中傳授給我的。

　　前面說到了，馬可·奧理略自幼師從私聘教師，受到了羅馬當時最好的教育，同時，他本人也非常重視學習，也很善於學習。馬可·奧理略在《沉思錄》中詳細描述了他從親人們、老師們、朋友們身上學到的東西，他把這種學習、研究的精神從幼年一直帶到成為皇帝，帶到生命的最後一

刻。這裡提到的戴奧吉納圖斯，據說是馬可·奧理略的啟蒙老師，正是他最早影響了年輕的奧理略，使他年僅 11 歲就成為一名斯多葛主義者。拉斯蒂克斯則是把馬可·奧理略繼續引向斯多葛哲學深處的老師，他給予奧理略最深刻的私人指導。

在我們的成長期，我們都經歷過漫長的學習階段，經過激烈的競爭，我們考進大學，贏得人生的第一張入場券。很多人步入社會之後，鬆了一口氣，他們想，總算不用再學習了，不用背書，也不用考試了。可是，很快他們就發現，面對日新月異、撲面而來的新知識和新技術，自己已經有點力不從心，如果不持續學習，就將面臨被淘汰的結果。所以，學習之路永無止境。

這是美國東部一所大學期末考試的最後一天。在教學樓的臺階上，一群工程學高年級的學生擠作一團，正在討論幾分鐘後就要開始的考試，他們的臉上充滿了自信。這是他們參加畢業典禮和工作之前的最後一次測驗了。一些人在談論他們現在已經找到的工作；另一些人則談論他們將會得到的工作。帶著經過四年的大學學習所獲得的自信，他們感覺自己已經準備好了，並且能夠征服整個世界。他們知道，這場即將到來的測驗將會很快結束，因為教授說過，他們可以帶他們想帶的任何書或筆記。要求只有一個，就是他們不能在測驗的時候交頭接耳。

他們興高采烈地衝進教室。教授把試卷分發下去。當學生們注意到只有五道評論類型的問題時，臉上的笑容更加燦爛了。三個小時過去了，教授開始收試卷。學生們看起來不再自信了，他們的臉上是一種恐懼的表情。沒有一個人說話，教授手裡拿著試卷，面對著整個班級。他俯視著眼前那一張張焦急的面孔，然後問道：「完成五道題目的有多少人？」

沒有一隻手舉起來。

「完成四題的有多少？」

仍然沒有人舉手。

「三題？兩題？」

學生們開始有些不安，在座位上扭來扭去。

「那一題呢？當然有人完成一題的。」

但是整個教室仍然很沉默。教授放下試卷，「這正是我期望得到的結果。」他說，「我只想要給你們留下一個深刻的印象，即使你們已經完成了四年的工程學習，關於這項科目仍然有很多的東西你們還不知道。這些你們不能回答的問題是與每天的普通生活實踐相連繫的。」然後他微笑著補充道：「你們都會通過這門課程，但是記住 —— 即使你們現在已是大學畢業生了，你們的教育仍然還只是剛剛開始。」

在學問面前，永遠不要自滿。知道得越多，疑惑反而更多。如果你感到自滿，只是因為你並未得到學問的精髓。

一位武林高手跪在武學宗師的面前，接受得來不易的黑帶儀式。這個徒弟經過多年的嚴格訓練，在武林終於出人頭地。「在授予你黑帶之前，你必須接受一個考驗。」武學宗師說。「我準備好了。」徒弟答道，以為可能是最後一個回合的練拳。「你必須回答最基本的問題：黑帶的真正含義是什麼？」「是我習武的結束。」徒弟答道，「是我辛苦練功應該得到的獎勵。」武學宗師等待著他再說些什麼，顯然他不滿意徒弟的回答。最後他開口了：「你一年以後再來。」

一年以後，徒弟再度跪在宗師的面前，「黑帶的真正含義是什麼？」「是本門武學中最傑出和最高榮譽的象徵。」徒弟說。武學宗師等啊等，過了好幾分鐘，徒弟還是不說話，顯然他很不滿意。最後說：「你一年以後再來。」

一年以後，徒弟又跪在宗師的面前，師傅又問：「黑帶的真正含義是什麼？」「黑帶代表開始 —— 代表無休止的磨練、奮鬥和追求更高標準的里程的起點。」「好，你已經可以接受黑帶開始奮鬥了。」

黑帶的榮譽不是習武的結束，而是追求更高境界的起點。

正所謂：「活到老學到老」，學習永遠無止境，無論是誰都應該持續不斷地為自己加油、充電。

點石成金

書到用時方恨少，但同時，我們也要明白，學習絕不是一個簡單的接納知識、累積知識的過程，也就是說，我們不能為了學習而學習。學習讓我們更豐富，變得更靈活、機智、更富於洞見。學習造就了我們這種瞬間決斷的能力，但這種能力是要經過長久學習達到融會貫通才能形成的。這種能力就是知性，它讓我們抓住瞬間的機會，預見未來的趨勢，洞悉細微處的微妙變化，把握宏觀和抽象無形的東西，正是這種能力讓我們在紛繁浩大、瞬息萬變的現實生活中自由搏擊，從容自若。

馬可·奧理略是善於學習的人，也正是由於善於學習，他才成為一代偉大的君主和哲學家。「學會了其他所有屬於希臘學問的東西」——知識要學習；「學會了不使自己碌碌於瑣事，不相信術士巫師之言，驅除鬼怪精靈和類似的東西；學會了不畏懼也不熱衷於戰鬥；學會了讓人說話；學會了親近哲學」—— 思想觀念、處事原則也要學習；「不穿著出門用的衣服在室內行走及別的類似事件；學會了以樸素的風格寫信，就像拉斯蒂克斯從錫紐埃瑟給我母親寫的信一樣；對於那些以言詞冒犯我，或者對我做了錯事的人，一旦他們表現出和解的意願，就樂意地與

他們和解」——生活的方方面面都需要學習；他同時指出，「你也必須避免被帶到另一條道路。因為那些在生活中被自己的活動弄得精疲力盡的人也是放浪者，他們沒有目標來引導每一個行為」——學習要有目的，他的這些觀念和做法對於形成一種正確的學習之道很有幫助。

接受已經發生的事情

接受所有對他發生的事情，所有分配給他的份額，不管它們是什麼，就好像它們是從那裡，從他自己所來的地方來的。

你有兩個理由應該滿足於對你發生的事情，第一，因為它是為你而做的，是給你開的藥方，並且在某種程度上它對你的關聯是源於與你的命運交織在一起的那些最古老的原因；第二，因為即使那個別地降臨於每個人的，對於支配宇宙的力量來說，也是一種幸福和完滿的原因，甚至於就是它繼續存在的原因。如果你從各個部分或各個原因的聯結與繼續中間打斷任何事情，整體的完整性就破壞了。而當你不滿意並且以某種方式企圖消滅什麼事物時，你確是力所能及地把它打斷了。

正如前文所述，斯多葛派哲學是一種自我修練的哲學，它不強調對現實的互動作用，它強調的是現實的客觀性及合理性，強調一種接受已經發生的事情的態度。馬可·奧理略對待自己生活的不幸就是採取這種態度，這讓他迅速擺脫沮喪和擔憂，積極面對人生。

當美國著名社會學大師拿破崙·希爾（Napoleon Hill）還是一個小孩的時候，有一天，他和幾個朋友一起在密蘇里州西北部的一間荒廢的老木屋的閣樓上玩，當他從閣樓爬下來的時候，先在窗欄上站了一會兒，然後往下跳。他左手的食指上戴著一個戒指。當他跳下去的時候，那個戒指勾住了一根釘子，把他整根手指拉脫了下來。他尖聲地叫著，嚇壞了，還以為自己死定了。然而他活了下來，但永遠地失去了一個手指。可是，在他的手好了之後，他就再也沒有為這煩惱過。再煩惱又有什麼用呢？他接受了這個無法改變的事實。後來，他幾乎根本就不會去想，他的左手只有四個

手指頭。

後來，拿破崙‧希爾碰到一個在紐約市中心一家辦公大樓裡開貨梯的人，拿破崙‧希爾注意到他的左手被齊腕砍斷了。拿破崙‧希爾問他少了那隻手會不會覺得難過，他說：「噢，不會，我根本就不會想到它。只有在要穿針的時候，才會想起這件事情來。」

在不得不如此的情況下，達觀的人差不多都能很快接受任何一種情形，或者使自己適應，或者整個忘了它，這使得他們能愉快地繼續自己的人生，而因為過去的事被悔恨和痛苦折磨的人，卻難以走出人生低谷。

荷蘭首都阿姆斯特丹一家 15 世紀的老教堂的廢墟上刻著一行字：事情既然如此，就不會另有他樣。可見，接受人生中既成的痛苦現實，也是人生的必修課。

在紐約曼哈頓的一家義大利餐廳裡，盧克先生愁容滿面地坐在裡面，氣色相當不好。那天早上，他失去了一個相當重要的商業機會，現在他在這裡等待一位老朋友的到來，準備好好向他傾訴這個煩惱。

盧克的朋友是一位非常著名的精神科醫生。他一走進來，盧克就急著準備開口，但是，這時他卻從口袋裡拿出了一臺錄音機。盧克看著他，完全不明白他的用意。

他的朋友說：「在這卷錄音帶上，我錄了三個病人所說的話，你仔細聽聽他們說了些什麼，也許你能從中找出其共性。」

盧克認真地聽著，很快便發現，錄音帶裡的三個聲音有一個共通點，那便是他們都很不開心。

第一個是男人的聲音，他說的是關於生意上的損失和失敗；第二個是女人的聲音，她心酸地訴說每一段錯過的姻緣；第三個是一位母親，她十幾歲的兒子被關進了監獄，這點讓她很自責。

聽完後，朋友說：「你聽出來了嗎？他們都用了兩個共同的詞，就是『如果』、『只要』。」

朋友繼續對盧克說：「『如果』、『只要』這兩個詞，並不能對既成的事實有任何改變，反而使我們無法坦然面對錯誤，只會退縮而不敢前進。假使你用慣了這幾個字，以後你也只會說『之前如果怎樣』，而不會想『現在應該如何』了。」

盧克聽完後，感激地看著老朋友說：「謝謝，我知道該怎麼做了！」

生活中，遇上讓自己懊悔或困擾的問題時，我們不應再想著「如果當初」，而是要想著「如何解決」，把問題的解決方法找出來，告訴自己：「下次我可以這麼解決。」如此一來，你就有了克服困難的能力，以後也不會有讓你懊悔的情形發生；你的人生就有繼續行動與生活的動力。同時，對於已經發生的事情，要善於運用兩面性的觀點來分析，找出對自己有利的一面，世界上沒有絕對的事情，塞翁失馬，焉知非福？

從前，印度有個國王。他很會治理國家，經常微服出巡了解民情。在他的治理下，國家日益繁榮昌盛。

他有個很能幹的丞相，每當有什麼重要大事，都會先請教這名丞相，聽聽他的真知灼見。　有一天，突然下起雨來，國王外出的計畫受阻。國王便問他的丞相：「這場大雨下得好不好？」

「好！大雨一過。街道乾淨清潔，空氣清新。國王您可以享受雨過天晴的美妙景物，又可深入民間巡視民情。」

國王聽了很高興。

有一次，國王準備外出巡視，天氣非常炎熱，熱得國王汗流夾背，國王便問丞相：「這樣的熱天，出門好不好？」

丞相不假思索地說：「好！這樣的天氣是印度近日少有的，國王出巡，

將會更加了解我國人民在這種炎熱的天氣下，到底在做什麼。」

國王覺得很有道理，便高興地出門去了。

這位國王與丞相都有個共同的愛好 —— 打獵。國王每次打獵時，只有丞相相伴。

有一次，國王在檢查獵器時，不小心被鋒利的獵器斬斷了一截拇指。他趕忙詢問丞相：「我的拇指被斬了一段，好不好？」

「好。國王陛下。」

國王聽後，滿腔怒火，認為丞相落井下石，便下令將丞相關起來。

國王對關在牢房的丞相說：「現在你被關在牢房裡，好不好？」

「好。很好！」

國王被他氣壞了。

「既然你認為好，便在這兒住幾天吧！」說著很生氣地走了。

過了兩天，國王的「打獵欲望」發作，很想出去打獵，但又礙於面子，不想釋放丞相，只好一個人單獨騎馬去打獵了。

平時，丞相比較熟悉地理環境，因此經常都是凱旋而歸。那天，國王一個人單獨打獵，在森林裡追逐動物，幾個鐘頭下來，竟連一根獸毛也沒撈到。國王很不開心，便騎馬四處尋覓獵物。

不久，太陽下山，飛鳥回巢。國王也累了，便下馬來牽著馬兒走著。突然，他發現四周的自然環境非常陌生。他心想：「一定是迷了路。」走啊走，突然，國王不小心跌進一個捕捉動物的陷阱。那陷阱很深，國王三番四次地企圖爬出洞口，但還是失敗了。過了一會兒，他聽到一陣腳步聲，越來越近，心中感到萬分高興，這回有救了！

「救命啊！」國王大聲呼救。上面的人將他救了出來，不過，那些都是鄰國食人族的土人。那三、五個土人將國王帶回部落。當晚，食人族上

下皆大歡喜，圍著國王歌舞。國王被綁在一根十字架上，腳下堆積著一堆木柴，準備點火，吃烤人肉。國王因語言無法溝通，只好啞口無言，等待奇蹟出現，不然就難逃一死了。儀式開始了，酋長指示眾人坐下。不久，一名巫師便開始祭禮。他以清水噴在國王身上，然後，逐步檢查他身體的各個部位。當他檢查到國王的手時，他低聲感嘆，不斷地搖頭嘆息。眾人不知為何，都感到驚奇。

巫師向酋長說：「我們族人只吃完整的動物。這種動物是不祥物，因為他的拇指斷了，我們不可以吃他！」

酋長立刻趕去查看，果然發現國王的拇指少了一截，便下令放走國王。

國王劫後餘生撿回一條性命，非常激動，馬上趕回到國都的監牢去拜見丞相。當他一見到丞相時，他便抱著這位「恩臣」哭了起來。

「現在我才知道為什麼你說我的斷指是件好事。它救了我一命。我錯怪了你！」

過後，國王又對丞相說：「我關你在牢裡十多天，好不好？」

「好。很好！」

「為什麼？」國王不明白。

「陛下，如果您不抓我進監牢，我一定會隨從您去打獵。我們都會一起被食人族抓去。您可以因為斷指而保全性命，但我必死無疑，因為我很完整啊！」

不論已經發生的事情是好是壞，我們都要以積極的態度去對待。這對我們的為人處世是非常有幫助的。

點石成金

　　在漫長的歲月中，一個人一定會碰到一些令人不快的情況，它們既是這樣，就不可能是那樣。但你可以有所選擇。你可以把它們當作一種不可避免的情況加以接受，並且適應它，或者你可以用憂慮來毀了你的生活，甚至最後可能會弄得精神崩潰。

　　過去的就讓它過去吧，沉湎於過去的不愉快和陰影中，只會是一種自傷。而忘卻了的人，會重新開始站在太陽初升的地平線上，展望燦爛的明天。正如老子說，「禍兮福之所倚，福兮禍之所伏」，對待同一事情，用不同的觀點去解釋，會有截然不同的結論。只要你還在饒有興味地活著，你遲早會發現，造物主對一切事物的安排都是水到渠成的。

第三卷　面對現實

　　作者在《沉思錄》卷三中強調了時間的緊迫性,「我們必須抓緊時間,這不僅是因為我們在一天天地接近死亡,而且因為對事物的觀察和理解力將先行消失」。在這一卷,馬可·奧理略揭示了一種美學 —— 自然界有些現象孤立地看並不美,但只要是自然形成的,就會使人心靈愉悅,從而產生美;同樣,人在生命的自然過程中也會有不同階段的美,老年人「某種成熟和合宜」、「年輕人的魅力和可愛」都具有生命的美感。

及時思考最重大的問題

我們不僅應考慮到我們的生命每日每時都在消耗，剩下的部分越來越少，而且應考慮另一件事情，即一個人即使活得久些，也不能保證理解力還能繼續足以使他領悟事物，還能保持那種努力獲得有關神和人的知識和思考能力。因為他將在排泄、營養、想像和胃口或別的類似能力衰退之前，就開始墮入老年性昏聵，而那種運用我們自己的能力，滿足我們義務標準的能力，清晰地區分各種現象的能力，考慮一個人是否應該現在辭世的能力等諸如此類的能力，絕對需要一種訓練有素的理性，而這理性全面地已經衰退了。所以，我們必須抓緊時間，這不僅是因為我們在一天天地接近死亡，而且因為對事物的觀察和理解力將先行消失。

記住你已經把這些事情推遲得夠久了，你從神靈那裡得到的機會已夠多了，只是你沒有利用它。你現在終於必須領悟那個你只是其中一部分的宇宙，領悟那種你的存在只是其中一段流逝的宇宙的管理；你只有有限的時間，如果你不用這段時間來清除你靈感上的陰霾，它就將逝去，你亦將逝去，並永不復返。

在這一小節，馬可‧奧理略表達了一種對時間的緊迫感，「我們的生命每日每時都在耗費，剩下的部分越來越少」，他意識到一個人「將在排泄、營養、想像和胃口或別的類似能力衰退之前，就開始墮入老年性昏聵」。他告訴我們：「所以，我們必須抓緊時間，這不僅是因為我們在一天天地接近死亡，而且因為對事物的觀察和理解力將先行消失。」

哲人伏爾泰問：「世界上，什麼東西是最長而又是最短的；最快的而又是最慢的；最能分割的又是最完整的；最不受重視的又是最受惋惜的；

沒有它，什麼事情都做不成；它使一切渺小的東西歸於消滅，使一切偉大的東西生命不絕？」

智者查第格回答：「世界上最長的東西莫過於時間，因為它永無窮盡；最短的東西也莫於過時間，因為人們所有的計畫都來不及完成；在等待著的人看來，時間是最慢的；在作樂的人看來，時間是最快的；時間可以擴展到無窮大，也可以分割到無窮小；當時誰都不重視，過後誰都表示惋惜；沒有時間，什麼事都做不成；不值得後世紀念的，時間會把它沖走，而凡屬偉大的，時間則把它們凝固起來，永垂不朽。」

一個個體的生命有成長期、發展期、全盛期和衰退期。人要抓緊時間，不僅僅因為一個人的壽命有限，還因為在生命終結之前，人的理性能力就開始衰退。人有體能的高峰期，也有智力的高峰期，人並不一定是越老越聰明，所以我們要抓緊生命裡最富含熱情和創造力、精力最充沛的時期去做最重要的事情。

年輕人因為沒有經過太多的世事，缺乏經驗，因而顯得幼稚，但他們絕少保守，相反，卻富有對世界的美好憧憬和嚮往，儘管這些還顯得過於浪漫和不現實。而老年人經歷過了世事的一切已經變得十分現實，不會追求那些他們覺得不現實的事情。他們沒有了熱情，沒有了奇特的想法，他們完全是靠自己的經驗來判斷。

但是在社會上，在商業中，熱情和想像卻是人類永遠的追求，正是這種人類的天真和想像才讓人類蹣跚地前進著，沒有了大膽甚至是天方夜譚式的想像，社會根本就不會有任何的進步。在商業中，大膽離奇的想像更是不可缺少的。

著名的迪士尼樂園是一個偉大的商業奇蹟，其創始人迪士尼就是在極為年輕的時候開創了自己的事業，並且取得了巨大的成功。他原本在一家

廣告公司工作，後來辭去了該工作創辦了一家動畫製作公司，不久他們拍攝了動畫《愛麗絲夢遊仙境》（*Alice in Wonderland*）。這部片吸引人的是這裡面既有一位天使般可愛的真人小女孩，也有浪漫的、虛構的動畫設計。這部片一上市就引起了社會的熱情追捧，電影公司的片約像雪片一樣飛來。

接著，富有神奇想像力的迪士尼又畫出了一隻名叫「奧斯華」的幸運兔，一時間受到大家的爭相歡迎。然後一個聰明淘氣、粗心急躁的大耳鼠米奇被塑造了出來，借著當時有一個叫查理斯·林白（Charles Lindbergh）的人乘坐飛機飛越大西洋的事件，他們讓自己的童話人物米奇也在影片中乘坐著飛機，當老鼠米奇從飛機上向著蔚藍的天空一躍而起的時候，各大劇場沸騰了，場場爆滿，就連吝嗇的電影評論家們也不得不對迪士尼大加讚揚。

由於當時的電影還是無聲的黑白片，動畫的設計者們設計的動畫還是幼稚粗糙的，迪士尼不滿足這種現狀，他不想再讓兒童們生活在這樣一個蒼白的世界中，他決定給兒童們一個豐富的彩色世界。於是，《花與樹》出來了，《三隻小豬》出來了，米老鼠、唐老鴨也走出來了，《白雪公主和七個小矮人》也出來了，這是世界上第一次可以讓動畫迷們過足癮的長篇動畫。

幾年之後，經過努力，他建成了迪士尼樂園，這是一個童話般的世界，它不僅吸引孩子，也吸引了成年人，迪士尼樂園成了西岸所有遊人必去的地方，後來還成為了和金字塔、巴比倫空中花園並稱的世界第九大奇蹟。

讓自己大膽地想像、讓別人快樂地消費，成為迪士尼一生的生活信條。正是他的想像和創意讓他成為全美最富有的富豪之一。他的生命是輝

煌的：20歲的時候，他鋒芒初露；當在他剛過30歲的時候，已經聞名全美；在他36歲的時候，他已經聞名世界了。

這就是年輕人的力量，他們旺盛的熱情和創造力，保證了時常有新的招數和新的思維，可以在市場上總是讓人有一種耳目一新的感覺。一些智慧的民族甚至有這樣的傳統：每到有事情商量，大家聚集起來對問題進行討論的時候，德高望重的會議主持者總是讓一些年輕人先發言，接著再讓那些有點資歷和經驗的人發言，然後大家自由地討論和辯論，最後是富有權威的老年人根據大家的意見，進行公正地評價和總結，做出決定。

總之，我們必須珍惜我們還年輕、尚未衰老、有旺盛的熱情和創造力的時候，努力完成對於我們來說極其重要的事情，要知道「珍惜時間，就是珍惜生命」。

走進摩根的辦公室，就會發現摩根的辦公室和其他人的辦公室是連接著的。摩根這樣做就是為了經理們有什麼需要請示的事情，他就直接在現場告訴他們怎樣處理那個問題，如果工廠出現了什麼問題，就可以直接來找他解決問題，他不會讓問題隨便拖延哪怕一分鐘。

但是那麼多的問題要處理，摩根是怎樣辦的呢？原來摩根和人會面的時候，就是猶太人這種處理方式，直接地問你有什麼事情要處理，他通常簡明扼要地交代三兩句，就把來人打發了。他的經理們都知道他的這種作風，於是向他彙報工作的時候，都必須乾淨俐落地說明問題，任何含糊和拖泥帶水的行為都會遭到他嚴厲的批評。他也很少和人客套寒暄，除非是某個十分重要的人物來了，他才說幾句客套的話，但是他有個原則，就是與任何人的聊天時間不超過5分鐘，即使是總統來了，他也一樣對待。

摩根最厲害的是他有一套極為卓越的洞察人的心理的能力。當人們來找他，他立即就能判斷出此人找他的真實意圖是什麼，他能一見面就知道

來人找他是什麼事情，於是他會很乾脆地告訴他處理的辦法以及處理的步驟。他的這套洞穿別人內心的本領，在華爾街讓人敬服並且害怕不已。他之所以這樣做，就是為了把不必浪費的時間全部節省下來，好讓他的時間全部高效率地使用起來。當然，他的這種珍惜時間的作風也讓他周圍的人感到不愉快，可是對摩根這樣的大鉅賈來說，有時間賺錢比任何問題都重要。

點石成金

　　一個商人要賺錢，首先就要考慮如何合理地安排好時間。有的人認為時間很多，有的人認為時間很少，其實時間都是一樣的，對每個人來說都是平等的，就看你怎麼用了。時間就像海綿裡的水，只要善於擠，就總會找出來。不善於擠，當然就沒有。商人的時間更是如此，要想賺錢，首先就得有賺錢的時間。會賺錢的商人，就應該是一個管理時間的高手。每一個想要有所成就的人，在其有生之年，都應抓緊時間，把最飽滿的熱情和智慧，投入到最重要的人生使命中去。

　　馬可·奧理略告訴我們，不僅身體會衰退，理性也會衰退，我們應該抓緊時間，不僅僅因為生命短暫，更因為我們擁有良好理性的時間比我們的生命更短暫。

自然的，就是美的

　　我們也應注意到：甚至在那合乎自然地產生的事物之後出現的事物，也令人欣悅和有吸引力。例如，當麵包在烘烤時表面出現了某些裂痕，這些如此裂開的部分有某種不屬麵包師目的的形式，在某種意義上仍然是美的，以一種特殊的方式刺激著食欲。再如無花果，當它們成熟時也會裂開口；成熟的橄欖恰在它們接近腐爛時給果實增加了一種特殊的美。穀穗的低垂，獅子的睫毛，從野豬嘴裡流出的泡沫，以及很多別的東西，一個人如果孤立地觀察它們，往往會覺得它們是不夠美的，其實它們是自然形成的事物的結果，它們還是有助於裝飾它們，使心靈愉悅的。所以，如果一個人對宇宙中產生的事物有一種感覺和較深的洞察力，那些作為其結果出現的事物在他看來就幾乎都是以某種引起快樂的方式安排的。所以，他在觀察真正的野獸張開的下顎時，並不比看畫家和雕刻家所模仿的東西的快樂少，他能在一個老年人那裡看到某種成熟和合宜，能以純淨的眼光打量年輕人的魅力和可愛。很多這樣的事情都要出現，它們並不使每個人愉悅，而是使真正熟稔自然及其作品的人愉悅。

　　啊，宇宙，一切與你和諧的東西，也與我和諧。那於你是恰如其時的一切事情，對我也是恰如其時。啊，自然，你的季節所帶來的一切，於我都是果實：所有事物都是從你而來，都複歸於你。

　　從這裡可以看出，馬可·奧理略是熱愛大自然的人，他注意到一些自然現象，「麵包在烘烤時表面出現了某些裂痕」、「但在某種意義上仍然是美的」、「成熟的橄欖恰在它們接近腐爛時給果實增加了一種特殊的美」，還有「穀穗的低垂，獅子的睫毛，從野豬嘴裡流出的泡沫，以及很多別的

東西」，他認為「由於它們是自然形成的事物的結果，所以它們還是有助於裝飾它們，使心靈愉悅」，他還得出這樣的結論 ——「如果一個人對宇宙中產生的事物有一種感覺和較深的洞察力，那些作為其結果出現的事物在他看來就幾乎都是以某種引起快樂的方式安排的。」這裡顯現了一個重要的美學觀點，即有些自然現象孤立的看並不美，但作為整體的一個部分，作為一種自然形成的事物的結果就產生出一種美。他深情的歌頌大自然 ——「啊，宇宙，一切與你和諧的東西，也與我和諧」，這充分顯現了斯多葛派哲學崇尚自然的理念。

我們在驚嘆大自然的鬼斧神工之時，也不免遺憾地注意到自然事物中存在的缺陷。人們總是千方百計地彌補和遮蓋缺陷，卻不曾想過，缺陷也是一種美。當愛神維納斯裸露的軀體、殘缺的斷臂展示在世人的面前時，人們感嘆的並不是她美中不足的缺憾。據說維納斯出土時，因為缺少手臂，當時的著名雕塑家們，就舉行了一場重新塑造手的比賽。但是許多個方案之後，人們統一認為，沒有手臂的維納斯，比起有各種手臂的維納斯更美麗。直到現在也沒有人對她的美提出過異議，相反，她身上的缺憾引發了無盡的遐想……當我們在追求完美的時候，當我們因為不夠完美而心情不悅的時候，常常忽略了缺憾其實也是一種美，是大自然賜給我們的另一種恩惠。

一個小木輪，忽然有一天發現自己身上少了一塊木片，為了補上這一缺憾，它決定去尋找一塊和自己丟失的一樣的木片。

於是，它開始了長途跋涉，但由於缺了一塊，不夠圓，所以走得非常慢。這時正值春暖花開的季節，路邊的風景非常美，五顏六色的花點綴在綠色的田野裡，空中還有小鳥在歌唱。小木輪邊走邊欣賞風景，不知道就這樣走了多久，它終於發現了一塊和自己的缺口一樣的木片，它高興地將

其裝在身上，這下完美了，它想。

然後，小木輪重新出發了，沒有了缺憾的它自然走得飛快，它開始為自己的完美歡呼。可是，沒過多久，它就洩氣了，因為它再也沒有時間和機會欣賞路邊的野花，聆聽小鳥的歌唱了，單調的趕路讓它感覺枯燥和乏味。於是，經過再三思量，它還是將木片卸了下來，帶著缺憾慢慢上路，快樂的心情又重新回來了。

因為少了一塊木片，小木輪看到了美麗的風景，缺憾反倒成了一種恩惠。

一位挑水夫，有兩個水桶，分別吊在扁擔的兩頭，其中一個桶有裂縫，另一個則完好無缺。在每趟長途的挑運之後，完好無缺的桶，總是能將滿滿一桶水從溪邊送到主人家中，但是有裂縫的桶到達主人家時，卻只剩下半桶水。

兩年來，挑水夫就這樣每天挑一桶半的水到主人家。當然，好桶對自己能夠送滿整桶水感到很自豪。破桶呢？對於自己的缺陷則非常羞愧，它為只能負起責任的一半感到非常難過。

飽嘗了兩年失敗的苦楚，破桶終於忍不住，在小溪旁對挑水夫說：「我很慚愧，必須向你道歉。」「為什麼呢？」挑水夫問道。「過去兩年，因為水從我這邊一路地漏，我只能送半桶水到你主人家，我的缺陷，使你作了全部的工作，卻只收穫一半的成果。」破桶說。挑水夫替破桶感到難過，他滿懷愛心地說：「我們回到主人家的路上，我要你留意路旁盛開的花朵。」

果真，他們走在山坡上，破桶眼前一亮，看到繽紛的花朵開滿路的一旁，沐浴在溫暖的陽光之下，這景象使它開心了很多！但是，走到小路的盡頭，它又難受了，因為一半的水又在路上漏掉了！破桶再次向挑水夫道

歉。挑水夫溫和地說：「你有沒有注意到小路兩旁，只有你的那一邊有花，好桶的那一邊卻沒有開花呢？我明白你有缺陷，因此我善加利用，在你那邊的路旁撒了花種，每回我從溪邊來，你就替我一路澆了花！兩年來，這些美麗的花朵裝飾了主人的餐桌。如果你不是這個樣子，主人的桌上也沒有這麼好看的花朵了！」

　　缺憾也可以帶來意外的收穫。在藝術界，有的評論家甚至提出：「完美的趣味本身就是一種局限，單調的美容易使人淡忘，而一些缺點往往發揮震撼心靈的作用，使創作更加生動真實。」的確，完美與缺憾本身就是相對存在的，如果沒有缺憾又如何能顯出完美的魅力？就像如果沒有沙漠，人們就不會產生對綠洲的期待。

點石成金

　　不僅僅是藝術領域，生活中其實也是如此。你可以搜索一下自己的記憶，你會發現你記憶猶新的和自以為美好的實際上並不是那些真正完美的事情，正如當初我們錯過了一份美好的感情，如今每每都會想起，時時都會拿出來玩味，甚至到老還會記得曾經有一個多麼美麗的女孩或者多麼帥的男孩偷偷喜歡過自己，卻陰差陽錯地未能牽手，到了那時候，所有的遺憾都沉澱成了一種美麗的情愫。

　　自然事物中的缺陷、不完美，人生路上的悲歡離合、陰差陽錯，都是造物主的自然作品，懂得了這一點，你將用一種全新的眼光去欣賞蘊藏無窮奧妙的大自然，欣賞變化無常的人生。

怎樣對待別人的意見

當你不把你的思想指向公共福利的某個目標時，不要把你剩下的生命浪費在思考別人上。因為，當你有這種思想時，你就喪失了做別的事情的機會。這個人在做什麼，為什麼做，他說了什麼，想了什麼，爭論什麼，注意所有這些事情將使我們忽略了觀察我們自己的支配力量。……一個人不應聽從所有人的意見，而只是聽從那些明白地按照本性生活的人們的意見。但是對於那些不如此生活的人，他總是記住他們在家是什麼樣的人，離家是什麼樣的人；白天是什麼樣的人，晚上是什麼樣的人；記住他們做什麼工作，他們和什麼人在一起過一種不純潔的生活。相應地，他就一點也不看重來自這一類人的讚揚，因為這類人甚至對自己也是不滿的。

我常常覺得這是多麼奇怪啊：每個人愛自己都超過愛所有其他人，但他重視別人關於他自己的意見，卻更甚於重視自己關於自己的意見。那麼如果一個神或一個明智的教師來到一個人面前，命令他只是思考和計畫那些他一旦想到就要說出來的念頭，那他甚至一天也不能忍受。所以我們對我們的鄰人將怎樣想我們，比我們將怎樣想自己要重視得多。

我們一生之中會聽到來自各方面的各種不同意見，我們來看看馬可·奧理略是怎樣對待別人的意見的：

「當你沒有將思想指向公共福利的某個目標時，不要把你剩下的生命浪費在思考別人上。」他只在考慮公共福利問題時，才會思考別人的意見。

「這個人在做什麼，為什麼做，他說了什麼，想了什麼，爭論什麼，注意所有這些事情將使我們忽略了觀察我們自己的支配力量。」過於關注

別人，你就沒有足夠的注意力放在自己身上。

「一個人不應聽從所有人的意見，而只是聽從那些明白地按照本性生活的人們的意見。」

「對於那些不如此生活的人，他總是記住他們在家是什麼樣的人，離家是什麼樣的人；白天是什麼樣的人，晚上是什麼樣的人；記住他們做什麼工作，他們和什麼人在一起過一種不純潔的生活。相應地，他就一點也不看重來自這一類人的讚揚，因為這類人甚至對自己也是不滿的。」一個不按本性生活的人，就會在生活裡有很多種面目，他們就連對自己的生活都不滿，所以不要看重那些不按本性生活的人的意見。

「每個人愛自己都超過愛所有其他人，但他重視別人關於他自己的意見，卻更甚於重視自己關於自己的意見。」很多人都會陷入這樣一種盲點，過於重視別人對自己的看法，卻不夠重視自己對自己的看法。其實，要獲得一種良好的心理感受，自我認同非常關鍵。

叔本華說：「無法取悅所有人。」得到別人的尊敬和讚揚是人的天性，但是正如世界上沒有兩片完全相同的樹葉一樣，每個人都是不同的個體，每個人都有自己的喜好、自己的想法和觀點，我們不能強求所有人都有同樣的想法。無論你付出了多大的努力，即便你做得近乎完美，也會有人不喜歡你，還會有人向你發出噓聲，甚至扔臭雞蛋。無論怎樣，我們都不能得到所有人的肯定，面對別人的鮮花和讚美，我們要保持清醒的頭腦。面對別人的批評和指責，也不必苛責自己，更不要在別人的言論裡迷失了自我。

有一位畫家想畫出一幅人人見了都喜歡的畫。畫好後，他拿到市場上展出，並在畫的旁邊放了一支筆，並附上說明：每一位觀賞者，如果覺得此畫有欠佳之筆，均可在畫中做記號。

晚上，畫家取回了畫，發現整個畫面都塗滿了記號 —— 沒有一筆一畫不被指責。畫家十分不快，對這次嘗試深感失望。

第二天，畫家決定換一種方法去試試。他又將那幅畫臨摹了一張，再拿到市場去展出。可這一次，他要求每個觀賞者把認為最好的那一筆做上記號。當畫家取回畫時，整個畫上又塗滿了記號 —— 一切曾被指責的畫筆，如今都畫滿了記號！

畫家感慨地說：「我現在發現一個奧妙，那就是我們不論幹什麼，只要使一部分人滿意就夠了。」

事實上，每個人在成長過程中，都會聽到來自各方面的意見，這些意見如果採納得當，便能夠表示你意識到自身的缺陷和不足，從而修正自己，讓自己更完善。可是，如果過分重視別人的意見，而忽略了自己的內在需求，這些意見就將成為沉重的負擔，為你的人格投上陰影。

著名詩人、作家羅伯特・布萊（Robert Bly）寫過一本非常棒的書，名為《關於人類陰影的一本小書》（*A Little Book on the Human Shadow*，1988年），作者在書中把人格中的陰影比喻成拖在你身後的一條長長的口袋。原本你來到這個世界上的時候，是一個完整的人，是一個 360°的人，是一個鼓鼓的、充滿能量的、能四處飄移的球體。然而，隨著時間的不停運轉，你開始一次又一次地削減自己的人格，就像拿著一把鋒利的小刀，這邊一下，那邊一下。每當你削下來一片人格，就把它丟進身後的口袋裡。「不許大喊大叫」、「不許生弟弟的氣」、「別問那麼多問題」、「不關你的事」；如果你是一個男孩，就會有人告訴你「只有女孩才跳舞」，如果你是一個女孩，又會有人說「打棒球可不是淑女做的事」。這些東西沒完沒了地向你湧來，讓你不停地「修理」自己，至少一直延續到高中階段。家長、老師、朋友甚至陌生人都會教你這樣、那樣，幫你一片一片地削掉自己的人

格，並把它們丟到你身後的口袋裡。而你也一樣，也在幫助自己的朋友、孩子和學生去裝滿他們身後的口袋。

　　這樣，到 20 出頭的時候，你就成型了，變成一個非常「不錯」的人，在別人眼裡你是一個又細又長、小小的一條，甚至在你深愛的人眼裡也是如此。你身後的口袋卻已經裝得滿滿當當了，躲在裡頭的都是這麼多年來對你有影響的人不願看到、不願讓你示人的東西。這個袋子越大，裡面蘊藏的能量就越大，而你自己的分量就越輕，你人格中擁有的積極的能量就越少。如果你是一名男性，那麼有可能你會把女性的一些東西掩藏起來，如直覺、敏感、關愛等都會被統統丟進口袋裡。如果你是一名女性，那麼有可能你會把男性的一些東西掩藏起來，如強悍、野心勃勃、憤怒、喜歡冒險等會成為你身後口袋裡的填充物。與此同時，你也有可能把自己的性感、創造性以及面部表情豐富等特點一併丟了進去。就這樣，被丟掉的能量越來越多，以至於你沒給自己剩下什麼 —— 如果不學著把那些被關起來的能量釋放出來，恐怕你就會成為一個相當無能的人了。你的能量以兩種方式被消耗掉了，首先，你要花費能量把那些陰影壓制下去，其次，在你維持自己的人格表象的時候也要花很大的力氣，因為你的陰影和表象本身是難以調和的。

　　削減能量還不算最壞的事，更壞的是那些被你丟進口袋裡的陰影變得一天比一天憤怒。它們實在不喜歡自己一直被你這麼管著，它們被關得越久，對你就越憎恨。它們變得越來越生氣，以至於早晚有一天會爆發出來 —— 在一個非常不當的時候。它們將會對你的人格造成巨大傷害。對於這些陰影，也許你已經屢見不鮮，因為你常常在自己身上還有別人身上看到它們。但是，你可能並不知道自己看到的是什麼以及它們對自己的影響。例如，想想我們以前都有可能見過的那個情形吧，一個好脾氣的人（也

許就是你）忽然暴怒起來，一下子把在場的人都嚇到了。這是因為羞愧或嫉妒被那個忽然暴怒的人壓抑得太久了，這回一找到機會就徹底爆發出來了。

這本書對你有什麼樣的啟示呢？每個人都有這樣一條拖在身後的長長的口袋，它們是多年在長輩的勸說、上司的訓誡、朋友的建議、鄰人的議論中形成的，是對你有影響的人不願看到、不願讓你示人的東西。你越重視別人的意見，這個口袋就越沉重，總有一天，你會被它壓得喘不過氣，對一切失去熱情和力量。不要過於重視別人是怎麼想我的，最重要的是你自己的看法，除非你不愛自己，除非你愛別人勝過愛自己。

點石成金

美國普立茲獎獲得者赫伯特‧貝亞德‧斯沃普 (Herbert Bayard Swope) 說過：「我無法給你成功的公式，但能給你失敗的公式，它就是試圖讓每一個人都滿意。」事實上，很多人會犯這樣的錯誤，常常為了討好所有人而在不知不覺中迷失了自我。

德國詩人歌德也曾說：「每個人都應該堅持走為自己開闢的道路，不被流言所嚇倒，不受他人的觀點所牽制。」我們每個人絕無可能孤立地生活在這個世界上，幾乎所有的知識和資訊都來自於別人的教育和環境的影響，但你怎樣接受、理解和加工、組合，卻是屬於你個人的事情。誰是最高仲裁者？不是別人，而是你自己！

在這一小節裡，馬可‧奧理略告訴我們應該怎樣對待別人的意見：除非思考公共福利問題，否則不要浪費時間思考別人的意見；只聽從那些按本性生活的人的意見，因為只有他們的意見才能引導你過一種更好的生活。

為自己的行動訂立目標和原則

　　人的靈魂的確摧殘自身，是在它讓自己的行動漫無目標，不加考慮和不辨真相地做事的時候，因為即使最小的事情，也只有在參照一個目標來做時才是對的，而理性動物的目的，就是要遵循理性和最古老的城邦和政府的法律。

　　　……

　　那種在生活中沒有一個始終如一的目標的人，不可能在他的畢生中是統一和一致的。但我所說的若不加上這一點就還是不夠的：即這個目標應是什麼？因為，正像在所有被多數人以這種或那種方式認為是善的事物上並沒有一致意見，而只是對某些關係感到共同利益的事物有一致意見一樣，我們也應在我們的面前放置一個具有共同性質（社會性）和政治性質的目標。因為那使他自己的所有努力均指向這一目標的人，將使他所有的行為都相似，這樣就將始終保持一致。

　　馬可·奧理略強調人做事應該有目標，並用這個目標來統一畢生的行為。他指出，「那種在生活中沒有一個始終一貫的目標的人，不可能在他的畢生中是統一和一致的」。當你漫無目標、不加考慮和不辯真相地做事，就是在摧殘自己。為自己的行為訂立目標和原則，只有它才能指引你去到你想去的所在。

　　人們沒有目標，就不會有所進步，更不會去採取任何實踐的步驟。如果今天你沒有明確的目標和計畫，你就無事可做，你只能糊里糊塗地度日，毫無收穫。同樣，如果一個人沒有明確的目標，他也很難有一個完整的人生規劃，可想而知，他的這一生也會像這一天一樣，一事無成。

　　比賽爾是西撒哈拉沙漠中的一顆明珠，每年有數以萬計的旅遊者來到這裡。可是在肯‧萊文發現它之前，這裡還是一個封閉而落後的地方。這裡的人沒有一個走出過沙漠，據說不是他們不願離開這塊貧瘠的土地，而是嘗試過很多次都沒有走出去。

　　肯‧萊文當然不相信這種說法。他用手語向這裡的人問原因，結果每個人的回答都一樣：從這裡無論向哪個方向走，最後還是轉回到出發的地方。為了證實這種說法，他做了一次試驗，從比賽爾村向北走，結果三天半就走了出來。

　　比賽爾人為什麼走不出來呢？肯‧萊文非常納悶，最後他只得雇一個比賽爾人，讓他帶路，看看到底是為什麼？他們帶了半個月的水，牽了兩峰駱駝，肯‧萊文收起指南針等現代設備，只拄一根木棍跟在後面。

　　10 天過去了，他們走了大約八百英里的路程，第 11 天的早晨，他們果然又回到了比賽爾。

　　這一次肯‧萊文終於明白了，比賽爾人之所以走不出沙漠，是因為他們根本就不認識北極星。在一望無際的沙漠裡，一個人如果憑著感覺往前走，他會走出許多大小不一的圓圈，最後的足跡十有八九是一把卷尺的形狀。比賽爾村處在浩瀚的沙漠中間，方圓上千公里沒有一點參照物，若不認識北極星又沒有指南針，想走出沙漠，確實是不可能的。

　　肯‧萊文在離開比賽爾時，帶了一位叫阿古特爾的青年，就是上次和他合作的人。他告訴這位漢子，只要你白天休息，夜晚朝著北面那顆星走，就能走出沙漠。阿古特爾照著去做了，三天之後果然來到了沙漠的邊緣。阿古特爾因此成為比賽爾的開拓者，他的銅像被豎在小城的中央。銅像的底座上刻著一行字：新生活是從選定方向開始的。

　　一個人無論他現在多大年齡，他真正的人生之旅，是從設定目標的那

一天開始的，只有設定了目標，人生才有了真實的意義。

有個年輕人去採訪朱利斯·法蘭克博士。法蘭克博士是一位心理學教授，雖然已經 70 高齡了，卻保有相當年輕的體態。

「我在好多好多年前遇到過一個中國老人，」法蘭克博士解釋道，「那是二次大戰期間，我在遠東地區的俘虜集中營裡。那裡的情況很糟，簡直無法忍受，食物短缺，沒有乾淨的水，放眼所及全是患痢疾、瘧疾等疾病的人。有些戰俘在烈日下無法忍受身體和心理上的折磨，對他們來說，死已經變成最好的解脫。我自己也想過一死了之，但是有一天，一個人的出現扭轉了我的求生意念 —— 一個中國老人。」

年輕人非常專注地聽著法蘭克博士訴說那天的遭遇。

「那天我坐在囚犯放風的廣場上，身心俱疲。我心裡正想著，要爬上通了電的圍籬自殺是多麼容易的事。一會，我發現身旁坐了個中國老人，我因為太虛弱了，還恍惚地以為是自己的幻覺。畢竟，在日本的戰俘營區裡，怎麼可能突然出現一個中國人？」

「他轉過頭來問了我一個問題，一個非常簡單的問題，卻救了我的命。」

年輕人馬上提出自己的疑惑：「是什麼樣的問題可以救人一命呢？」

「他問的問題是，」法蘭克博士繼續說，「『你從這裡出去之後，第一件想做的事情是什麼？』這是我從來沒想過的問題，我從來不敢想。但是我心裡卻有答案：我要再看看我的太太和孩子們。突然間，我認為自己必須活下去，那件事情值得我活著回去做。那個問題救了我一命，因為它給了我某個我已經失去的東西 —— 活下去的理由！從那時起，活下去變得不再那麼困難了，因為我知道，我每多活一天，就離戰爭結束近一點，也離我的夢想近一點。中國老人的問題不只救了我的命，它還教了我從來沒學過，卻是最重要的一課。」

「是什麼？」年輕人問。

「目標的力量。」

「目標？」

「是的，目標、企圖、值得奮鬥的事。目標給了我們生活的目的和意義。當然，我們也可以沒有目標地活著，但是要真正地活著，快樂地活著，我們就必須有生存的目標。偉大的艾德米勒·拜爾德說：『沒有目標，日子便會結束，像碎片般地消失。』

「目標創造出目的和意義。有了目標，我們才知道要往哪裡去，去追求些什麼。沒有目標，生活就會失去方向，而人也成了行屍走肉。人們生活的動機往往來自於兩樣東西：不是遠離痛苦，就是追求歡愉。目標可以讓我們把心思緊繫在追求歡愉上，而缺乏目標則會讓我們專注於避免痛苦。同時，目標甚至可以讓我們更能夠忍受痛苦。」

「我有點不太懂，」年輕人猶豫地說，「目標怎麼讓人更能夠忍受痛苦呢？」

「嗯，我想想該怎麼說……好！想像你肚子痛，每幾分鐘就會來一次劇烈的疼痛，痛到你會忍不住呻吟起來，這時你有什麼感覺？」

「太可怕了，我可以想像。」

「如果疼痛越來越嚴重，而且間隔的時間越來越短，你有什麼感覺？你會緊張還是興奮？」

「這是什麼問題，痛得要死怎麼可能還興奮得起來，除非你是受虐狂。」

「不，這是個懷孕的女人！這女人忍受著痛苦，她知道最後她會生下一個孩子來。在這種情況下，這女人甚至可能還期待痛苦越來越頻繁，因為她知道陣痛越頻繁，表示她就快要生了。這種疼痛的背後含有具體意義

的目標，因此使得疼痛可以被忍受。

「同樣道理，如果你已經有個目標在那裡，你就更能忍受達到目標之前的那段痛苦期。毫無疑問，當時我因為有了活下去的目標，所以使我更有韌性，否則我可能早就撐不下去了。我看見一個非常消沉的戰俘，於是我問他同一個問題：『當你活著走出這裡時，你第一件想做的事是什麼？』他聽了我的問題之後，漸漸地，臉上的表情變了，他因為想到自己的目標而兩眼閃閃發亮。他要為未來奮鬥，當他努力地活過每一天的時候，他知道離自己的目標更近了。

「我再告訴你另一件事。看著一個人的改變這麼大，而你知道你說的話對他有很大的幫助，那種感覺真是太棒啦！所以我又把這當成自己的目標，我要每天都盡可能地幫助更多的人。

「戰爭結束之後，我在哈佛大學從事一項很有趣的研究。我問 1953 年那屆畢業的學生，他們的生活是否有任何企圖或目標？你猜有多少學生有特定的目標？」

「50%。」年輕人猜道。

「錯了！事實上是低於 3%！」法蘭克博士說，「你相信嗎，100 個人裡面只有不到 3 個人對他們的生活有一點想法。我們持續追蹤這些學生達 25 年之久，結果發現，那有目標的 3% 的畢業生比其他 97% 的人，擁有更穩定的婚姻狀況，健康狀況良好，同時，財務情況也比較正常。當然，毫無疑問，我發現他們比其他人有更快樂的生活。」

「你為什麼認為有目標會讓人們比較快樂？」年輕人問。

「因為我們不只從食物中得到精力，尤其重要的是從心裡的一股熱誠來獲得精力，而這股熱誠則是來自於目標，對事物有所企求，有所期待。為什麼有這麼多人不快樂，一個非常重要的原因就是因為他們的生活沒有

意義，沒有目標。早晨沒有起床的動力，沒有目標的激勵，也沒有夢想。他們因此在生命旅途上迷失了方向和自我。

「如果我們有目標要去追求的話，生活的壓力和張力就會消失，我們就會像障礙賽跑一樣，為了達到目標，而不惜衝過一道道關卡和障礙。

「目標提供我們快樂的基礎。人們總以為舒適和豪華富裕是快樂的基本要求，然而事實上，真正會讓我們感覺快樂的卻是某些能激起我們熱情的東西。這就是快樂的最大祕密 —— 缺乏意義和目標的生活是無法創造出持久的快樂的。而這就是我所說的『目標的力量』。」

毫無疑問，目標成就人生。我們周圍有許多人都明白自己在人生中應該做些什麼，可就是遲遲不採取行動，根本原因乃是他們欠缺一些能吸引他們的未來目標。

不知道你是否還記得阿拉伯神話故事集《天方夜譚》？「阿拉丁神燈」可能是大家最喜歡的一段，而你肯定曾經希望手中能有這樣一盞神燈：只要用手摩擦一下，就能從裡面跑出一個精靈，能幫助你實現心中的任何願望。

訂立目標就是你指揮自己身上的那個精靈。目標使你產生積極性。你給自己定下目標之後，目標就會在兩個方面發揮作用：它是努力的依據，也是對你的鞭策。目標給了你一個看得見的射擊靶。隨著你努力實現這些目標，你會有成就感。隨著時間的推移，你實現了一個又一個目標，這時你的思想方式和工作方式也會漸漸改變。

訂立目標有一點很重要，你的目標必須是具體的，可以實現的。如果目標不具體 —— 無法衡量是否實現了 —— 那會降低你的積極性。為什麼？因為向目標邁進是動力的源泉，如果你無法知道自己向目標前進了多少，就會感到洩氣，最後就會徹底放棄。

點石成金

在這個世界上有這樣一種現象，那就是「沒有目標的人在為有目標的人達到目標」。因為沒有目標的人就好像沒有羅盤的船隻，不知道前進的方向，有明確、具體目標的人才能像有羅盤的船隻一樣，有明確的方向。在茫茫大海上，沒有方向的船隻有跟隨有方向的船走。

「人的靈魂的確摧殘自身，是在它讓自己的行動漫無目標，不加考慮和不辨真相地做事的時候，因為甚至最小的事情也只有在參照一個目標來做時才是對的」、「那種在生活中沒有一個始終如一的目標的人，不可能在他的畢生中是統一和一致的」，為自己的行為訂立目標和原則，是一種對自己的人生負責的態度，你要嘛選擇為自己的目標付出努力，要嘛什麼都不必付出；你要嘛隨波逐流、聽天由命，要嘛主動掌握自己的命運，做命運的主宰。

一種恰當的方法來探究人生

假如你在人類生活中發現什麼比正義、真理、節制和堅忍更好的東西，一句話，發現比你自己心靈的自足更好的東西 —— 這種自足能使你在非你選擇而分派給你的條件下，按照正確的理性行事，我說，如果你看到了比這更好的東西，就以全部身心轉向它，享受那你認為是最好的東西的快樂吧！然而，如果並沒有什麼東西比這更好，比培植在你心中的神性更好 —— 它檢視你所有的愛好，仔細驗證你所有印象，並像蘇格拉底所說，使自身擺脫感官的誘惑，把自身交付給神靈並關心人類；—— 如果你發現所有別的一切都不如它，比它價值要低，就不要給別的東西任何地位吧，因為如果你一旦走上岔路、傾向於別的東西，你就將不再能夠集中精力偏愛於那真正適合和屬於你的善的事物了，因為，讓任何別的東西 —— 比方說眾口稱讚、權力或享受快樂 —— 來與那在理性方面、在政治或實踐中善的東西競爭是不對的。所有那些東西，即使它們看上去可以在加以限制的條件下使之適應於更好的事物，但它們會馬上占據優勢，把我們帶走。所以我說，你要徑直選擇那更好的東西，並且堅持它 —— 可是你說，有用的就是更好的 —— 那麼好，如果它對作為一個理性存在的你有用，就堅持它吧；但如果它只是對於作為一個動物的你有用，那就要拒絕它，不要自傲地堅持你的判斷，而僅僅關心以一種恰當的方法來探究。

在這裡，馬可·奧理略不僅告訴我們什麼是最好的 ——「心靈的自足」和「培植在你心中的神性」，還向我們展示了一個富於探索精神的人探究人生的思想路徑：

「假如你在人類生活中發現什麼比正義、真理、節制和堅忍更好的東西」——開放的；

「以全部身心轉向它，享受那你認為是最好的東西的快樂」——投入的；

「就不要給別的東西任何地位」——專注的；

「你要徑直選擇那更好的東西，並且堅持它」——執著的。

最後，他告訴我們，「不要自傲地堅持你的判斷，而僅僅關心以一種恰當的方法來探究」，要以一種恰當的方法來探究自己的人生。

不甘平庸的人不會滿足於別人告訴他的答案，而要在生活裡尋找自己的答案。每個人都希望自己擁有一個實現最多夢想、留下最少遺憾的人生，那麼究竟怎樣做，才能滿足自己的心願呢？不同的人對這個問題有著不同的答案，那些成功的人都是以一種恰當的方式，找到了屬於自己的答案，從而也找到了自己的人生幸福。

西元 1871 年的春天，英國蒙特瑞綜合醫科學校的學生威廉・奧斯勒（William Osler）對人生中的許多問題很困惑，他不明白應該怎麼處理遠大的理想和具體的身邊小事，一個人應該有怎麼樣的做事態度才能成功。他渴望成功，但對身邊的小事又覺得沒有什麼意義。他甚至以為現在的學校生活枯燥乏味，沒什麼值得去用心的。因而他的成績也每況愈下。他找他的老師探討這些困難的人生問題。他的老師推薦他閱讀哲學家卡萊里寫的一本哲學啟蒙讀物。老師說，他的書或許能幫助你解決問題。

威廉・奧斯勒是一個意志堅定的青年，他一向不崇拜大人物，更不相信所謂的名人名言，對許多問題一向有自己獨到的見解。但既然是老師推薦，他想或許真的有用。他拿過書漫不經心地流覽起來。

突然間，書中的一句話讓他眼前一亮：「最重要的，就是不要去看遠方

模糊的，而要做身邊最具體的事情。」他恍然大悟：是啊，不論多麼遠大的理想，都需要一步步實現；不論多麼浩大的工程，都需要一磚一瓦壘起來。

他明白了，他的困惑解決了，他終於找到了人生的答案。他知道，那些遠大的理想，應該讓它們高懸在未來的天空裡，最緊要的，是把自己身邊的每一件具體事情做好。

也就是從那一天開始，西元 1871 年春天的一個下午，年輕的威廉‧奧斯勒開始埋頭讀書，因為他知道這是他目前最緊要的事情，他要把自己的成績提高。半個學期以後，威廉‧奧斯勒就一躍而成為整個學校最優秀的學生。

兩年以後，威廉‧奧斯勒以全校最優異的成績畢業。畢業後來到一家醫院做醫生。他認真對待每一個患者，對每一次出診都一絲不苟。兢兢業業的態度和精益求精的精神，使他很快成了當地的名醫。

幾年以後，他創辦了約翰‧霍普金斯學院。他把自己的人生態度貫徹到每一個細節裡。許多專家學者慕名來到他的學院工作，使他的學院很快成為英國乃至世界最知名的醫學院。

點石成金

任何他人的經驗，或是教科書上的話，只有在結合實際情況之後才能真正發揮作用。在人生的起步階段，以一種恰當的方式來探索自己的人生方向，無疑有著極其重要的意義。同時，在生命的每一階段，我們都會遇到各式各樣的問題，所以應該學會用一種恰當的方式來審視自己的人生，及時調整方向，及時制定行動計畫。沒有主見的人只會對別人言聽計從，終其一生只是活在別人的意見裡，而生活的強者則會在生活

中尋求屬於自己的答案，他們的人生很少迷失，也不會猶疑，他們是真正能贏得人生的人。

　　馬可‧奧理略透過一種恰當的方法探究自己的人生，得到了屬於自己的人生答案——沒有什麼比心靈的自足更好，比培植心中的神性更好；「如果它對作為一個理性存在的你有用，就堅持它吧；但如果它只是對於作為一個動物的你有用，那就要拒絕它」，這些是偉大的人生教義，值得我們謹記在心。

對待工作的態度

當你做擺在你面前的工作時，你要認真地遵循正確的理性，精力充沛，寧靜致遠，不分心於任何別的事情，而保持你神聖的部分純淨，彷彿你必定要直接把它歸還似的；若你堅持這一點，無所欲望亦無所畏懼，滿足於你現在合乎本性的活動，滿足於你說出的每個詞和音節中的勇敢的真誠，你就能生活得幸福。沒有任何人能阻止這一點。

馬可・奧理略向我們描繪了一種理想的工作狀態 ——「遵循正確的理性，精力充沛，寧靜致遠，不分心於任何別的事情，而保持你神聖的部分純淨，彷彿你必定要直接把它歸還似的」，並將這種狀態和幸福連接起來，表達了他對工作意義的重視。

「如果你喜歡，百分之百地喜歡你所做的，你成功的機會就越大。」有了自己熱愛的職業，是一個人的幸運。但那些成功的人，往往不會將工作僅僅局限在職業這一小小的範圍內，而會將它與更大的目標 —— 事業目標相關連。一旦將職業目標轉化為事業目標，就會有效激勵一個人去認真工作。

兩匹馬各拉一輛大車。前面的一匹走得很好，而後面的一匹常常停下來。於是人們把後面一輛車上的貨挪到前面一輛車上去。等到後面那輛車上的東西都搬完了，後面那匹馬便輕快地前進，並且對前面那匹馬說：「你辛苦吧，流汗吧，你越是努力工作，人們越是要折磨你。」他們來到車馬店的時候，主人說：「既然只用一匹馬拉車，我養兩匹馬幹嘛？不如好好地餵養一匹，把另一匹宰掉，總還能拿到一張皮吧。」於是，他真的這樣做了。

測驗人的品格有一個標準，就是他工作時所具有的精神。假使他對於工作，是被動的，像奴隸在主人的皮鞭督促之下一樣；假使他對於工作，感覺到厭惡；假使他對於工作，沒有熱忱和愛好之心，不能使工作成為一種喜悅，而只覺得是一種苦役，那他在世界上，一定不會有所成就。

一個人工作時所具有的精神，不但對於工作的效率有很大關係，而且對於他本人的品格，也大有影響。工作就是一個人的人格的表現，我們的工作就是我們的志趣、理想，我們「真我」的外部寫真。看到了一個人所做的工作，就是「如見其人」了。

凡是有利於人類的工作，沒有一件事是卑賤的、可恥的。只要全神貫注，那工作上的厭惡、痛苦的感覺，就會消失。凡是不曾懂得這個祕訣的人，就不曾懂得成功與幸福的真正涵義。不論做任何事，必須竭盡全力。這種精神的有無，可以決定一個人日後事業上的成功或失敗。

那些在事業上取得重大成就的人往往在心中立下這樣的信念和決心：熱愛自己的工作，盡自己最大的努力。因為他們覺得對工作不忠實、不盡力，那將貶損自己、糟蹋自己。

因此，在任何情形下，對工作產生厭惡感都是最壞的一件事。一個人假使為環境所迫，而只能做些乏味的工作，那麼他也應該設法從這乏味的工作中找出些興趣、意義來。要知道，凡是應做而又必須做的工作，總不可能是完全無意義的。問題全在我們對待工作的精神狀態如何而定。良好的精神，會使任何工作都成為有意義、有興趣的工作。

沒有人夠提供給我們一份理想的工作 —— 它會沒有挫敗、不滿，沒有任何問題。每個成功的人都經歷過一段時間的失落、挫敗、甚至是自我懷疑。托馬斯 · 華生（Thomas Watson），也就是 IBM 的創始人，曾經這樣說道：「在你的心中，為你的工作留出一定的空間，並不斷地在工作上

花費心思，投入你的智力、精力和體力進去。」

許多年前，一個妙齡少女來到東京帝國酒店當服務員。這是她涉世之初的第一份工作，也就是說她將在這裡正式步入社會，邁出她人生第一步。因此她很激動，暗下決心：一定要好好做！可讓她想不到的是，上司竟安排她洗廁所！

當她用自己白皙細嫩的手拿著抹布伸向馬桶時，噁心得幾乎要吐出來，太難受了。上司對她的工作品質要求特別高：必須把馬桶刷洗得光潔如新！

她陷入困惑、苦惱之中。這時，她面臨著這人生第一步怎樣走下去的抉擇：是繼續做下去，還是另謀出路？

這時，一起工作的一位前輩出現在她的面前，他什麼也沒有說，只是一遍遍地抹洗著馬桶，直到抹洗得光潔如新；然後，他從馬桶裡盛了一杯水，一飲而盡！

實際行動勝過千言萬語，馬桶中的水達到可以喝的潔淨程度，讓我們不得不被這種追求極致的工作態度所感動。

「就算一生洗廁所，也要做一名最出色的清潔工！」從此，她成為一個全新振奮的人；她的工作品質也達到了公司要求的高水準，她很漂亮地邁好了人生的第一步。從此，她踏上了成功之路，開始了她不斷走向成功的人生歷程。

點石成金

　　如果目前的工作讓你很不快樂，你可以想辦法改變，讓它變得有趣些。如果你坐等成功自動出現、或只是希望工作自動變得有趣、或得到一個較有趣的工作，這些事通常不會自動發生，你得先採取行動，樂趣和成功才會跟著到來。假使你以為你的職務是乏味的，那你厭惡的心理、厭倦的念頭，足以招致失敗。樂觀的、積極的、熱誠的心理，才是吸引成功與幸福的磁石。

　　「遵循正確的理性，精力充沛，寧靜致遠，不分心於任何別的事情，而保持你神聖的部分純淨，彷彿你必定要直接把它歸還似的」，馬可‧奧理略教會我們一種工作態度，這種工作態度直接影響我們的人生幸福。

第四卷　心靈力量

　　《沉思錄》卷四中，作者表達了一種「退隱心靈」的觀點。身為一個皇帝，他既不缺乏權力和財富，也不像別的統治者那樣追求身體長存或是名聲不朽。他認為生命只是現在，名聲轉瞬即逝。這些大多數人看重的東西，都沒有永恆的價值。他致力於在自己的有生之年訓練和完善自己的德行，對於力量範圍之外的事情，則坦然接受。他的生活原則簡單而又基本：按照自己的本性生活，只做必要的事情，保持心靈寧靜，依靠德行的完善獲得自足的幸福。

從逆境中汲取力量

那在我們心中的支配部分，當它合乎本性時是如此愛好那發生的事情，以致它總是容易地使自己適應於那可能發生和呈現於它的東西。因為它不要求任何確定的手段，而是在無論什麼條件下都趨向於自己的目標；它甚至從它對立的東西中為自己獲得手段，就像火抓住落進火焰中的東西一樣。火把會被落在它上面的東西熄滅，但當火勢強大時，它很快就占有和吞噬了投在它上面的東西，借助於這些東西越燒越旺。

馬可‧奧理略注意到這個現象：掉進火焰的東西一開始會壓住火苗，但是，後來火勢卻借助這些東西越燒越旺。如果一個人的意志合乎本性，那麼他就能適應任何環境，能利用任何條件趨向自己的目標，甚至身處逆境時，這逆境也能增強他的力量。

「請主降下磨難，考驗我對主的信仰；請主降下苦痛，把我和普通人區分；請主給我以逆境，讓我成功。」什麼是逆境？逆境無非就是遇到不順，或遭受了挫折或失敗。在人的一生中，這種境況大概誰都會碰到幾次，問題是我們應該怎樣看待逆境。

有所成就的人都把逆境看做是一種人生挑戰，在外在的壓力之下，他的能力得到了充分的發揮，對自己的潛力有了新的發現，自身的價值也得到了進一步的肯定。還有一些人好像就是為逆境而生的，一帆風順的時候，他也許會昏昏欲睡，而一遇逆境，有了壓力，他反而精神抖擻，就好像變成了另外一個人。

薩繆爾（Samuel）是一個貧窮的猶太小孩，誰能想到他最後竟能和著名的大富豪洛克斐勒共同執掌世界石油大權呢？

　　19 世紀中期，薩繆爾出生於一個世代經商的猶太人家庭。13 歲那年，當他在英國海岸遙望對面世界石油大亨洛克斐勒的石油大廈的時候，當他看到洛克斐勒的大航船在海上不可一世的時候，他說出了震驚眾人的豪言：「我要開創一番偉業，成為和洛克斐勒這些元老一樣的大富翁。」當時的洛克斐勒是世界上最富有的人，他已經在北美建立了自己的石油王國。而這個 13 歲的小孩子，不過是在海邊撿貝殼、有時候和父親倒賣貝殼的小販。當時大家都聽到了他的話，覺得這個少年實在是太張狂了。而且他看起來相貌平平，絲毫沒有什麼出眾的地方。大家都認為他的話不過是誇大其詞而已。

　　他生長在海邊，所依靠的只有貝殼，於是他就和父親把貝殼裝飾到箱包上面再把箱包運到倫敦銷售。後來他自己經營，和他的表兄弟擴大貝殼的生意。這個時候他發現石油產業蘊藏著巨大的商機，而這個時候他自己也有一點積蓄，於是他闖蕩到遠東然後到達日本，發現這裡的能源異常短缺，而遠東大陸的煤炭卻因為賣不出去堆積如山。他把遠東的煤炭運到了這裡，獲得了很高的利潤。自此，他開始了發跡的歷程。

　　他沒有忘記自己少年時的豪言，於是他開辦了一家石油公司，並要和洛克斐勒爭雄。他沒有忘記自己撿貝殼的出身，於是他把自己的石油公司叫做「殼牌石油公司」。

　　19 世紀的後期，俄國政府容許外國人在高加索開採石油，瑞典的諾貝爾兄弟和法國的羅斯柴爾德家族獲得特許權，他們一起合作，組建共同對抗洛克斐勒的聯盟，薩繆爾果斷地加入了這個聯盟。洛克斐勒大吃一驚，立即和諾貝爾兄弟、羅斯柴爾德家族達成諒解，騰出手來對付薩繆爾，於是兩個猶太人之間展開了曠日持久的爭奪戰。這是不同重量級別，實力和背景相差很大的較量。

不過薩繆爾從來不怕，他要和老牌的富翁決一高低。他立即應對挑戰，降低了石油的價格，並且組建了船隊，透過蘇伊士運河把石油運往遠東的新加坡、曼谷等地。洛克斐勒知道了以後，馬上在倫敦掀起了反對殼牌石油公司通過蘇伊士運河的行動。但這個時候，薩繆爾撒母耳已是倫敦市參議員，他利用和英國上層人物的關係，得到了通過蘇伊士運河的許可。洛克斐勒不斷降低油價，導致世界範圍石油價格狂跌。薩繆爾則動用龐大的船隊和密集的銷售網路，乘機占領了破產的中小石油商丟下的大片市場。

洛克斐勒接連進攻，都被薩繆爾成功打退了。

1901 年，薩繆爾和海灣石油公司合作，預定了該公司未來 21 年的產量。隨後，他與德克薩斯油田聯盟，搶去了這個洛克斐勒重要的合作交易夥伴，把自己的勢力直接打進了洛克斐勒的心臟。這個時候，他的一舉一動都會讓這個老前輩心律不整。

洛克斐勒當然不願看到這個小輩在他面前屢屢得逞，於是，他多次邀請薩繆爾談判，開出了讓人暈眩的高價希望收購殼牌公司，但薩繆爾斷然拒絕了他。

洛克斐勒再也忍耐不住了，他發動了對薩繆爾的致命攻擊：乘著薩繆爾合作的油田枯竭的時候發動價格大戰，操縱德意志銀行迫使薩繆爾退出德國市場。而薩繆爾也使用了絕招：與荷蘭皇家石油公司合併，組成了荷蘭皇家殼牌石油公司，他的家族成員是主要股東。

於是，洛克斐勒龐大的標準石油公司只好眼睜睜地看著自己的領地一個個地被薩繆爾占據，伊朗、伊拉克、墨西哥等地的石油被薩繆爾開採。世界兩大石油公司 —— 美孚和殼牌，各自挺立在兩個半球上。

毫無疑問，薩繆爾是一個生活的強者，洛克斐勒的狙擊不但沒能打垮

他，反而使他更加勇猛、更有力量，從而成就了他更大的輝煌。下面我們再來看這樣一個有趣的故事。

有一天，某個農夫的驢子不小心掉進一口枯井裡，農夫絞盡腦汁想辦法要救出驢子，但幾個小時過去了，驢子還在井裡痛苦地哀嚎著。最後，這位農夫決定放棄。他想這頭驢子年紀大了，不值得大費周折去把牠救出來，不過無論如何，這口井還是得填起來。於是農夫請來左鄰右舍幫忙一起將井中的驢子埋了，以免除牠的痛苦。農夫的鄰居們人手一把鏟子，開始將泥土鏟進枯井中。

當這頭驢子了解到自己的處境時，剛開始哭得很淒慘。但出人意料的是，一會之後這頭驢子就安靜下來了。農夫好奇地探頭往井底一看，出現在眼前的景象令他大吃一驚：當鏟進井裡的泥土落在驢子的背部時，驢子的反應令人稱奇 —— 牠將泥土抖落在一旁，然後站到鏟進的泥土堆上面！就這樣，驢子將大家鏟倒在牠身上的泥土全數抖落在井底，然後再站上去。很快地，這頭驢子便得意地上升到井口，然後在眾人驚訝的表情中快步地跑開了！

在生命的旅程中，有時候我們難免會陷入「枯井」裡，各式各樣的「泥沙」會被傾倒在我們身上，而想要從這些「枯井」脫困的祕訣就是：將「泥沙」抖落掉，然後站到上面去！

所以，我們在生活中所遭遇的種種困難挫折，就是加諸在我們身上的「泥沙」，但換個角度看，它們也是一塊塊的墊腳石，只要我們鍥而不捨地將它們抖落掉，然後站上去，那麼即使是掉落到最深的井，我們也能安然地脫困。

點石成金

　　逆境也許是社會的一種選擇機制，看你能不能通過逆境的考驗，從而實現優勝劣汰。因此，逆境常常成為人生的一個分水嶺，有人就此銷聲匿跡，有人從逆境中崛起，人生和事業就此進入一個全新的境界，呈現出全新的局面。

　　馬可‧奧理略提醒我們，只要我們做合乎本性的事情，那麼我們無論身處何種環境，遇到什麼樣的事情，都會趨近我們的目標。

從自身尋求解決之道

要像屹立於不斷拍打的巨浪之前的礁石，它巍然不動，馴服著它周圍狂暴的海浪。

我是不幸的，因為這事發生在我的身上。—— 不要這樣，而是想，我是幸福的，雖然這件事發生了，因為我對痛苦始終保持著自由，不為現在或將來的恐懼所壓倒。因為像這樣的一種事可能對每一個人發生，但不是每一個人在這種場合都始終使自己免於痛苦。那麼為什麼發生在我身上的不是一件幸事而是一件不幸的事呢？你在所有情況下都把那並不偏離人的本性的東西稱為一個人的不幸嗎？一個事物，當它並不違反人本性的意志時，你會把它看成對人的本性的偏離嗎？好，你知道本性的意志，那這發生的事情將阻止你做一個正直、高尚、節制、明智和不受輕率意見和錯誤影響的人嗎？難道它將阻止你擁有節制、自由和別的一切好品格嗎？人的本性正是在這些品格中，獲得所有屬於自己的東西。記住，在任何可能使你煩惱的場合都採用這一原則：即這並非是一種不幸，而高貴地承受它卻是一種幸運。

前面提到了，馬可‧奧理略一直強調透過自身來解決外部問題，因為自己是我們唯一。可能完全控制的部分如果我們學會這樣的思維方式，那麼無論在什麼樣的境遇下，我們都能獲得內心的寧靜。這裡，我們要學習的是從自身尋求解決之道的處事態度。

在工作中，我們總會遇到各式各樣的問題，有時候單從問題本身著手並不能找到解決問題的有效辦法，而且有些問題看起來很棘手，似乎根本無法解決，此時不妨試著改變一下自己 —— 從某種角度上來講，改變了

自己，就改變了解決問題的方式，問題也就會迎刃而解。

要知道在自己的工作中遇到問題，可能並不是事情本身所產生的，而是由於自身的某種缺陷所造成的。有句話叫做「存在即是合理」——出現了問題，就證明自己本身有了一定的問題。而在工作中遇到問題，有很多人不及時地從自身尋找突破口，常常是怨天尤人，缺乏行動，結果是他們只能被問題所淹沒，有的甚至不得不離開自己的工作。但是，如果遇到問題時，我們能積極地從自身尋找原因，尋找能夠使自己發展的突破口，就會得到正面的效果。

詹姆斯和斯賓塞都是同一家企業的行銷員，他們差不多是同時進入這家企業的。身為初涉行銷領域的新人，他們都不同程度地面臨著人際關係、業績不佳等問題。但是詹姆斯得到了升遷，而斯賓塞卻離開了公司。

原來斯賓塞在種種問題的壓力下總是抱怨自己的運氣不好，抱怨周圍的同事都瞧不起他，心理承受壓力太大，以至於工作中的問題變得越來越嚴重，最後不得不辭職離開公司。在斯賓塞的身上有著很嚴重的退縮心理，在這種退縮心理的暗示下，一旦遇到工作和人際關係中的問題無法解決就想逃避，而不從自身去尋找解決問題的突破口。但是斯賓塞沒有意識到，不管在哪一家公司都會遇到同樣的問題，這種怨天尤人的態度是不可取的。

相反，詹姆斯在遇到和斯賓塞同樣的問題的時候，他首先綜合分析了自己所出現的問題，然後針對自己的不足學習。要做好行銷，首先就要處理好人際關係，因此必要的溝通與交流是必不可少的。為了鍛鍊自己的口才，詹姆斯總是積極地在各種場合鍛鍊自己，並抓住每一個發言的機會。另外，他平時還積極地找上司和同事溝通，並且學會了從別人的角度看問題。由於詹姆斯積極地改變自己，在市場開發中取得了很好的成績。同

時，他還針對自己的陋習進行了改變，比如在工作中的惰性心理等。詹姆斯在改變自己的過程中，工作中的問題也逐漸得到了解決。他的業績在不斷地增長，最後晉升為部門主管。

管理者之所以對詹姆斯刮目相看，這應該歸功於他在遇到問題時積極地從自身尋找解決問題的辦法，積極地改變自己。改變自己使得詹姆斯變得善於交流，而交流與溝通促使詹姆斯的協作能力加強，而且做起行銷來更加順手，左右逢源，人際關係也得到了很大的改善。

有一個經理，他把全部財產投資在一種小型製造業上。由於世界大戰爆發，他無法取得他的工廠所需要的原料，因此只好宣告破產。金錢的喪失，使他大為沮喪。於是，他離開妻子兒女，成為一名流浪漢。他對於這些損失無法忘懷，而且越來越難過。到最後，甚至想要跳湖自殺。

一個偶然的機會，他看到了一本名為《最大的敵人就是你自己》的書。這本書給他帶來了勇氣和希望，他決定找到這本書的作者奧里森‧馬登（Orison Marden），請馬登幫助他再度站起來。

當他找到馬登說完他的故事後，馬登卻對他說：「我已經以極大的興趣聽完了你的故事，我希望我能對你有所幫助，但事實上，我卻絕無能力幫助你。」

他的臉立刻變得蒼白。他低下頭，喃喃地說道：「這下子完蛋了。」

馬登停了幾秒鐘，然後說道：「雖然我沒有辦法幫助你，但我可以介紹你去見一個人，他可以協助你東山再起。」剛說完這幾句話，流浪漢立刻跳了起來，抓住馬登的手，說道：「看在老天爺的分上，請帶我去見這個人吧。」

於是馬登把他帶到一面高大的鏡子前，用手指著鏡子說：「我介紹的就是這個人。在這世界上，只有這個人能夠使你東山再起。除非坐下來，徹底

認識這個人，否則，你只能跳到密西根湖裡。因為在你對這個人有充分的了解之前，對於你自己或這個世界來說，你都將是個沒有任何價值的廢物。」

他朝著鏡子向前走幾步，用手摸摸他長滿鬍鬚的臉孔，對著鏡子裡的人從頭到腳打量了幾分鐘，然後退幾步，低下頭，開始哭泣起來。幾天後，馬登在街上碰見了這個人，幾乎認不出來了。他的步伐輕快有力，頭抬得高高的。他從頭到腳打扮一新，看來是很成功的樣子。

「那一天我離開你的辦公室時，還只是一個流浪漢。我對著鏡子找到了我的自信。現在我找到了一份年薪 30,000 美元的工作。我的老闆先預支一部分錢給我的家人。我現在又走上成功之路了。」

他還風趣地對馬登說：「我正要去告訴你，將來有一天，我要再去拜訪你。我將帶一張支票，簽好字，收款人是你，金額是空白的，由你填上數字。因為你介紹我認識了自己，幸好你要我站在那面大鏡子前，把真正的我指給我看。」

世上沒有救世主，人生的厄運要靠自己才能擺脫，人生的輝煌也要靠自己才能創造。

點石成金

在工作中遇到問題時，不妨多從自身的角度來考慮考慮，及時改變自己那些不適應工作的缺點，這樣往往會更有效找到解決問題的突破口。其實，企業中的每一個員工解決問題的能力大小是可以轉換的，並不是優秀的永遠優秀，落後的永遠落後。每一個人每天面對的都是新問題，因此，考慮問題的角度，解決問題的辦法也要隨著改變。只要你注意改變自己的工作狀況，善於發現自己身上存在的問題和不足，從現在

開始積極行動，注意提高，終有一天會取得進步。面對人生的困境，自己是唯一可以信賴和依靠的對象，認清自己的價值，發揮自身的潛力，你就能衝破人生的陰霾，撥雲見日，獲得新生。

「要像立於不斷拍打的巨浪之前的礁石，它巍然不動，馴服著它周圍狂暴的海浪。」馬可·奧理略向我們描繪了一幅他理想中的人格畫面，表達了他的處世哲學。我們應該把自己訓練成這樣一塊礁石，泰然面對人生的風浪。從自身尋求解決之道，能幫助我們度過人生的所有難關。

訂立目標少而精

哲學家說，如果你願意寧靜，那就請從事很少的事情。但是想一想是否這樣說更好：做必要的事情，以及本性合群的動物的理性所要求的一切事情，並且像所要求的那樣做。因為這不僅帶來由於做事適當而產生的寧靜，而且帶來由於做很少的事而產生的寧靜。因為我們所說和所做的絕大部分事情都是不必要的，一個人如果取消它們，他將有更多的閒暇和較少的不適。因而一個人每做一件事都應問問自己：這是不是一件必要的事情？一個人不僅應該取消不必要的行為，而且應該丟棄不必要的思想，這樣，無聊的行為就不會跟著來了。

馬可·奧理略不僅在《沉思錄》中思考了很多人生原則，還提供了一些處理實際事務的方法。這裡他提到只做必要的事情和理性要求的事情，並告訴我們這樣做的好處——「不僅帶來由於做事適當而產生的寧靜，而且帶來由於做很少的事而產生的寧靜」。成功者懂得目標要少而精，這樣才會投入更多的精力。想想一個人擁有能量，卻把它付之於自己的小情小趣之時，有多少時間都會像流水一樣悄悄溜走。當一個人沉湎於個人無用的愛好，他生命的能量，便如此輕而易舉地、白白地流走而又帶不來任何效益。

一個人想要實現的目標是這樣的多，但他們都是重要而有效的嗎？如果一個人把這些都作為他現在要做的事，那麼最終的結果是可能什麼也得不到，正所謂「追兩兔而一兔不可得」。對於計畫的制定，一定要有重點，一個人不可能沒有次序地將精力平攤給每一件事。選取最重要的目標是一項十分重要的事情。

巴菲特，這位美國當代最著名的投資家。

在他 11 歲時，曾勸姐姐以每股 38 美元買了 3 股「城市服務公司」（Cities Service）的股票，不久股票下跌到 27 美元。姐姐擔心自己的全部投資將化為烏有，每天責怪巴菲特不該讓她上當。後來股票慢慢回升到 40 美元，巴菲特趕快賣掉姐姐的股票，去掉手續費後淨賺了 5 美元。但是這家公司的股票緊接著就上漲到每股 200 美元。從這件事上，巴菲特獲得了他終身遵守的兩條準則：

第一，設立目標必須透過嚴謹的思考和精密的測算；

第二，目標設立後，絕不輕易放棄和改變，尤其是核心目標。

這就是巴菲特在投資上奉行的「目標少而精」的原則。他認為投資的公司一多，投資者對每家企業的了解就相對減少。所以他不主張投資過於分散。他認為，投資多元化說穿了是投資者對所投對象了解不足的一種保護性措施。在他 40 年的投資生涯裡，只有 12 個投資目標，但這卻足以使巴菲特擁有了現在的地位。

巴菲特每次在做新的目標確認前，將達到目標的可能性都做非常精確地估算，有了絕對獲勝的把握，他才會實施。1993 年，巴菲特購買了一家在內布拉斯加深受顧客歡迎的家具公司。這家公司的創辦人是一位俄國移民，從未受過正式教育。巴菲特見到她的時候，她已經是 90 歲高齡，但每天仍精力充沛地上班，坐在打高爾夫用的三輪車上，在家和公司之間來回奔波。

有一天，巴菲特到她店裡問她願不願意把家具公司賣給他，她當即開價 6,000 萬美元。巴菲特沒有殺價，直接回到辦公室開了一張 6,000 萬美元的支票給她。這位老太太問他怎麼沒有請律師和會計師，巴菲特說他相信她。

在清點存貨時，她才發現家具公司值 8,560 萬美元。不過一言既出，她不願毀約，只是非常吃驚，因為巴菲特當時似乎想都沒有多想一下。事實上，巴菲特早已摸清這家家具公司值多少錢了。

目標少而精，你就有更多的時間去關注它，才會投入更多的精力，擁有絕對獲勝的把握。

點石成金

許多有巨大潛力的人，因為一些次要、渺小、非主流的東西阻擋了前進之路，有些人甚至因為斤斤計較而毀了自己的一生。

我們可以從這些方面改善自己：把著眼點放在重要目標上。因小失大的人就像是一個沒有做成生意的售貨員一樣，他向經理報告說：「是的，買賣沒做成，但我肯定使那位客人知錯了。」在銷售中，重要的是做成生意，而不是分辯誰對誰錯。婚姻中，重要的目標是幸福、平靜，而不是誰在爭吵中取勝。管理員工，重要的是發揮他們的潛力，而不是就他們犯的小錯誤大做文章。在與鄰居相處時，重要的是互相尊重與友好相處，而不是總盯著他們是否在說別人的閒話。如果用部隊裡的術語來說，我們寧願失去一場戰鬥，而贏得一場戰爭；也不願因贏得一場戰鬥而失去一場戰爭。遇到事情多問一問：「這是否真的很重要？」則至少 80% 的無效行動將不會發生。

「做必要的事情，以及本性合群的動物的理性所要求的一切事情，並且像所要求的那樣做。」馬可・奧理略給我們提供了一條重要的人生原則。

優先順序原則

　　你應主要想想那些你自己熟知的人們，他們使自己分心於無益的事情，而不知道做合乎他們恰當的結構的事情，由此你堅定地堅持自己的結構，滿足於它。在此有必要記住，給予一切事物的注意，有它自己恰當的價值和比例。因為這樣你將不會不滿足，只要你不過度地使自己注意小事。

　　「給予一切事物的注意，有它自己恰當的價值和比例。」馬可·奧理略這裡實際上說的是一種確立優先次序的原則 —— 做合乎本性的事情，恰當地分配自己的注意力，不過度注意小事。

　　紛繁變化的工作生活中，有太多的事項分散我們的時間和精力。當瑣碎的事項占去我們太多時間和注意力，麻煩就產生了：工作失去效率，目標難以達成。心理學家威廉·詹姆士（William James）表示，智慧的藝術是「了解該忽略什麼的藝術」。不重要的瑣事和俗事占去我們許多時間，太多人在為錯誤的東西而生活。

　　一名年輕的小提琴演奏家被問及成功的祕訣。她回答：「有計劃的忽略。」接著她解釋說：「我在學校的時候，許多事情占去了我的時間。我用完早餐後回到房間，要整理床鋪、清理房間、打掃地板，做任何引起我注意的事情。然後我要匆匆忙忙地練習小提琴。我發現我進步的程度並不理想，因此我把事情反過來。在我完成練琴之前，我刻意忽略其他事情。我相信那個『有計劃的忽略』策略，正是我成功的關鍵。」

　　所謂「有計劃的忽略」就是分清事情的先後順序、輕重緩急。這一點非常重要，忽略這一點，做事必定走彎路，往往很難成功，甚至會造成

悲劇。

東方航空的一架 401 航班的飛機，從紐約出發到邁阿密，機上滿載著度假的旅客。當飛機接近邁阿密機場準備降落時，駕駛員發現，顯示起落裝置正常運作的燈無法正常顯示了。於是駕駛員馬上檢查，讓這架飛機以大幅度繞圈的方式飛在沼澤地上方。

檢查結果顯示，需要更換燈泡，駕駛員嘗試去換燈泡，燈泡卻絲毫不動。其他機組人員都來協助他。正當大家在奮力處理燈泡時，沒有人注意到飛機正快速降落，直接墜入沼澤之中。許多人在這場空難中喪生。當經驗豐富的高薪飛行員忙於處理一個 75 美分的燈泡時，這架載著乘客的飛機撞向了地面。

點石成金

掌握優先順序原則，不要過度關注不重要的瑣事，就能為真正重要的事情騰出時間和精力。羅斯・佩羅認為，任何傑出或值得稱許的事情，必須時刻處於「刀鋒上」，需要人們不斷打拚才能完成。摒棄瑣事紛擾，正確放置你的優先事項，讓它時刻處於「刀鋒上」，才能有望達成。

「給予一切事物的注意，有它自己恰當的價值和比例。」記住馬可・奧理略告訴我們的優先順序原則 —— 做合乎本性的事情，恰當地分配自己的注意力，不過度注意小事。

在你力量範圍之內，行善吧

不要像彷彿你將活一千年那樣行動。死亡窺伺著你。當你活著，當行善是在你力量範圍之內，去行善吧。

我為普遍利益做過什麼事情嗎？那麼好，我從自身得到了獎賞。讓我的心靈總是想到這一點，絕不停止這種行善。

馬可·奧理略很強調德行，《沉思錄》表達的就是一種德行修練的哲學，所以行善也是《沉思錄》的主題之一。

善良是一種寶貴的品格，自古以來都為人所稱道，因為它超越了人類自私的本性，用道德的光輝把人與人連繫起來。人身為萬物之靈，不僅僅要考慮如何讓自己好像活得好，還要考慮可以為別人，尤其是那些遭受苦難、陷入深淵的人做些什麼。在自己的力量範圍之內，努力行善，不僅僅是一種德行的要求，還可以收穫一種巨大的滿足感。

貝蒂·杜絲代女士一生行善，她的事蹟至今仍令人津津樂道。1975 年 4 月，越戰打得正激烈時，她決心拯救 400 個當地的孤兒，以免他們流落街頭。先前她已收養了 5 個越南孤兒。貝蒂拿出她所有的積蓄，利用假期前往越南，到當地的醫院或孤兒院服務，次數多達 14 次。她曾在西貢一家由一名姓阮的太太負責的「快樂地」孤兒院服務，並與院裡的孩童建立了深厚的感情。後來，阮太太在貝蒂的協助下逃離了越南，前往美國喬治亞州，與她的 10 名孩子同住。

貝蒂個性積極，有了困難就會想辦法解決。當她知道這 400 名孤兒即將面臨無家可歸的困境後，她立刻打電話給阮太太，表示她會趕去越南，收養全部孩子，把他們帶到美國來。這是一項相當艱巨的目標，但貝蒂

下定決心要救出這些孩子。她的這段事蹟後來還被拍成電影《快樂地的孩子》，貝蒂一角由雪麗‧鐘斯飾演。

她開始四處奔波，利用各種不同的方式籌集必要的經費，包括接受捐款。她堅定地表示：「我要讓這些孩子在美國溫暖的基督教家庭中成長，絕不讓他們受到戰爭的摧殘。」這個信念是她最大的動力。

某個星期天，她由喬治亞州的班寧堡出發，前往越南，經過兩天的行程，抵達西貢。一踏上越南的土地，她便開始馬不停蹄地四處協調，希望能克服種種障礙，在週六早晨前將 400 名孤兒順利地送上飛機。但就在她抵達時，當地社會福利局的官員臨時通知她，他們只能核准 10 歲以下的孩童離境，而且這些孩子還必須有出生證明。然而這些戰時孤兒能保住小命就算很幸運了，哪有可能拿到什麼出生證明呢？

貝蒂硬著頭皮，到當地醫院的小兒科部門，為夠資格的 219 名孩童爭取出生證明。她回憶道：「我根本不知道這些孩子的親生父母、出生日期和地點，我只好全部自己編造。」這是這些孩子安全離開此地的唯一希望，若是錯過這次機會，他們就只能永遠陷在此地了。

貝蒂接著得為孩子安排住處而傷腦筋。她打電話給班寧堡的軍方，請求支援，但遭到拒絕。她轉而向陸軍上將陳情，也碰了一鼻子灰。最後她只好求助於陸軍最高長官，不管她如何強調這件事有多急迫與重要，長官仍是不肯給予正面答覆。然而貝蒂並不灰心，她為此事已付出如此多的心力，絕不能這樣半途放棄。她知道長官也是喬治亞州人，所以她打電話給長官的母親，懇請她助一臂之力。果然隔天晚上，長官親自來電向貝蒂表示，他已安排好班寧堡的學校，可暫時讓這些孩子棲身。

雖然住宿的問題解決了，但更大的挑戰是如何將這些孩子帶離越南。貝蒂一抵達西貢，便立刻請求美國駐當地的大使馬丁先生，協助她安排交

通工具，以便將孩子帶走。因為貝蒂原本打算包下一架泛美班機，但保險公司大幅提高保費，她實在無力負擔。馬丁大使表示，如果貝蒂能將孩子的離境手續辦妥，他將全力支持。最後當地政府官員終於簽署了當，馬丁大使決定安排兩架軍機，將這 200 多名孩子送離越南境內。

這些孤兒因為缺乏照顧，個個營養不良，面有病容，而且他們從未離開過孤兒院，對外界的一切都十分害怕惶恐。在等待離開的幾天內，貝蒂召集了美國士兵和義工來幫忙照顧這些孩子。終於在那個美麗的星期六早上，200 多名孩子離開了越南，飛向另一塊和平的土地。每位來送行的義工見到這一幕都深受感動，他們含著眼淚和孩子們告別，心中充滿了喜悅及安慰。

由於軍機只將孩子們送到菲律賓，貝蒂必須承包另一架飛機。雖然她得負擔 21,000 美元的費用，但為了這些孤兒，她這個腰包掏得心甘情願。情勢若不是如此急迫，貝蒂其實有機會爭取到免費飛行。但她一刻都不願拖延，決定盡快採取行動。

這些孩子在抵達美國一個月內都紛紛找到收養的家庭，而某些殘障的孩子也在賓州約克的盧森倫慈善安排下，尋得合適的寄養家庭。

休謨 (Hume) 說：「人類生活最幸福的心靈氣質是品德善良。」

毫無疑問，一個心地善良、處處行善的人，必定會內心充滿幸福。而一生行善的貝蒂‧杜絲代女士，在行善中必定獲得巨大的喜悅和滿足。

點石成金

　　在你的力量範圍內，行善吧。一句貼心的話，有時就能把人從痛苦的深淵解救出來；一個微笑，就能驅走心底的陰霾；一點點錢，就能讓可憐的人免受飢餓的威脅；一個關懷的舉動，甚至能救人一命。不要認為行善只是有錢人才能做的事，只要心存善念，你的善行必能遍地開花。

　　「當你活著，當行善是在你力量範圍之內，去行善吧」，只要活著，只要有能力，就要行善；「我從自身得到了獎賞」，行善不是為了獲得回報，從善行本身就能獲得滿足 —— 這就是馬可・奧理略告訴我們的行善哲學。

事物的價值取決於其本身

在各方面都美的一切事物本身就是美的，其美是歸於自身的，而不把讚揚作為它的一部分。因此，被讚揚就不會使一個事物變好或變壞。我堅信這也適用於被平民稱為美的事物，例如，物質的東西或藝術的作品。那真正美的東西除了法則、真理、仁愛或節制之外，不需要任何別的東西。而這些事物哪一個的美是因為它被讚揚才美，或者譴責會使它變醜呢？像祖母綠或者黃金、象牙、紫袍、七弦琴、短劍、鮮花和樹叢這樣的東西，難道沒受到讚揚就會使它們變壞嗎？

不管任何人做什麼或說什麼，我必須還是善，正像黃金、綠寶石或紫袍總是這樣說：無論一個人做什麼或說什麼，我一定還是綠寶石，保持著我的色彩。

馬可・奧理略的世界觀是客觀的，不受意識形態和言論的影響。他說，美的事物是一種客觀存在，就像祖母綠或者黃金、象牙、紫袍、七弦琴、短劍、鮮花和樹叢這樣的東西，不會因為世人的讚美或誹謗而變美或變醜；同樣，人類的法則、真理、仁愛或節制，這些美德也不會因被讚美或譴責而變成別的東西。在你的價值判斷裡，有沒有犯過這樣的錯誤呢：別人讚揚的就是好的，別人反對或貶抑的就是壞的？你有沒有樹立這樣一種價值觀念——事物的價值取決於其本身，不在於外界的讚美或毀譽？

在一次大學的演講上，一位著名的演說家沒講一句開場白，手裡卻高舉著一張 20 美元的鈔票。

面對會場裡擠滿的人，他問：「誰想要這 20 美元？」一隻隻手舉了起來。他接著說：「我打算把這 20 美元送給你們中的一位，但在這之前，請

111

准許我做一件事。」他說著將鈔票揉成一團，然後問：「誰還要。」仍有許多人舉起手來。

他又說：「那麼，假如我這樣做又會怎麼樣呢？」他把鈔票扔到地上，又踏上一隻腳，並且用腳碾它。而後他拾起鈔票，鈔票已變得又髒又皺。

「現在誰還要？」還是有一些人舉起手來。

「朋友們，你們已經上了一堂很有意義的課。無論我如何對待那張鈔票，你們還是想要它，因為它並沒貶值。它依舊值 20 美元。人生路上，我們會無數次被自己的決定或碰到的逆境欺凌、擊倒，甚至碾得粉身碎骨。我們覺得自己似乎一文不值。但無論發生什麼，或將要發生什麼，在上帝的眼中，你們永遠不會喪失價值。在他看來，骯髒或潔淨，衣著整齊或不整齊，你們依然是無價之寶。」

生命的價值不依賴我們的聲名財富，也不仰仗我們結交的大人物，而是取決於我們本身！── 永遠不要忘記這一點！

日本有一個德高望重的高僧叫白隱禪師，由於修行非常高，所以很受人們尊重。

有一個未出嫁的女孩懷了孕，她父母覺得很丟人，就追問這孩子的父親是誰，小女孩怕挨打，又不能說出真相，在情急之中，說出了「白隱」兩個字。她父母一聽，很生氣。

他們馬上就帶著她去找白隱，破口大罵，白隱出來，只輕輕地說了句：「是這樣的嗎？」

孩子生下以後，他們就把孩子帶來，給了白隱禪師。一時間，輿論譁然，紛紛指責白隱禪師道貌岸然。白隱禪師因此名聲掃地，但是他還是細心地照顧那個孩子，彷彿是朋友的孩子託付給了他一樣。

一年過後，那女孩實在難以承受心靈的折磨，就對她的父母說出了事

實真相。然後她的父母就帶她去找白隱禪師，說了很多道歉的話，這時，白隱禪師還是淡淡地說了句：「是這樣的嗎？」

無論世人褒貶，德行本色不變。

點石成金

鈔票永遠是鈔票，不管是弄髒了還是揉皺了，不會失去它的使用價值。一個德行高尚的人，不會因為外界的讚揚或貶抑而改變自己的行為。

「在各方面都美的一切事物本身就是美的，其美是歸於自身的，而不把讚揚作為它的一部分」，事物的價值取決於其本身；「無論一個人做什麼或說什麼，我一定還是綠寶石，保持著我的色彩」，做人要堅持本色──馬可·奧理略告訴我們的是一種冷靜、客觀的世界觀和處事哲學。

以相互連繫的觀點看待事物

永遠把宇宙看成一個活的東西，具有一個實體和一個靈魂；注意一切事物如何與知覺相關連，與一個活著的東西的知覺相關連；一切事物如何以一種運動的方式活動著；一切事物，如何是一切存在的事物的合作的原因；也要注意那繼續不斷的紡線和網的各部分的相互關連。

馬可‧奧理略關於宇宙的一個重要思想就是，我們所置身的宇宙，是一個巨大的整體，宇宙的所有事物都息息相關。

我們生活中的每一件事，都不是孤立存在的，都有著千絲萬縷的連繫，人與人之間，更是如此。現代社會學精確地計算出，你和世界上任何人之間最多只隔了 6 個人，也就是說，你最多只需要透過 6 個人，就能和世界上任何人發生連繫。所以，不能以孤立、割裂的觀點看待某一件事，否則，你將無法做出正確的判斷。

有一個年輕人到少林寺向師父拜師學藝，準備練好武功之後替父親報仇，因為他父親無端地被盜匪殺死了。

年輕人問道：「請問師父，我要練多久才能出師？」

「大概五年吧！」師父說。

「啊，這麼久啊？」年輕人急切地問，「假如我比其他弟子更加倍努力，是不是可以提早學成武功呢？」

「這樣子的話，你大概需要十年！」師父說。

「什麼？十年？那如果我再加倍、加倍地努力學習呢？」

「二十年吧！」師父淡淡地回答。

這時，年輕人愈聽愈糊塗，說：「師父啊，怎麼我愈努力加倍練習，

學成武功的時間就更加倍呢？」

「因為，當你的一隻眼睛一直盯著結果時，你只剩下一隻眼睛可以專注於練習了！」師父說。

影響事情結果的因素不是單一的，綜合考慮會讓你更接近事實。

二戰的硝煙剛剛散盡時，以美英法為首的戰勝國幾經磋商，決定在美國紐約成立一個協調處理世界事務的聯合國。一切準備就緒之後，大家才驀然發現，這個全球至高無上的世界性組織，竟沒有自己的立足之地。

買一塊土地吧，剛剛成立的聯合國機構還身無分文。讓世界各國籌資吧，牌子剛剛掛起，就要向世界各國伸手要錢，負面影響太大。況且剛剛經歷了二戰的浩劫，各國政府都財庫空虛，甚至許多國家都是財政赤字居高不下，要在寸土寸金的紐約籌資買下一塊土地，並不是一件容易的事情。聯合國對此一籌莫展。

聽到這一消息後，美國著名的家族財團洛克斐勒家族經過商議，果斷出資 870 萬美元，在紐約買下一塊土地，無條件地贈予這個剛剛掛牌的國際性組織 —— 聯合國。同時，洛克斐勒家族亦將毗鄰的大面積土地全部買下。

對洛克斐勒家族的這一出人意料之舉，當時許多美國大財團都吃驚不已。870 萬美元，對於戰後經濟萎靡的美國和全世界，都是一筆不小的數目呀！而洛克斐勒家族卻將它拱手贈出了，並且什麼條件也沒有。這條消息傳出後，美國許多財團和地產商都紛紛嘲笑說：「這簡直是蠢人之舉！」並紛紛斷言：「這樣經營不要十年，著名的洛克斐勒家族財團便會淪落為著名的洛克斐勒家族貧民集團！」

但出人意料的是，聯合國大樓剛剛建成完工，毗鄰它四周的地價便立刻飆升起來，相當於捐贈款數十倍、近百倍的巨額財富源源不盡地湧進了

洛克斐勒家族財團。這種結局，令那些曾經譏諷和嘲笑過洛克斐勒家族的人目瞪口呆。

萬事萬物都是息息相關的，可其中的連繫並不是每個人都能看到，需要有遠見，有眼光才能看到。能洞見事物間的隱祕連繫，並善加利用，是洛克斐勒家族獲得巨額財富的奧祕。我們也應該訓練自己，擁有這樣一雙慧眼。

點石成金

很多時候，我們找不到解決問題的方法，常常是因為忽略了事物的相關性，因而頭痛醫頭，腳痛醫腳，沒有從與之相關的事物分析其規律。他山之石，可以攻玉。以連繫的觀點看待事物，再複雜的問題也能水落石出。

「永遠把宇宙看成一個活的東西，具有一個實體和一個靈魂」，這表現了馬可·奧理略一種深邃的宇宙觀，宇宙也像是一個活的東西，有實體，有靈魂，這裡的實體是宇宙的萬事萬物，這靈魂是指宇宙運行的客觀規律。他告訴我們，「注意一切事物如何與知覺相關連，與一個活著的東西的知覺相關連；一切事物如何以一種運動的方式活動著；一切事物如何是一切存在事物的合作的原因」，揭示了萬事萬物相互關連的方式。我們若能理解這種連繫，對於解決一些複雜的問題大有裨益。

第五卷　恪盡職責

　　《沉思錄》卷五的第一小節，可以作為所有懈怠者的座右銘 ── 「那些熱愛他們各自技藝的人，都在工作中忙得精疲力盡」，「寧肯不吃不睡也要完善他們所關心的事情」。人既是個體的存在，也是一種社會動物，必須承擔自己的社會職責。履行自己的職責只是在做正當的事，不是為了建功立業，也不是為了追求名聲或某種回報，這是人的本性要求，是一個人存在的價值和意義。

勤勉成就人生

早晨當你不情願地起床時，讓這一思想出現 —— 我正起來去做一個人的工作。如果我是因要去做而存在，並因此而被帶入這一世界的工作，那麼我有什麼不滿意呢？難道我是為了躲在溫暖的被子裡睡眠而生的嗎？ —— 但這是較愉快的。 —— 那你的存在是為了獲取快樂，而全然不是為了行動和盡力嗎？你沒有看到小小的植物、小鳥、螞蟻、蜘蛛、蜜蜂都在一起工作，從而有條不紊地盡它們在宇宙中的職務嗎？你不願做一個人的工作，不趕快做那合乎你本性的事嗎？ —— 但休息也是必要的。 —— 休息是必要的，但自然也為這確定了界限，他為吃喝規定了界限，但你還是越過了這些限制，超出了足夠的範圍；而你的行動卻不是這樣，在還沒有做你能做的之前就停止了。所以你不愛你自己，因為，如果你愛，你就將愛你的本性及其意志。那些熱愛他們各自技藝的人，都在工作中忙得精疲力盡，他們沒有洗浴，沒有食物；而你對你的本性的尊重卻甚至還不如雜耍藝人尊重雜耍技藝、舞蹈家尊重舞蹈技藝、聚財者尊重他的金錢，或者虛榮者尊重他小小的光榮。這些人，當他們對一件事懷有一種強烈的愛好時，寧可不吃不睡也要完善他們所關心的事情。而在你的眼裡，難道有益於社會的行為是討厭的，竟不值得你勞動嗎？

這是《沉思錄》最富鮮明特色的章節之一，馬可·奧理略以少有的激烈語氣強調一種恪盡職責，辛勤工作的精神。不情願起床，不情願工作，不情願學習，你是否會這樣呢？這個時候你要告訴自己，你要去做一個人的工作，你因此而存在。你不是為睡覺而生的，不是為吃喝玩樂而生的。人的生存有一種更高遠的追求，是這種追求指引著我們到達理想的彼岸。

「那些熱愛他們各自技藝的人，都在工作中忙得精疲力盡」，他們對一件事懷有一種強烈的愛好，寧肯不吃不睡也要完善他們所關心的事情，這種畫面還不能打動你嗎？做一個辛勤的人吧，做你該做的事，盡你應盡的職責。

哈德良皇帝看見一個老人正在努力工作，種植無花果樹。他問老人道：「你是否期望自己能夠享受果實？」

老人回答說：「如果我不能活到吃無花果的時候，我的孩子們將會吃到。或許上帝會特赦我。」

「如果你能夠得到上帝的特赦而吃到這樹的果實，」皇帝對他說，「那就請你告訴我。」

時光流逝，果樹果然在老人的有生之年結出了果實，老人裝了滿滿一籃子無花果來見皇帝。見到皇帝時，他解釋說：「我就是你看見過的那個種無花果樹的老人，這些無花果是我的勞動成果。」

皇帝命他坐在金椅子上，把他的籃子裝滿了黃金。可皇帝的僕人反對，皇帝回答說：「造物主給勤勞的人以榮譽，難道我就不能做同樣的事情嗎？」

皇帝說得很對，對於勤勞的人，造物主總是給他最高的榮譽和獎賞，而那些懶惰的人，造物主不會給他們任何禮物。他們在有生之年必將一事無成，所收穫的只有空虛的生活和無盡的悔恨。

勤勉或懶惰很少來自一個人的本性，很少有人一生下來就是辛勤的工作者，也很少有人是天生的懶惰蟲，而大多數人的勤勉或懶惰都是習性所致。此外，孩童時期的家庭環境，以及所受的教育，也都有很大的影響。

電報業鉅子沙諾夫（Sarnoff）小的時候，家裡十分清貧，沒有機會讀書。讀小學的時候，他就不得不利用放學時間及假日打工，賺點錢貼補家

用。在他小學快畢業時，父親又因為長年辛苦而積勞成疾，過早地去世了。他沒有辦法繼續他的學習了，只好輟學做了童工。

15 歲的他就開始步入社會，並挑起了全家生活的重擔。他一邊賺取微薄的薪資補貼家用，一邊開始自學。幾經周折後，他在一家郵電局找到了一份送電報的工作。他工作異常辛苦，一天要送 20 份電報，為了一份電報，有時候要跑上幾英里路。當他回到家裡的時候，已經是深夜兩、三點了，他又累又餓，幾乎不能再多走一步路了。於是吃完一點飯，他就趕快睡覺，為了多送幾份電報，他又不得不在早晨五、六點的時候趕到電報大樓。

但他始終沒有忘記將來要做一番事業的願望。於是，他開始學習當時幾乎沒有幾個人掌握的國際摩斯密碼操作方法。他減少了每天送電報的時間，把時間擠出來用於學習。當時只有國中學歷程度的他，要學習這樣的先進技術，其難度是可想而知的，但由於他驚人的決心和毅力，最後居然還是學會了這項高難度的技術，他被破格提升為報務員。

在公司的研究所，他完成了電氣工程學學業，成為當時世界功率最強的電臺 —— 馬可尼無線電公司的收發報員。在 1912 年 4 月的震驚世界的大型豪華客輪「鐵達尼號」遇難的時候，他是世界上第一個收到沉船消息的人。他連續 72 個小時守在電報機旁，不間斷地收傳資訊。長期的電報工作讓他敏銳地發現，無線電技術的市場化具有廣闊的前景，公司認為他具備了經理人的思維，於是他在 30 歲那年，被升任為無線電公司這所特大型高科技公司的總經理。他這樣卓越的成績，在當時是絕無僅有的。這些都要完全歸功於他那種頑強堅韌的工作態度帶給他的好運。

點石成金

　　懶惰使人一事無成，上帝和人們都獎賞勤勉的人。因此，人生重要的生存之法就是培養勤勉的習慣，因為這才是人生的關鍵。實際上，所有人要想獲得成功，必須經過超人般的頑強奮鬥，一般性的奮鬥是很難獲得成功的。一些傑出人物無不具備這樣頑強忘我的奮鬥精神。他們似乎是一群從來不知道疲倦和辛苦的人，他們可以在長期的工作中忍辱負重而沒有絲毫的怨言，可以長期默默地埋頭工作而不為外人所知曉。人們似乎早已經忘記了他們，而他們也似乎和這個世界沒有任何關係，然而有這麼一天，他們卻獲得了意外的巨大成功，你不能不從心底裡欽佩這些勤勞的人。

　　「那些熱愛他們各自技藝的人都在工作中忙得精疲力盡，他們沒有洗浴，沒有食物」，「當他們對一件事懷有一種強烈的愛好時，寧可不吃不睡也要完善他們所關心的事情」，馬可‧奧理略向我們揭示了一種勤勉成就的人生。

戰勝一切艱難險阻，實現自我

如果你根據正確的原則沒有做成一切事時，不要厭惡，不要沮喪，也不要不滿；而是應該在你失敗時又再回去從頭做起，只要你所做的較大部分事情符合於人的本性，就滿足了，熱愛你所回到的家園……

我現在要把我自己的靈魂用於什麼事情上呢？在任何場合我都必須問自己這個問題，我在我的這一被稱為支配原則的部分中擁有什麼呢？我現在擁有誰的靈魂呢？是一個孩子的靈魂？抑或一個年輕人、一個軟弱的婦人、一個暴君、一個家畜、一個野獸的靈魂？

尊重那宇宙中最好的東西，這就是利用和指引所有事物的東西。同樣，也要尊重你自身中最好的東西，它具有跟上面所說的同樣的性質。因為那利用別的一切事物的東西也在你自身中，你的生活受它指導。

馬可·奧理略一直告訴我們，要做合乎本性的事情，這合乎本性的事情可以理解為實現自我。在馬斯洛的需求層次理論裡，實現自我是人生的最高價值。然而，這條路從來都是荊棘密布、溝壑叢生的，只有少數真正的英雄和幸運兒能夠到達那裡。「尊重那宇宙中最好的東西，這就是利用和指引所有事物的東西。同樣，也要尊重你自身中最好的東西，它具有跟上面所說的同樣的性質。」實現自我，最重要的是你先要深入思考，找到那個終生指引你的終極目標。「如果你根據正確的原則沒有做成一切事時，不要厭惡，不要沮喪，也不要不滿；而是在你失敗時又再回去從頭做起」，當你失敗時，遇到障礙時，身處逆境當中時，不氣餒，不失去希望，承受壓力甚至苦難，頑強地忍耐著等待機會。命運的改變往往就在於某一個機會上，抓住這個機會可能成功，也可能失敗，成功與失敗均是不可預見的，去做就意味著冒險。那麼，面臨此等機會，我們該怎麼辦？

　　由於是身處逆境當中，我們可以憑藉或依賴的東西非常有限，往往就是「賭上身家性命，成與不成在此一搏」，贏了，我們的人生就此改變；輸了，就是一敗塗地。一般人，往往會望而卻步，甘願放棄機會，而勇敢者就會迎難而上，激流勇進，最終命運也給了他們豐厚的獎勵。

　　法國陶瓷藝術家、質樸瓷器的發明者柏里斯在研製陶瓷的過程中，曾屢次陷入艱難的困境，但他不甘輕易放棄內心祈求的理想，最終獲得了成功。

　　16世紀早期，柏里斯出生在法國南部。他的父親是個玻璃製造工人，家境相當貧困。柏里斯沒能上學，但他從小受父親薰陶，學會了玻璃裝飾這門手藝，還學會了在玻璃上製圖、繪畫以及讀書、寫作。

　　柏里斯18歲出門謀生，找了一份玻璃產業的工作，業餘時間兼職從事土地測量。後來他到了東查熱特城的聖特鎮，並在此結婚生子，定居下來。為了養家，他勤奮工作，但仍入不敷出。為了獲得更多的收入，他想到了彩陶繪畫技藝。他對製陶工藝一無所知，又不能拋下妻女去義大利拜師學藝，只能靠自學，從零開始，一點一滴地獨自在黑暗中摸索，希望弄清陶瓷製作和上釉的全部過程。

　　他先從研究製作陶瓷所用的材料開始。他買來一些陶罐，搗碎弄成粉末，加上自己製作的化合物，放進烤爐裡燒，結果實驗失敗了。

　　接下來又是一次又一次的實驗，一次又一次的失敗。大量的時間、人力、物力、財力，全都浪費在了這種徒勞的實驗裡。一連幾年，柏里斯都在不停地實驗，燒掉了大量的木材，浪費了更多的藥劑、土罐，最後，家裡窮得連煮飯的米都沒有了。

　　這時，他不得不去從事以前的產業，在玻璃上畫畫，測量土地，以維持生計。但他對製陶仍不死心。為了節省燃料，他把那些陶瓷碎片抱到附近一家磚窯裡燒製，結果還是失敗了。

　　面對一次次的失敗，柏里斯沒有被擊倒，他決定重新開始。他把新買的陶器搗碎，加入新配製的原料，拿到附近一個玻璃熔爐裡去燒。玻璃爐的高溫熔化了一些原料，但柏里斯尋求的白瓷仍沒燒成，他又一次失敗了。

　　後來的兩年當中，儘管他家裡窮得連鹽都吃不上了，但他仍以加倍的熱情從事陶製品的燒製工作。他決心作一次更大的實驗。他在多塊陶瓷碎片上撒上自己配製的原料，送進燒製玻璃的熔爐。經過 4 個多小時的燒烤，300 多塊陶片當中，居然有一塊上面的原料熔化了，冷卻後像玉一樣潔白發亮。見到這塊潔白的陶瓷，柏里斯哭了。這次小小的成功，促使他繼續從事更大的實驗。

　　為了取得更大的成功，柏里斯用 8 個月的時間，專門建了一個燒製玻璃的熔爐。他製了許多陶製模子，經過初步烘烤後，塗上釉藥化合物，放進了爐子裡。他把家裡所有的錢，全都買成了木柴。點燃熔爐後，他整天整夜坐在熔爐旁邊，往裡加柴。第一天過去了，釉藥沒有熔化。第二天過去了，釉藥還是沒有熔化。第三天過去了，釉藥還是老樣子。柏里斯憔悴萬分，面色蒼白，走路晃來晃去，隨時都有可能倒下，但他咬牙堅持著。第四天過去了，第五天、第六天也過去了，連續六個日日夜夜過去後，釉藥絲毫沒動！柏里斯幾乎要絕望了。

　　柏里斯絕望之餘，突然想起他研製的釉藥可能有問題。於是他重新配製出新的原料，重新實驗。可是他已經傾家蕩產，哪來的錢買陶罐和木柴？儘管他的妻子和鄰居們都罵他瘋了，是個蠢豬，為那些無益的實驗枉費錢財，但最後每家還是為他湊了一點錢，加上柏里斯從一個朋友那裡借來一些，使他重新又買來許多陶罐和木柴，投入了實驗。

　　熔爐點燃了，木柴熊熊燃燒，爐溫急劇上升，但釉藥毫無動靜。所有的木柴都燒完了，釉藥還沒熔化。熔爐裡的火即將熄滅，整個實驗又將前功盡

棄，這時柏里斯看到了花園的木柵欄。他奔向花園，把所有的木柵欄全部拔出，扔進爐子裡，釉藥還不熔化，他看見了家具和床板，還有木窗、木桶。可憐的柏里斯真是瘋了，他把家裡的凡是能燒的東西全都砸斷，扔進了爐子裡。他的妻子和兒女哭著跑到大街上，眼看著家裡的一切頃刻間化為灰燼。

柏里斯把一個完整的家親手毀了，能燒的全都燒了，連房屋門板都被他拆了下來。所幸的是，最後一道火力終於燒熔了釉藥。爐火熄火，那些進爐前粗糙難看的普通陶罐，從爐子裡出來，冷卻後，通體全都覆蓋著一層均勻細密、潔白如玉的釉面！柏里斯成功了！巨大的喜悅讓他手舞足蹈，一路喊叫著衝上了大街。柏里斯終於掌握了這渴盼已久的祕密。

毋庸置疑，戰勝一切艱難險阻，終究會獲得命運的獎勵。事實上，用遠大的目標指引自己的生活，戰勝一切艱難險阻，實現自我，這是古往今來所有取得卓越成就者的共同之處。

點石成金

一個人不可能一輩子一帆風順，相反卻會遭遇不盡的不幸、挫折和失敗。所謂「人生不如意事，十有八九」，那麼，面對失敗，我們該怎麼辦？很簡單，從失敗中學習，再重新開始，失敗挫折並不可怕，可怕的是從此一蹶不振。只要趁機汲取教訓，總結經驗，我們終將到達成功的彼岸。

當然，失敗的滋味是很不好受的，但痛苦之餘，不要忘了從正面透視失敗，徹底探索導致失敗的因果關係及其暗藏的意義，從失敗中學到的東西是無可比擬的寶貴財富。可以這樣說，只會一味品嘗失敗記憶的人實際上尚未成熟，只有坦然面對失敗的人並從失敗中崛起，才算是真正成熟的人。

即使是祈求，也要保持尊嚴

雅典人中的一個祈禱是：降雨吧，降雨吧，親愛的宙斯，使雨降落到雅典人耕過的土地上，降落到平原上。——我們確實不應祈禱，不然就應以這種簡單和高貴的方式祈禱。

馬可·奧理略尊崇人，強調任何時候人都應該保持尊嚴。祈禱，就是向上天祈求。即使是向至高無上的神靈祈求，也要保持尊嚴，更何況是向人求助呢？

尊嚴是一個人立世的根本。徐悲鴻說，人不可有傲氣，但不可無傲骨。這傲骨就是人的尊嚴。人如果失去了尊嚴，就會失去為人處世基本的準則，容易做出可怕的事情。隨時隨地維護自己的尊嚴，也是一個高貴的靈魂所必須具備的。

一個寒冷的冬天，小鎮上來了一群逃難的流亡者。鎮長給一批又一批的流亡者送去粥食。這些流亡者，個個狼吞虎嚥。

只有一個年輕人例外，當把食物送到他而前時，這個年輕人問：「先生，你有什麼工作需要我做嗎？」

鎮長說：「沒有什麼工作需要您來做。」

「先生，那我不能隨便吃您的東西。」

鎮長想了想說：「等你吃過飯後，我就給你派工作。」

「不，等做完您的工作，我再吃這些東西！」

鎮長思忖片刻說：「小夥子，你願意為我捶背嗎？」那個年輕人便十分認真地給他捶背。捶了幾分鐘，鎮長便站起來說：「小夥子，你捶得棒極了。」說完便將食物遞給年輕人。他這才狼吞虎嚥地吃起來。

鎮長微笑著注視著那個青年說：「小夥子，我的莊園太需要人手了，如果你願意留下來的話，那我就太高興了。」

那個年輕人留了下來，並很快成為莊園的一把好手。他就是赫赫有名的美國石油大亨哈默（Hammer）。

哈默的行為讓人尊重，品行亦讓人敬佩。事實上，順境時我們要保持尊嚴，逆境時同樣應該如此。前者往往容易做到，後者卻不那麼容易，而一個人在逆境時是否能保持尊嚴，則更能看出其品行。

布朗的母親是在他 7 歲那年去世的，繼母來到他家的那一年，小布朗 11 歲了。

剛開始，布朗不喜歡她，大概有兩年的時間沒有叫她「媽」，為此，父親還打過他。可越是這樣，布朗越是在情感中有一種很強烈的牴觸情緒。然而，布朗第一次喊她「媽」，卻是在他第一次也是唯一的一次挨她打的時候。

一天中午，布朗偷摘人家院子裡的葡萄時，被主人給抓住了，主人的外號叫「大鬍子」，布朗平時就非常畏懼他，如今在他的面前犯了錯，他嚇得渾身發抖。大鬍子說：「今天我也不打你不罵你，你只給我跪在這裡，一直跪到你父母來領人。」聽說要自己跪下，布朗心裡確實很不情願。大鬍子見他沒反應，便大吼一聲：「還不給我跪下！」

迫於對方的威懾，布朗戰戰兢兢地跪了下來。這一幕，恰巧被他的繼母給撞見了。她衝上前，一把將布朗提起來，然後對大鬍子大叫道：「你太過分了！」繼母平時是一個沒有多少言語的性格內向的人，突然如此震怒，讓大鬍子這樣的人也不知所措。布朗也是第一次看到繼母性情中另外的一面。

回家後，繼母用枝條狠狠地抽打了兩下布朗的屁股，邊打邊說：「你偷摘葡萄我不會打你，哪有小孩不淘氣的！但是，別人讓你跪下，你就真

的跪下？你不覺得這樣有失人格嗎？不顧自己人格的尊嚴，將來怎麼成人？將來怎麼成事？」繼母說到這裡，突然抽泣起來。布朗儘管只有 13 歲，但繼母的話在他的心中還是引起了震撼。他猛地抱住了繼母的臂膀，哭喊道：「媽，我以後不這樣了。」

高度自尊的人更容易有所作為，因為他們在內心深處承認自己的價值，並會為實現這種價值而不懈努力。因此，培養良好的自尊心，也是教育中重要的一環，強烈的自尊心會鞭策一個人不斷進步，指引他走向成功。

點石成金

自尊，表現了你對自己的看法，有句話說得好，你怎麼看待自己，別人就怎麼看待你。所以，無論你現在是逆境還是順境，是貧窮還是富有，記住，保持你的尊嚴，因為對於一個人來說，尊嚴是無價之寶，任何金錢和利益都無法收買。

「我們確實不應祈禱，不然就應以這種簡單和高貴的方式祈禱」，馬可・奧理略告訴我們，任何時候都要保持人性的高貴和尊嚴。

讓施與成為天性

有一個人，當他為另一個人做了一件好事，就準備把它作為一種施惠，記到他的帳上，還有一個人不準備這樣做，但還是在心裡把這個人看做是他的受惠者，而且他記著他做了的事情。第三個人在某種程度上甚至不知道他所做的，他就像一棵生產葡萄的葡萄樹一樣，在它一旦結出它應有的果實以後，就不尋求更多的東西。一匹馬在牠奔跑時，一隻狗在牠追獵物時，一隻蜜蜂在牠釀造蜂蜜以後也是這樣，所以一個人在他做了一件好事之後，也不應要求別人來看，而是繼續做另一件好事，正像一棵葡萄樹在下一個季節繼續結果一樣。

「一個人在他做了一件好事之後，也不應要求別人來看，而是繼續做另一件好事，正像一棵葡萄樹在下一個季節繼續結果一樣」，對人做好事後，有三種態度，而最值得稱道的則是，彷彿不知道這件好事是他做的一樣，繼續做下一件好事。這種人把施與當成一種天性，不計付出，不計回報。如果施與可以成為人的一種天性，那麼它一定是人類所能擁有的最好品格之一。

古語道：贈人玫瑰，手有餘香。學會施與，是一種更高的人生境界。

這一年的聖誕節，保羅的哥哥送給他一輛新車作為聖誕節禮物。聖誕節的前一天，保羅從他的辦公室出來時，看到街上一名男孩在他閃亮的新車旁走來走去，觸摸它，滿臉羨慕的神情。

保羅饒有興趣地看著這個小男孩，從他的衣著來看，他的家庭顯然不屬於自己這個階層，就在這時，小男孩抬起頭，問道：「先生，這是您的車嗎？」

「是啊，」保羅說，「我哥哥給我的聖誕節禮物。」

小男孩睜大了眼睛：「您是說，這是您哥哥給您的，而您不用花一毛錢？」

保羅點點頭。小男孩說：「哇！我希望……」

保羅認為他知道小男孩希望的是什麼，有一個這樣的哥哥。但小男孩說出的卻是：「我希望自己也能當這樣的哥哥。」

保羅深受感動地看著這個男孩，然後他問：「要不要坐我的新車去兜風？」

小男孩驚喜萬分地答應了。逛了一會之後，小男孩轉身向保羅說：「先生，能不能麻煩您把車開到我家門前？」保羅微微一笑，他理解小男孩的想法，坐一輛大而漂亮的車子回家，在小朋友的面前是很神氣的事。但他又想錯了。

「麻煩您停在兩個臺階那裡，等我一下好嗎？」小男孩跳下車，三步兩步跑上臺階，進入屋內，不一會兒他出來了，並帶著一個顯然是他弟弟的小男孩。小男孩因患小兒麻痺症而跛著一條腳。他把弟弟安置在下面的臺階上，緊靠著坐下，然後指著保羅的車子說：「看見了嗎？就像我在樓上跟你說的一樣，很漂亮對不對？這是他哥哥送給他的聖誕禮物，他不用花一毛錢！將來有一天我也要送給你一部一模一樣的車子，這樣你就可以看到我一直跟你講的櫥窗裡那些好看的聖誕禮物了。」

保羅的眼睛溼潤了，他走下車子，將小弟弟抱到車子前排的座位上，他的哥哥眼睛裡閃著喜悅的光芒，也爬了上來。於是三人開始了一次令人難忘的假日之旅。

在這個聖誕節，保羅明白了一個道理：給予比接受，真的令人更快樂。

人要學會付出真誠的心和愛，這樣才能使生活變得更有意義。在這個

擁擠不堪的世界裡，能夠多付出一點愛和寬容並樂於助人的人，總會能找到一片廣闊的天地。

一天傍晚，拜倫在單行道的鄉村公路上孤獨地駕著車回家。在這美國中西部小鎮上謀生，他的生活節奏就像他開的老爺車一樣遲緩。自從所在的工廠倒閉後，他就沒有找到過固定工作，但他還是沒有放棄希望。外面空氣寒冷，暮氣開始籠罩四野，在這種地方、這種時候，很少有人會在這路上駕駛。

他熟悉的朋友大多數已經離開了這個小鎮。朋友們有自己的夢想要實現，有自己的家庭要撫養。但是他還是選擇留在了故鄉。這是他出生的地方，這裡有著他的童年和夢想，還有他那已經入了土的父母留給他的「家」。周圍的一切都是那麼地熟悉，他可以閉著眼睛告訴你什麼是什麼，哪裡是哪裡。他的老爺車的車燈壞了，但是他不用擔心，他能認路。天開始變黑，雪花越落越厚。他告訴自己得加快回家的腳步了。

他差一點沒有注意到那位困在路邊的老太太。外面已經很黑了，這麼偏遠的地方，老太太要尋求援助是很難的。我來幫她吧，他一邊想著，一邊把老爺車開到老太太的賓士轎車前停了下來。儘管他朝老太太報以微笑，可是他看得出老太太非常緊張。她在想：會不會遇上強盜了？這人看上去窮困潦倒，像餓狼一樣。

他能讀懂這位站在寒風中瑟瑟發抖的老太太的心思。他說：「我是來幫你的，老太太。你先坐到車子裡去，裡面暖和一點。別擔心，我叫拜倫。」老太太的輪胎爆了，換上備用胎就可以。但這對老太太來說，並不是件容易的事情。拜倫鑽到車底下，察看底盤哪個部位可以用千斤頂把車頂起來，他爬進爬出的時候，不小心將自己的膝蓋擦破了。等將輪胎換好，他的衣服髒了，手也酸了。就在他將最後幾顆螺絲鎖好的時候，老太

太將車窗搖下，開始和他講話。她告訴他，她是從大城市來的，從這裡經過，非常感謝他能停下來幫她的忙。拜倫一邊聽著，一邊將壞輪胎以及修車工具放回老太太的後車廂，然後關上，臉上掛著微笑。老太太問該付他多少錢，還說他要多少錢都不在乎。

因為她能想像得出，如果拜倫沒有停下來幫她的話，在這種地方和這個時候，什麼事情都可能發生。

幫這老太太忙是要向她要錢？拜倫沒有想過。他從來沒有把幫助人當作一份工作來做。別人有難應該去幫忙，過去他是這樣做的，現在他也不想改變這種做人的準則。他告訴老太太，如果她真的想報答他的話，那麼下次她看見別人需要幫助的時候就去幫助別人。他補充說：「那時候你要記得我。」

他看著她的車子走遠。他的這一天其實並不如意，但是現在他幫助了一個需要幫助的人，他一路開車回家的心情卻變得很好。

再說那老太太。她在車子開出了將近一英里的地方，看到路邊有一家小咖啡館，就停車進去了。她想，還得開一段路才能到家，不如先吃一點東西，暖暖身子。

這是一家很舊的咖啡館，門外有兩臺加油機；室內很暗，收銀機就像老掉牙的電話機一樣沒有什麼用。女店員走過來給她送來了菜單，老太太覺得這位女店員的笑容讓她感到很舒服。她挺著大肚子，看起來最起碼有8個月的身孕了，可是一天的勞累並沒有讓她失去待客的熱情。老太太心想，是什麼讓這位懷孕的女人必須工作，而又是什麼讓她仍如此熱情地招待客人呢？她想起了拜倫。

女店員將老太太的100美元現金拿去結帳，老太太卻悄悄地離開了咖啡館。當女店員將零錢送還給老太太時，發現位置已經空了，正想著老太

太跑到哪裡去的時候，她注意到老太太的餐巾紙上寫著字，在餐巾紙下，她發現另外還壓著 300 美元。

餐巾紙上是這樣寫著的：「這錢是我的禮物。你不欠我什麼。我經歷過你現在的處境。有人曾經像現在我幫助你一樣幫助過我。如果你想報答我，就不要讓你的愛心失去。」

女店員讀著餐巾紙上的話，眼淚奪眶而出。

那天晚上，她回到家裡，躺在床上翻來覆去地睡不著，她想著那老太太留下的紙條和錢。那老太太怎麼知道她和她丈夫正在為錢煩惱呢？下個月孩子就要出生了，費用卻還完全沒有著落，她和丈夫一直都在為此擔心。現在好了，老太太真是雪中送炭。

看著身邊熟睡的丈夫，她知道白天他也在為賺錢煩憂。她側過身去給他輕輕的一吻，溫柔地說：「一切都會好的！拜倫，我愛你！」

卡內基指出：如果你引導其他人獲得他們需要的東西，你也因此而得到自己想要的東西，並且你幫助的人越多，你得到的也越多。

點石成金

　　一個真正樂於施與的人是不求回報的，但命運總會給這樣的人意想不到的回報。因為，你幫別人得到了想要的東西，別人也會讓你得到你想要的東西。施與所傳遞的仁愛精神不會消失，它經由你的手送出，將在人與人之間不停傳遞。也許有一天，你會發覺，你所享受到的一個巨大恩惠，正是你微不足道的一個善舉送出的。讓我們都來學會施與，在人世間播撒更多的善良和愛，我們生活在其中也必能享受更多的安樂和幸福。

　　「一個人在他做了一件好事之後，也不應要求別人來看，而是繼續做另一件好事，正像一棵葡萄樹在下一個季節繼續結果一樣。」馬可‧奧理略告訴我們，施與應該成為一種天性。

幸運不是來自外界，而是出於自身

幸運只意味著一個人給自己分派了一種好的運氣：一種好運氣就是靈魂、好的情感、好的行為的一種好的配置。

《沉思錄》裡，除了許多大段的集中論述，經常有一些相對獨立的警句。這裡，馬可・奧理略提到了他對幸運的看法，「一種好運氣就是靈魂、好的情感、好的行為的一種好的配置」，幸運不是來自外界，而是出於自身。

運氣是一種說不清、講不明的東西。

很多人認為好運只是一種偶然現象，其實，好運雖然有一定偶然性，但也是一個人行為方式的結果。遇事多為別人考慮，樂於助人，對生活充滿興趣，做事認真，這些都會讓你和好運結交。相反，如果你總是抱怨厄運連連，諸事不順，那你就要好好檢視自己的行為了，或許正是你某些不恰當的言行把好運擋在了門外。

有一個僧人走在漆黑的路上，因為路太黑，僧人被行人撞了好幾下。他繼續向前走，看見有人提著燈籠向他走過來，這時候旁邊有人說：「這個瞎子真奇怪，明明看不見，卻每天晚上打著燈籠！」

僧人被那個人的話吸引了，等那個打燈籠的人走過來的時候，他便上前問道：「你真的是盲人嗎？」那個人說：「是的，我從生下來起，就沒有見到過一絲光亮，對我來說白天和黑夜是一樣的，我甚至不知道燈光是什麼樣的！」

僧人更迷惑了，問道：「既然這樣你為什麼還要打燈籠呢？是為了迷惑別人，不讓別人說你是盲人嗎？」

盲人說：「不是的，我聽別人說，每到晚上，人們都變成了和我一樣的盲人，因為夜晚沒有燈光，所以我就在晚上打著燈籠出來。」

僧人感嘆道：「你的心地多好呀！原來你是為別人！」

盲人回答說：「不是，我為的是自己！」

僧人更迷惑了，問道：「為什麼呢？」

盲人答道：「你剛才過來有沒有被人碰撞過？」

僧人說：「有呀，就在剛才，我被兩個人不留心碰到了。」

盲人說：「我是盲人，什麼也看不見，但我從來沒有被人碰到過。因為我的燈籠既為別人照了亮，也讓別人看到了我，這樣他們就不會因為看不見我而撞我了。」

僧人頓悟，感嘆道：「我辛苦奔波就是為了找佛，其實佛就在我的身邊啊！」

我們總是想要別人對自己好，而事實上，只有我們先對別人好，別人才會對我們好。所以，不要說沒有朋友，要問你有沒有掏出真心對待身邊的人；不要說與愛情無緣，要問你是否敞開心扉準備接納別人；不要說沒有貴人相助，要問自己是否幫助過別人……

一天夜裡，已經很晚了，一對年老的夫妻走進一家旅館，他們想要一個房間。櫃臺服務人員回答說：「對不起，我們旅館已經客滿了，一間空房也沒有剩下。」看著這對老人疲憊的神情，服務人員又說：「但是，讓我來想想辦法……」服務人員很有愛心，他很不忍心深夜讓這對老人出門另找住宿。而且在這樣一個小城，恐怕其他的旅店也早已客滿打烊了，這對疲憊不堪的老人豈不會在深夜流落街頭？於是好心的侍者將這對老人引領到一個房間，說：「也許它不是最好的，但現在我只能做到這樣了。」老人見眼前其實是一間整潔又乾淨的屋子，就愉快地住了下來。

第二天，當他們來到櫃臺結帳時，服務人員卻對他們說：「不用了，因為我只不過是把自己的屋子借給你們住了一晚 —— 祝你們旅途愉快！」原來服務人員自己一晚沒睡，在櫃臺值了一個通宵的夜班。兩位老人十分感動。老頭說：「孩子，你是我見到過的最好的旅店經營人！你會得到報答的。」服務人員笑了笑，說這算不了什麼。他送老人出了門，轉身接著忙自己的事，把這件事情忘得一乾二淨。

沒想到有一天，服務人員接到了一封信函，打開看，裡面有一張去紐約的單程機票並有簡短附言，聘請他去做另一份工作。他乘飛機來到紐約，按信中所標明的路線來到一個地方，抬眼一看，一座金碧輝煌的大飯店聳立在他的眼前。原來，幾個月前的那個深夜，他接待的是一個有著億萬資產的富翁和他的妻子。富翁為這個服務人員買下了一座大飯店，深信他會經營管理好這個大飯店。

這個故事就是全球赫赫有名的希爾頓飯店首任經理的傳奇故事。你一定認為這名服務人員真是幸運極了，可是假如那天夜晚，你是那名櫃臺服務人員，你會怎樣呢？你會和他一樣做嗎？如果你只禮貌客氣地送客人離開，然後抱怨因為沒有貴人相助，那麼你只能一輩子做一個櫃臺服務人員。

點石成金

好運氣是好的靈魂、好的感情再加好的行為的結果。現象決定於本質，好運氣是一種客觀現象，它植根於人的行為。

「一種好運氣就是靈魂、好的情感、好的行為的一種好的配置」，幸運不是來自外界，而是出於自身，馬可・奧理略對於幸運的看法帶給你什麼啟示呢？

遵循本性，是境界也是智慧

　　認真判斷每一符合你本性的言行，不要受來自任何人的譴責或話語的影響，如果說一件事是好的，不要把它想成對你是無價值的。因為那些人有他們特殊的指導原則，遵循著他們特殊的活動，你不要重視那些事情，而是直接前進，遵從你自己的本性和共同的本性，遵循兩者合而為一的道路。

　　我按照本性經歷所發生的事情，直到我倒下安息，直到我呼出的氣息化為我每日吸入的那種元素，直到我倒在這塊大地上 —— 我的父親從它那裡收集種子，我的母親從它那裡獲得血液，我的奶媽從它那裡吸取乳汁，在許多年裡，我從它那裡得到食物和飲料的供應；當我踐踏它，為許多的目的濫用它時，它默默地承受著我。

　　遵循本性是《沉思錄》的中心思想。一年有四季，花開有定時。萬事萬物都有本性，如果不遵循本性，就會覺得勉強，而勉強是很難有好結果的。

　　你的本性是什麼呢？是不拘小節、大而化之，還是心思細密、謹小慎微？是熱情開朗，還是內斂沉靜？了解自己的本性，可以讓你找到自己喜歡的生活方式，發揮自己的特長。學會遵循本性，既是一種境界，也是一種智慧。

　　禪院的草地上一片枯黃，小和尚看在眼裡，對師父說：「師父，快撒點草種子吧！這草地太難看了。」

　　師父說：「不著急，什麼時候有空了，我去買一些草種子。什麼時候都能撒，急什麼呢？隨時！」

中秋的時候，師父把草種子買回來，交給小和尚，對他說：「去吧，把種子撒在地上。」起風了，小和尚一邊撒，種子一邊飄。

「不好，許多種子都被吹走了！」

師父說：「沒關係，吹走的多半是空的，撒下去也發不了芽。擔什麼心呢？隨性！」

種子撒上了，許多麻雀飛來，在地上專挑飽滿的種子吃。小和尚看見了，驚慌地說：「不好，種子都被小鳥吃了！這下完了，明年這片地就沒有小草了。」

師父說：「沒關係，種子多，小鳥是吃不完的，你就放心吧，明年這裡一定會有小草的！」

半夜下起了大雨，小和尚一直不能入睡，他心裡暗暗擔心種子被沖走。第二天早上，他早早跑出了禪房，果然地上的種子都不見了。於是他馬上跑進師父的禪房說：「師父，昨晚一場大雨把地上的種子都沖走了，怎麼辦呀？」

師父不慌不忙地說：「不用著急，種子被沖到哪裡就在哪裡發芽。隨緣！」

不久，許多青翠的草苗果然破土而出，原來沒有撒到的一些角落裡，居然也長出了許多青翠的小苗。

小和尚高興地對師父說：「師父，太好了，我種的草長出來了！」

師父點點頭說：「隨喜！」

這位師父真是位懂得人生樂趣之人。凡事順其自然，不必刻意強求，反倒能有一番收穫。

很多時候順其自然，反倒能夠柳暗花明又一村。

從前，有位樵夫生性愚鈍，有一天他上山砍柴，不經意間看見一隻從

未見過的動物。於是，他上前問：「你到底是誰？」

那動物開口說：「我叫『領悟』。」

樵夫心想：我現在就是缺少「領悟」啊！把牠抓回去算了。

這時，「領悟」就說：「你現在想抓我嗎？」

樵夫嚇了一跳：我心裡想的事牠都知道！那麼，我不妨裝出一副不在意的模樣，趁牠不注意時趕緊抓住牠。

結果，「領悟」又對他說：「你現在又想假裝成不在意的模樣來騙我，等我不注意時，將我抓住。」

樵夫的心事都被「領悟」看穿，所以就很生氣：真是可惡！為什麼牠都能知道我在想什麼呢？誰知，這種想法馬上又被「領悟」發現。

牠又開口：「你因為沒有抓住我而生氣吧！」

於是，樵夫從內心檢討：我心中所想的事，好像反應在鏡子裡一般，完全被「領悟」看穿。我應該把牠忘記，專心砍柴。

樵夫想到這裡，就揮起斧頭，用心地砍柴。

一不小心，斧頭掉下來，卻意外地壓在「領悟」上面，「領悟」立刻被樵夫抓住了。

禪學裡講究「領悟」，多少信徒日思夜寐，希望能真正達到領悟的境界，然而並不是每個人都能輕易獲得這樣的悟性，如果一味執著於此，只會離真正的領悟之境越來越遠。同樣，在生活中，如果我們在某個問題上深陷太久，不妨抽開身，讓事情自然而然地發展，反而有意想不到的收穫。

點石成金

什麼叫遵循本性呢？遇事不要強求，順其自然，運用事物本身的能量來達成我們的心願。況且，萬事萬物無不處在變化之中，現在解決不了的問題，放一放，也許就會自然而然地得到解決。踏破鐵鞋無覓處，得來全不費功夫，說的就是這個道理。違背規律去辦事，就會步步艱難；而學會順應規律，就會得心應手，一路坦途。

「遵從你自己的本性和共同的本性，遵循兩者合而為一的道路」，這是馬可‧奧理略理想的人生路徑，可以成為我們選擇人生的指導原則。

第六卷　了解本性

　　《沉思錄》卷六的主旨是了解本性。作者是斯多葛派哲學的代表人物，斯多葛派的基本生活準則就是按照本性生活。本卷一開篇就告訴我們，是理性支配著宇宙，所有事物都是根據這一理性來創造和完善的。人也是這樣，人的本性和宇宙的支配力量是一致的。在本卷快要結束時，作者又說：「沒有任何人能阻止你按照自己的理智本性去生活；沒有任何違反宇宙理智本性的事情對你發生。」按照本性生活，接受一切現實，才是循正道而行。

在任何環境和疾病中歡愉如常

從阿珀洛尼厄斯那裡，我懂得了意志的自由，懂得了在喪子和久病的劇烈痛苦中鎮定如常。

從馬克西穆斯那裡，我學會了自制，不為任何東西所左右，在任何環境裡和疾病中歡愉如常。

每一件發生的事情都像春天的玫瑰和夏天的果實一樣親切且為人熟知，因為疾病、死亡、誹謗以及任何別的使愚蠢的人喜歡或煩惱的事情就是這樣。

當你在某種程度上因環境所迫而煩惱時，迅速地轉向你自己，一旦壓力消失就不要再繼續不安，因為你將透過不斷地再回到自身而達到較大的和諧。

我履行我的義務，其他的事物不會使我苦惱，因為它們或者是沒有生命的物體，或者是沒有理性的事物，或者是誤入歧途或不明道路的存在。

《沉思錄》裡時常強調一種不為外物所動的心靈狀態，「不為任何東西所左右，在任何環境裡和疾病中歡愉如常」。在漫長的人生旅途中，苦難並不可怕，受挫折也無需憂傷。只要心中的信念沒有萎縮，你的人生旅途就不會中斷。

不要抱怨生活給了你太多的磨難，不要抱怨生活中有太多的曲折，更不要抱怨生活中存在的不公。沒有一片海域沒有波瀾，沒有一片藍天不會下雨，沒有一種人生不會遭遇不幸。其實，人生的不幸就像海上波瀾、天空中的陰霾一樣自然。

19世紀的時候，英國勞合社曾基於它不可思議的經歷及在保費方面給

他們帶來的可觀收益，從拍賣市場買下了一艘船，這艘船西元 1894 年下水，在大西洋上曾撞上 138 次冰山，116 次觸礁，13 次火災，207 次被風暴扭斷桅杆，然而它從沒有沉沒過。

但是，讓這艘船名揚天下的並不是勞合社，而是來此觀光的一名律師。當時，他剛打輸了一場官司，委託人自殺了。儘管他以前也有過失敗的辯護，而且也不是第一次遭遇當事人因敗訴而自殺的事件。但是遇到這樣的事，他還是有一種負罪感。他不知道該如何安慰那些遭受了人生不幸的人，他們有的被騙得血本無歸，有的被罰得傾家蕩產，有的因輸了官司而落得債務纏身。他看到了這艘船，忽然想為什麼不讓他們來參觀這艘船呢？看看這艘遭遇了無數次磨難、卻永不沉沒的船，也許會對他們有一些啟發。他就把這艘船的歷史抄下來和這艘船的照片一起掛在他的律師事務所裡，每當商界的委託人請他辯護，無論輸贏，他都建議他們去看看這艘船。

據英國《泰晤士報》（*The Times*）報導，截至 1987 年，已有 1,230 萬人次參觀過這艘船，僅參觀者的留言本就有 170 多本。吸引人們觀看的原因不是這艘船的輝煌歷史，恰恰是它身上的累累傷痕。

這艘船告訴人們，在大海上航行的船沒有不帶傷的，而在生活的海洋中航行的我們，受到傷害也是自然的。重要的不是糾纏於這些不幸，擴大傷口，直至沉淪，而是應該想辦法擺脫過去的失敗和痛楚，如此才能永遠以最堅強的姿態搏擊風雨。

一個小男孩出生的樣子，讓所有見到的人都傷心至極 —— 他的身體只有可樂罐那麼大，腿是畸形的，而且沒有肛門，躺在觀察室裡奄奄一息。醫生斷言，這孩子幾乎不可能活過 24 小時。可是他的父親在為他準備好了小衣服、小棺材和墓地後，回到醫院發現他居然還活著。醫生又

說，這孩子不能活過一週，但是他掙扎著活了一週又一週……父親將他帶回家，取名約翰．庫提斯（John Coutis）。

小約翰實在太小了，在他眼裡，周圍的一切都是龐然大物，他對一切都充滿了恐懼，連家裡的狗都欺負他。父親對他說：「你必須自己面對一切恐懼，勇敢起來！」到了上學的年齡，當他背著比他個頭還大的書包、坐在輪椅上靠近校門時，沒想到更因個頭矮小吃盡了苦頭。

那些調皮的孩子把他當成了隨意戲弄的玩具，他們故意掀翻他的輪椅，看他掙扎；他們弄壞他輪椅上的剎車，看他失控的樣子；他們甚至用繩子綁住他的手，用膠紙封住他的嘴，把他扔進垃圾箱裡，還在垃圾箱旁邊點燃了火……有一次幻燈課上，約翰出來上廁所，可是，他在黑暗中每移動一步，都感到鑽心的疼痛。當他來到光亮處，才發現自己手上刺滿了圖釘，鮮血直流。

約翰終於無法忍受了，回到家，望著鏡中的自己，想著自己一次次被折磨、被侮辱的遭遇，他放聲大哭。他想到了死亡，想到了自殺，只是捨不得疼愛他的雙親……

因為約翰的兩條腿畸形，就像尾巴一樣翹起來，不僅派不上用場，而且行動非常不方便。1987 年，17 歲的他做了腿部的切除手術，成了「半個人」，但行動卻變得自如了。

高中畢業後，約翰渴望找一份工作自食其力，每天早晨，他趴在滑板上敲開一家又一家的店門，問老闆是否願意僱用他。人家打開門，根本就沒有發現幾乎趴在地上的「半個」約翰，就又把門關上了。

不知道失敗了多少次，約翰終於在一家雜貨店找到自己的第一份工作。後來他又做過銷售員、技術工人，還在一個儀錶公司轉過螺絲釘。那時，他每天凌晨 4 點半起床，趕火車到鎮上，然後爬上他的滑板，從車站

趕到幾千公尺外的工廠。儘管生活艱辛，但是能夠自食其力，他還是非常開心。

約翰雖然身患殘疾，但是愛好體育運動，他從 12 歲就開始打輪椅橄欖球。由於他沒有雙腿，做事全靠雙手的力量，使得他的手臂力量驚人。1994 年，約翰·庫提斯成了澳洲殘障人網球賽的冠軍；2000 年，拿到澳洲體育機構的獎學金，並在全國健康舉重比賽中排名第二。

一個偶然的演講機會，開創了他人生的全新局面。那次他應邀對自己的經歷做簡短演講，很多聽眾聽了他的故事感動得流下了眼淚，還有一個女孩，因此而放棄了自殺的念頭。這讓約翰決定走上講臺，講述自己經歷過的恐懼和憂傷，講出自己的掙扎和打拚，給他人以啟迪。於是，他開始到世界各地演講，他的故事激勵著更多的人，讓更多的人走出了陰暗，走出了泥濘。

約翰·庫提斯有句名言：別對自己說不可能。正是因為有了這種信念，他可以開著經過改裝的汽車周遊世界，可以去潛水，可以大膽地追求自己的愛情，並贏得幸福和尊敬。

我們認為一帆風順才是真正的人生，遇到一點挫折就感覺天崩地裂、世界末日到了，卻不知道這個世界上有許多人是不幸的，只是你只看到了別人風光的一面，而忽略了其不為人知的一面。

點石成金

　　上天是公平的，給誰的都不會太多也不會太少，那些取得了人生成就的人，並沒有得到上天更多的饋贈，他們只是不善抱怨，善於奮起。沒有人能隨隨便便成功，更沒有誰的人生永遠順風順水。哪怕我們的人生之路坎坷艱難，荊棘叢生，但只要我們坦然去面對，就一定能戰勝苦難，取得最後的勝利。真正的強者，不是沒有受過傷，而是能夠堅強地修復傷口，繼續勇敢前進。

　　「不為任何東西所左右，在任何環境裡和疾病中歡愉如常」，把「疾病、死亡、誹謗、背叛」看做「像春天的玫瑰和夏天的果實一樣親切並且為人熟知」，「透過不斷地再回到自身而達到較大的和諧」，熟諳了馬可·奧理略的這些原則和理念，可以讓我們在任何境遇都歡愉如常。

團體和個人是利益共同體

那些對蜂群不好的東西，對蜜蜂也不是好的。

那些不損害國家的事情，也不會損害公民。

對所有看來是損害的現象，都適用於這一規則：如果國家不受其損害，那我也沒有受到損害。

馬可・奧理略強調整體概念，強調整體和個體的利益一致。在現實中，個人利益經常被視為團體利益的對立面，這種傾向不利於個人發揮主觀能動性更好地服務團體，也給團體的蓬勃發展蒙上了陰影。

個體利益與團體利益息息相關，因為我們每個人都是團體的一分子，我們與團體共生共榮。任何損害團體的事，最終都會影響到個人。同樣，有益於團體的事，個人也會受惠。時常問問自己：你能為普遍利益做些什麼？

電影《美麗境界》（*A Beautiful Mind*）在 2001 年獲得了奧斯卡最佳影片獎。影片描述的是 1994 年諾貝爾經濟學獎獲得者小約翰・納許（John Nash Jr.）的一生。片中有一幕暗示了納許所要證明的理論。

納許和他的四位同事看見一個金髮美女和她的四位朋友走進了房間。納許的四個朋友都為她的魅力所傾倒。

其中一位朋友說：「且慢，你們都忘了嗎？回想一下現代經濟之父亞當・史密斯（Adam Smith）的一個教訓 —— 就競爭而言，個人的野心會為全人類造福。先生們，古老的理論是人人為自己，而那些開始新生活的人們將忠實於他們的朋友。」

考慮以上情形後，納許認為，亞當・史密斯的這個理論需要作一些修

改。如果他們都去追求這位金髮美女，並且互相排擠，那麼很可能誰都追不到她。而且這樣會得罪其他女孩。誰願意做第二？所以最好的策略是，他們都不去追求那位金髮女郎，這樣就可以取悅其他女孩，而且每個人都可獲勝。

他說：「亞當‧史密斯說，『最好的結果是這組中的每個人都做對自己最有利的事情，對嗎？』這就是他所說的。」

對嗎？不完全對，因為最好的結果是每個人都做對自己和團體最有利的事情。這才是最主要的。

事實上，納許的平衡理論最初應用於遊戲中，後來才應用到生活的不同方面，包括：經濟、社會、政治、戰爭，甚至植物學中。在經濟學上，納許證明了有更好且更文明的方式可以獲得財富，而不是無節制地謀私利。他證明，團結合作遠比競爭更有效。

點石成金

最好的結果是每個人都做對自己和團體最有利的事情，這表現了一種「文明組織學」。應用到現實生活，那就是每個人都應在考慮團體利益的前提下，去做對自己有利的事情。這要求我們對團體盡心盡責，使自己的行為符合社會利益，這是最理想的模式。我們深信，神聖而「看不見的手」會協調每件事，並揭示這個隱藏著永久財富的祕密。

「那些不損害國家的事情，也不會損害公民」，馬可‧奧理略永遠把個體的利益和整體利益放在一起來考慮，這種觀念也是我們身為一個社會人所要遵循的原則。

幸福生活所需很少

　　你看到一個人只要把握多麼少的東西就能過一種寧靜的生活，就會像神的存在一樣；因為就神靈來說，他們不會向注意這些事情的人要求更多的東西。

　　要總是把這牢記在心：過一種幸福生活，所需要的東西確實是很少的。

　　斯多葛派哲學追求一種節制的境界 —— 節制物欲，節制感情。馬可·奧理略說，「要總是把這牢記在心：過一種幸福生活所需要的東西確實是很少的」。

　　天下熙熙，皆為利來；天下攘攘，皆為利往。世間對於功利的追求從來都是永不停息，永不滿足的。人們心中無時無刻不充斥著各式各樣的欲望，這樣的心靈是無法獲得寧靜和幸福的。面對誘惑，如果不能保持理智，不能學會知足和珍惜，我們的心就會折磨我們。一個人發自內心的幸福並不需要擁有太多，如果為了追求一些多餘的東西而破壞了內心的平靜，是得不償失的。

　　人們常常需要提醒，才會想起自己擁有的幸福。我們來看這樣一段話：

　　「如果你早上醒來發現自己還能自由呼吸，你就比在這個星期中離開人世的人更有福氣。」

　　「如果你從來沒有經歷過戰爭的危險、被囚禁的孤寂、受折磨的痛苦和忍飢挨餓的難受……你已經好過世界上 5 億人了。如果你能夠參加一個宗教聚會而沒有侵擾、拘捕、施刑或死亡的恐懼，你已經比 30 億人更幸福了。如果你的冰箱裡有食物，身上有足夠的衣服，有屋棲身，你已經比

世界上 70% 的人更富足了。」

「根據聯合國『世界糧食日』資料顯示，全球有 36 個國家目前正陷於糧食危機當中；全球仍有 8 億人處於飢餓狀態，第三世界的糧食短缺問題尤為嚴重。在發展中國家，有兩成人無法獲得足夠的糧食，而在非洲大陸，有三分之一的兒童長期營養不良。全球每年有 600 萬學齡前兒童因飢餓而夭折！」

「如果你的銀行帳戶有存款，錢包裡有現金，你已經身居於世界上最富有的 8% 之列！如果你的雙親仍然在世，並且沒有分居或離婚，你已屬於稀少的一群。如果你能抬起頭，面容上帶著笑容，並且內心充滿感恩的心情，你是真的幸福了 —— 因為世界上大部分的人都可以這樣做，但是他們卻沒有。如果你能握著一個人的手，擁抱他，或者只是在他的肩膀上拍一下……你的確有福氣了 —— 因為你所做的，已經等於上帝才能做到的。」

「如果你能讀到這段文字，那麼你更是擁有了雙份的福氣，你比 20 億不能閱讀的人不是幸福很多嗎？」

一位美國老師曾給他的學生講過一件令其終生難忘的事情。

「我曾是個不會滿足的人，」他說道，「但是，1934 年的春天，我走過韋布城的西多提街道，有個景象掃除了我所有的不滿和憂慮。事情的發生只有十幾秒鐘，但就在那一剎那，我對生命意義的了解，比在前 10 年中所學的還多。那兩年，我在韋布城開了家雜貨店，由於經營不善，不僅花掉所有的積蓄，還負債累累，估計得花 7 年的時間償還。我剛在星期六結束營業，準備到『商礦銀行』貸款，好到堪薩斯城找一份工作。我像一隻鬥敗的公雞，沒有了信心和鬥志。突然間，有個人從街的另一邊過來。那人沒有雙腿，坐在一塊安裝著溜冰鞋滑輪的小木板上，兩手各用木棍撐著

向前行進。他橫過馬路，微微提起小木板準備登上路邊的人行道。就在那幾秒鐘，我們的視線相遇，只見他坦然一笑，很有精神地向我問好：『早安，先生，今天天氣真好啊！』我望著他，突然體會到自己何等的富有。我有雙腳，可以行走，為什麼卻如此自憐？這個人缺了雙腿仍能快樂自信，我這個四肢健全的人還有什麼不能的？我挺了挺胸膛，本來準備到『商礦銀行』只借 100 美元，現在卻決定借 200 美元；本想說我到堪薩斯城想找份工作，現在卻有信心地宣稱：我到堪薩斯城去找一份工作。結果，我借了錢，找到了工作。」

人們總是抱怨自己沒有這些，沒有那些，總是不肯提醒自己，已經擁有什麼，這樣的話，他們永遠無法滿足，也永遠活在需求和匱乏之中，過一種幸福生活真正所需要的東西並不多，但遺憾的是，我們常常需要提醒才能注意到這一點。

兩個墨西哥人沿密西西比河淘金，到了一個岔路分了手，因為一個人認為阿肯色河可以淘到更多的金子，一個人認為去俄亥俄河發財的機會更大。十年後，進入俄亥俄河的人果然發了財，在那裡他不僅找到了大量的金沙，而且建了碼頭，修了公路，還使他落腳的地方成了一個大集鎮。現在俄亥俄河岸邊的匹茲堡市商業繁榮，工業發達，無不起因於他的拓荒和早期開發。

進入阿肯色河的人似乎沒有那麼幸運，自分手後就沒了音訊。有的說已經葬身魚腹，有的說已經回到了墨西哥。直到 50 年後，一個重 2.7 公斤的天然金塊在匹茲堡引起轟動，人們才知道他的一些情況。當時，匹茲堡《新聞週刊》的一位記者曾對這塊金子進行追蹤，他寫道：「這顆全美最大的金塊來源於阿肯色，是一位年輕人在他屋後的魚塘裡發現撿到的，從他祖父留下的日記看，這塊金子是他的祖父扔進去的。

　　隨後，《新聞週刊》刊登了那位祖父的日記。其中一篇是這樣的：昨天，我在溪水裡又發現了一塊金子，比去年淘到的那塊更大，進城賣掉它嗎？那就會有成百上千的人擁向這裡；我和妻子親手用一根根圓木搭建的棚屋、揮灑汗水開墾的菜園和屋後的池塘、還有傍晚的火堆、忠誠的獵狗、美味的燉肉、山雀、樹木、天空、草原、大自然贈給我們的珍貴的靜逸和自由都將不復存在。我寧願看到它被扔進魚塘時蕩起的水花，也不願眼睜睜地望著這一切從我眼前消失。

　　西元 1760 年代正是美國開始創造百萬富翁的年代，每個人都在瘋狂地追求金錢。可是，這位淘金者卻把淘到的金子扔掉了，有很多人認為這是《天方夜譚》，直到現在還有人懷疑它的真實性。可是筆者始終認為它是真的。因為在筆者的心目中，這位淘金者是一位真正淘到金子的人。

點石成金

　　人到無求品自高。在這個充滿誘惑的花花世界，要獲得內心的平靜和幸福，並不是一件容易的事。羅馬政治學家、哲學家塞內卡（Seneca）說：「如果你一直覺得不滿足，那麼即使你擁有了整個世界，也會覺得傷心。」人的生存需求其實要求不高，但一個人的欲望卻可以膨脹到無窮。所以，我們要時時警醒自己，抑制自己無限膨脹的欲望，把自己對生活的要求，限制在合理的水準，以保證自己行為端正，心地洞明。

　　「過一種幸福生活所需要的東西確實是很少的」，馬可・奧理略反覆提醒我們，一定要約束自己的欲望。

適應你命中注定的環境

要使你自己適應於命運注定要使你和它們在一起的事物，以及你注定要和他們生活在一起的那些人，要愛他們，真正地、忠實地這樣做。

我們每個人都會有一些命中注定的東西，如家庭環境，你的另一半等等，當你對這些不滿時，你會怎樣做呢？馬可‧奧理略這樣告訴我們，「要使你自己適應於命運注定要使你和它們在一起的事物，以及你注定要和他們生活在一起的那些人，要愛他們，真正地，忠實地這樣做」。

改變周圍的環境，想必是很多人都有過的夢想。很多時候面對大環境，身為個體，我們是無能為力的，但是我們可以改變自己。

很久以前，人類都是赤腳行走的。一位國王去偏遠的鄉間旅遊，路上有很多碎石頭，把他的腳刺得很痛，他大怒，回到皇宮後，就下令將國內的所有道路都鋪上一層牛皮。他覺得這樣做，不僅自己不再受苦，全國老百姓也都可以免受石頭刺腳之苦了。

願望是好的，問題是哪裡來那麼多牛皮？就算把全國所有的牛都殺了，也籌措不到足夠的皮革，這還不算用牛皮鋪路所花費的金錢、動用的人力。但既然是國王的命令，誰敢說個「不」字呢？

就在大家為此發愁的時候，一個聰明的大臣大膽向國王諫言說：「國王啊！為什麼您要勞師動眾，犧牲那麼多頭牛，花費那麼多金錢呢？您何不只用兩小片牛皮包住您的腳，這樣不就免受石頭刺腳之苦了嗎？」

國王一聽，覺得方法不錯，於是立刻收回命令，改用這位大臣的建議。據說，這就是「皮鞋」的由來。

可見，想改變世界，很難，而改變自己則容易得多。與其改變全世

界，不如先改變自己。當你改變了自己，你眼中的世界自然也就跟著改變了。所以，如果你希望看到世界改變，那麼第一個必須改變的就是自己。

在英國西敏寺的地下室，聖公會主教的墓碑上寫著這樣一段話：

當我年輕的時候，我的想像力沒有受到任何限制，我夢想改變整個世界。

當我漸漸成熟明智的時候，我發現這個世界是不可能改變的，於是我將眼光放得短淺了一些，那就只改變我的國家吧！但是這也似乎很難。

當我到了遲暮之年，抱著最後一絲希望，我決定只改變我的家庭、我親近的人——但是，唉，他們根本不接受改變。

現在在我臨終之際，我才突然意識到：如果起初我只改變自己，接著我就可以改變我的家人。然後，在他們的激發和鼓勵下，我也許就能改變我的國家。再接下來，誰知道呢，或許我連整個世界都可以改變。

當我們沒有能力去改變環境的時候，尤其是環境不利於我們的時候，就改變自己，這是一種智慧，一種策略。伊索寓言中有一個故事：一陣狂風，把一棵大樹連根拔起。大樹看到旁邊池塘裡的蘆葦就問：「為什麼這麼粗壯的我都被風吹斷了，而這麼纖細的你卻什麼事也沒有呢？」蘆葦回答說：「我知道自己軟弱無力，就低下頭讓路給風，避免了狂風的衝擊；而你卻拚命抵抗，結果被狂風吹斷了。」

我們常常抱怨別人身上的某些缺點，甚至難以忍受，都是因為我們想改變別人，而事實上這並不可能。與其在抱怨中製造壞情緒，不如試著去改變自己，也許局勢就會朝著有利於你的方向發展。

漢克斯在德國的佛萊堡大學拿到了碩士學位，是位礦冶工程師。他滿懷信心地去找美國西部的大礦主赫斯特應徵，卻遇到了麻煩。

礦主赫斯特是個脾氣古怪又很固執的人，他自己沒有文憑，也不相信

那些文質彬彬又專愛講理論的工程師。漢克斯遞上自己的引以為傲的文憑，滿心以為老闆會對他另眼相看，沒想到赫斯特很不禮貌地對漢克斯說：「對不起，我可不需要什麼文縐縐的工程師。德國佛萊堡大學的碩士，你的腦子裡裝滿了一大堆沒有用的理論。」

漢克斯聽了他的話，沒有生氣地扭頭走人，而是故作神祕地說：「假如你答應不告訴我父親的話，我要告訴你一個祕密。」

赫斯特表示同意，於是漢克斯對赫斯特小聲說：「其實我在德國的佛萊堡並沒有學到什麼，那3年就是混日子。我之所以在那待到畢業，完全是因為我的父親，他身體不太好，我不想惹他不高興。」

赫斯特聽了讚許地點點頭說：「好，那明天你就來上班吧。」

相信大多數人在遇到赫斯特這樣一位頑固不化的老闆，會氣憤地甩手走人，並且會向其他人抱怨自己曾遇到了一個多麼可笑和固執的老闆。漢克斯卻沒有這麼做，他沒有抱怨，而是隨機應變，迎合了他的觀點，最終得到了這份工作。這一點改變也完全沒有影響到漢克斯在大學裡學到的東西，重點在於他因此而得到了這份工作，也許我們不得不佩服他是聰明的。

抱怨縱然能解一時怒氣，但是並不能解決問題，更不能讓我們成為最後的贏家，所以，為了更長遠的利益，抱怨別人不如改變自己。

不僅僅是工作中如此，在家庭生活中適應注定和你生活在一起的人，也需要極大的忍耐力和高超的智慧，不然，你的家庭生活將會成為一場悲劇。

托爾斯泰（Tolstoy）是歷史上最著名的小說家之一，他那兩部名著《戰爭與和平》和《安娜‧卡列尼娜》，在文學領域中永遠閃耀著光輝。

托爾斯泰備受人們愛戴，他的讚賞者甚至於終日追隨在他身邊，將他

所說的每一句話都快速地記錄下來。

除了美好的聲譽，托爾斯泰和他的夫人有財產、地位、孩子。他們的結合似乎是太美滿了，以至於他們經常禱告，希望能夠繼續賜給他們這樣的快樂。

但是後來，托爾斯泰漸漸地改變了。他變成了另外一個人，他對自己過去的作品竟然感到羞愧。就從那時候開始，他把剩餘的生命貢獻於寫宣傳和平、消弭戰爭和解除貧困的小冊子。

他為自己在年輕時候犯過的各種不可想像的過錯而懺悔。他要真實地遵從耶穌基督的教導。他把所有的田地給了別人，自己過著貧苦的生活。他去砍木、堆草，自己做鞋、自己掃屋，用木碗盛飯，而且嘗試盡量去愛他的仇敵。

他的妻子喜愛奢侈、虛榮，可是他卻輕視、鄙棄這些；她渴望著顯赫、名譽和社會上的讚美，可是托爾斯泰對這些卻不屑一顧；她希望有金錢和財產，而他卻認為財富和私產是一種罪惡。

這樣經過了好多年，她吵鬧、謾罵、哭叫，因為他堅持放棄他所有作品的出版權，不收任何的稿費、版稅。可是，她卻希望得到那方面帶來的財富。

當他反對她時，她就會像瘋了似的哭鬧，躺在地板上打滾。她手裡拿了一瓶鴉片煙膏，要吞服自殺，還恫嚇丈夫，說要跳井。

他們開始的婚姻是非常美滿的，可是經過 48 年後，他已無法忍受再看到自己妻子一眼。

在某一天的晚上，這個年老傷心的妻子渴望著愛情。她跪在丈夫膝前，央求他朗誦 50 年前 —— 他為她所寫的最美麗的愛情詩章。當他讀到那些美麗、甜蜜的日子 —— 現在已成了逝去的回憶時，他們倆都激動地

痛哭起來……

最後，當他 82 歲的時候，托爾斯泰再也忍受不了家庭折磨的痛苦，在 1910 年 10 月的一個大雪紛飛的夜晚，他毅然逃出家門 —— 逃向酷寒，不知去向。

經過 11 天後，托爾斯泰患了肺炎，倒在一個車站裡。他臨死前的請求是：不允許他的妻子來看他。

托爾斯泰夫人在臨死前向她女兒懺悔說：「你父親的去世，是我的過錯。」她的女兒們沒有回答，而是失聲痛哭起來。

身處社會，就要與形形色色的人打交道，顯然並不是每個人都如我們期望的樣子，甚至他們會為了某個目的而不擇手段，我們無可奈何，抱怨更是無濟於事，不如學會忍耐，改變自己，去贏得最後勝利的機會。

點石成金

生活中，我們就應該像蘆葦，儘管軟弱，但有智慧。面對狂風襲來，不是試圖與之對抗，而是伏下身子，低頭彎腰，化險為夷。更重要的是，積蓄力量，在機會到來之時，進行全力衝刺。而面對家庭，面對朝夕相處的家人，適應他們就顯得更為重要，因為他們命中注定永遠與你相連，你唯有適應他們，愛他們，才能贏得幸福。

「要使你自己適應於命運注定要使你和它們在一起的事物，以及你注定要和他們生活在一起的那些人，要愛他們，真正地，忠實地這樣做」，這是一種直面現實，忠於現實的哲學，每個人都需要這種哲學。

以體育競技的精神來解決爭端

假設在體育競技中，一個人的指甲抓傷了你的皮膚，或者在衝撞到你的頭時，使你受了傷，那麼，我們不會有什麼神經質的表現，不會以為他要殺我們，我們也不會隨後懷疑他是一個背信棄義的夥伴；我們雖然還是防範他，但無論如何不能把他當作一個敵人，也不帶猜疑，而是平靜地讓開。請你在你生活的所有別的方面也這樣做吧！不要對那些好比是體育場上的對手一樣的人們多心。

斯多葛哲人的個性就是與人為善，不輕易以惡意揣度別人。馬可·奧理略提供一種看待爭端的思維方式，展現了一種高度的精神文明。如果在生活中有人冒犯了你，就當是在體育競技中被別人抓傷了皮膚或是打破了頭，視為意外傷害，不必念念不忘。把生活中的一切爭端，都看做是體育場上的一場競技，你就不會有太強的得失心，也不會對傷害你的人有強烈的仇恨。人類越文明，就越會選擇一種和平的方式解決爭端，而遠離流血和傷害。

十多年前，一位旅行家到馬來半島旅遊。半島地處熱帶，雨林蓊鬱，繁花似錦，五顏六色的奇異鳥類在空中飛翔鳴唱。海岸邊，碧波起伏，沙灘如玉。島上的土著居民一身陽光染就的健康膚色，從容而快樂。自然風光讓旅行家如痴如醉，淳樸民風更讓他流連忘返。特別是偶然遇到的一場奇異的決鬥場面，更讓他眼界大開。

決鬥者是兩名薩凱部落的男青年，幾乎一樣健壯、一樣帥氣。他們滿臉嚴肅地走到決鬥的地點，赤裸著上身，一副不是魚死就是網破的神情。令旅行家大惑不解的是，決鬥者的手中，既沒有槍，也沒有劍，而是一人

握著一根孔雀翎。孔雀翎就是孔雀的尾羽。他們握住上端的羽梗，將下端圓圓的中間有一隻美麗「眼睛」的尾部指向對方，找好適當距離站定。

決鬥開始了，只見他們舉起「武器」，把那美麗的「眼睛」觸向對方赤裸的上身，而且專找那些最薄弱的地方，千方百計地給對方搔癢。隨著時間的推移，兩人的表情也發生著微妙的變化，由怒氣衝衝慢慢地變成了「忍俊不禁」，最後，一方終於難耐「折磨」，控制不住笑出聲來，決鬥即告結束。決鬥後的雙方竟然怒氣全消，互相拍拍肩膀，一前一後地離開了。

旅行家問導遊：「這是不是一場特意安排的幽默表演？」導遊肯定地答覆說：「絕對不是。這是薩凱部落的一個傳統習俗，什麼時候產生的不知道，但確實已流傳了好多年。在這個部落裡，一個人若以為受到了別人的侮辱，便可以用決鬥來洩憤。決鬥的方式只有一種，就是你剛才看到的。決鬥的時間沒有限制，可以從早再到晚，直到一方笑出了聲，方告結束。先笑者為輸家。笑過之後，冤家對頭往往會握手言和。剛才的兩個小夥子是一對情敵，為一個女孩互不相讓，所以只好決鬥。決鬥後勝者高興，輸者也心悅誠服，因為世代相傳的遊戲規則，早已內化為自覺遵守的觀念。這樣的決鬥，不僅能使難題迎刃而解，而且雙方身體都不會受到傷害，更不會造成流血。」

人們不會想到在這種近乎原始的地方，竟然存在著如此高超的生存智慧，如此充滿藝術魅力的維護尊嚴的方式。

人人都有尊嚴，人人都需要維護自己的尊嚴，但由於方法不同，效果就會有天壤之別。是用孔雀翎維護尊嚴，還是依靠你死我活的決鬥維護尊嚴？有決定作用的似乎不是物質財富的多少和文化水準的高低，而是心靈的抉擇，是善良寬容還是自私狹隘。

點石成金

「不要對那些好比是體育場上的對手一樣的人們多心」，如果把一切爭端，看做是體育場的競技，就不會引起衝突雙方的強烈敵意，讓我們掌握這種思維方式吧！

外表是理智奇妙的曲解者

當我們面前擺著肉類這樣的食物，我們得到這樣一些印象：這是一條魚死去的身體，這是一隻鳥和一頭豬死去的身體，以及，這種飲料只是一點葡萄汁，這件紫紅袍是一些被血染紅的羊毛，這些印象就是如此，它們達到了事物本身，貫穿其底蘊，所以我們看到了它們是什麼。我們在生活中，恰恰應以同樣的方式做一切事，對於那些看來最值得我們嘉許的事物，我們應使它們赤裸，注意它們的無價值，剝去所有提高它們的言詞外衣。因為外表是理智的一個奇妙的曲解者，當你最相信你是在從事值得你努力的事情時，也就是它最欺騙你的時候。

怎樣才能洞察事實的真相呢？馬可·奧理略說，「使它們赤裸，注意它們的無價值，剝去所有提高它們的言詞外衣」，只有「達到了事物本身，貫穿其底蘊」，我們才能看清事物的本質。

人們常說，眼見為實。可是，現實世界紛繁複雜，眼睛看到的不一定是事實，因為事物的外表會欺騙人，會造成你對事實真相的曲解。而一些別有用心的人也會蓄意用虛假的表象來掩蓋真實。隨著經驗和閱歷的增加，我們才能去偽存真，逐漸學會辨別什麼是真正的事實，才不會被事物的表象所蒙蔽。

有些事並不像它看上去那樣，真相有時會曲折地隱藏在表象下面。

有一天，幾個弟子為了「大悟」一意，爭得面紅耳赤。

於是，他們幾個一起來到智禪大師的棲室，問道：「這世間，何謂『大悟』呢？」

智禪大師微笑著說：「大悟自在心靜中……」

那幾個徒弟還有些迷惑。

午膳之前，智禪大師帶著那幾個弟子來到後山的李子林裡。樹頭上的李子大都熟透了，紫裡透紅的果實，散發出一縷縷誘人的芳香。

智禪大師吩咐兩個弟子，從樹上採摘了一竹簍李子。而後，他讓在場的每一位弟子品嘗，李子的汁液像蜜汁一樣甘甜。

待吃完之後，智禪大師帶著弟子走到一個小小的水潭前，他俯身掬起一捧潭水喝了起來。然後，他讓弟子們也嘗一下。

弟子們紛紛仿效師傅的樣子，喝了幾口潭水。

智禪大師問：「小潭的水質如何呢？」

弟子們又用舌頭舔了舔嘴唇，回答說：「小潭裡的水，比我們捨近求遠挑來的水甜多了。往後，我們可以到這小潭來挑水吃呀！」

這時候，智禪大師便讓一個弟子提了一木桶潭水。然後，他們回到寺院。午膳之後，智禪大師讓每一個弟子都重新來品嘗一下從後山小潭打回來的水。

弟子們嘗過之後，大都將水從口裡吐了出來，一個個都皺起了眉頭。因為，這些水很澀，而且滿是一股腐草味。

智禪大師解釋道：「為什麼同一個小潭裡的水，卻有兩種不同的滋味呢？因為你們先前品嘗的時候，都吃過李子，口裡留有李子的餘汁，所以就把這水的澀味給掩蓋了。」

眾弟子們都認同地點了點頭。

智禪大師看了看徒弟們，意味深長地說：「這世上有些事情，即使你我親自體驗過，也未必觸及到它們的本質。因為往往有些事情，一時會被繁華的假象給迷惑了，『大悟』就是這個道理呀！你我必須有一顆平靜的心，才能拋卻那些虛榮和繁華啊！」

這世上有些事情，即使親自體驗過，也未必觸及到它們的本質。因為往往有些事情的真相，一時會被繁華的假象掩蓋。

一戶人家養了一條狗和一隻貓。

狗是勤快的。每天，當主人家中無人時，狗便豎起兩隻耳朵，虎視眈眈地巡視在主人家的周圍，哪怕有一丁點的動靜，狗也要狂吠著疾奔過去，就像一名恪盡職守的員警，兢兢業業地為主人家做著看家護院的工作。

每當主人家有人時，牠的精神便稍稍放鬆了，有時還會伏地沉睡。於是，在主人家每一個人的眼裡，這隻狗都是懶惰的，極不稱職的，便也經常不餵飽牠，更別提獎賞牠好吃的了。

貓是懶惰的。每當家中無人時，便伏地大睡，哪怕三五成群的老鼠在主人家中肆虐。睡好了，就到處散散步，活動活動身子骨。等主人家中有人時，牠的精神也養好了，這邊看看那邊望望，就像一名恪盡職守的員警。時不時地，牠還要去給主人舔舔腳、逗逗趣。在主人的眼中，這無疑是一隻極勤快、極盡職守的貓。好吃的自然給了牠。

由於貓的不盡職守，而導致主人家的老鼠越來越多。終於有一天，老鼠將主人家唯一值錢的家當咬壞了，主人十分震怒。他對家人說：「你們看看，我們家的貓這樣勤快，老鼠還猖狂到了這種地步，我認為一個重要的原因就是那隻懶狗，牠整天睡覺也不幫貓抓幾隻老鼠。所以現在，我鄭重宣布，將狗趕出家門，再養一隻貓。大家意見如何？」家人紛紛附和。

於是，狗被一步三回頭地趕出了家門。自始至終，牠也不明白主人趕牠走的原因。牠只看到，那隻肥貓在牠身後竊竊地、輕蔑地笑著。

德國詩人歌德曾說，真理就像上帝一樣，我們看不見它的本來面目，我們必須透過它的許多表現，而猜測到它的存在。真理往往藏在一大堆假

象之中，我們的眼睛、我們的心智，甚至我們道德上的缺失，都會阻止我們發現真理，從而做出錯誤的判斷。我們都要時刻提醒自己，不要為事物的外表所迷惑，不要輕信不實之言，擦亮眼睛，盡可能做一個符合事實的決定。

點石成金

「外表是理智的一個奇妙的曲解者」、「對於那些看來最值得我們嘉許的事物，我們應使它們赤裸，注意它們的無價值，剝去所有提高它們的言詞外衣」、「當你最相信你是在從事值得你努力的事情時，也就是它最欺騙你的時候」，馬可‧奧理略告訴我們，世人熱切追求的很多東西，其實並無價值，並不值得為之努力，不要為其曲解的外表所迷惑。

多欲不會使人自由

　　如果這目的是好的，你將不追求任何別的東西。你還要重視許多別的東西嗎？那麼你將不會自由，對於你自己的幸福不會知足，不會擺脫熱情。因為這樣你必然會是嫉妒的、吝惜的、猜疑那些能奪走這些東西的人，策劃反對那些擁有你所重視的這些東西的人。想要這樣一些東西的人，必定會完全處在一種煩惱不安的狀態，此外，他一定會常常抱怨神靈。而尊重和讚頌你自己的心靈，將使你滿足於自身，與社會保持和諧，與神靈保持一致，亦即，讚頌所有他們給予和命令的東西。

　　前面也提到了，斯多葛哲學提倡節制，這種節制令他們獲得平靜和自由，「尊重和讚頌你自己的心靈將使你滿足於自身，與社會保持和諧，與神靈保持一致」，這種節制源於一種理智的控制。馬可・奧理略告訴自己，「不要被感官或嗜欲的運動壓倒，因為這兩者都是動物的，而理智活動卻要取得一種至高無上性，不允許自己被其他運動所凌駕」。

　　欲望的永不滿足不停地誘惑著人們追求物欲，然而過度地追逐利益往往會使人迷失生活的方向，因此，凡事適可而止，才能把握好自己的人生方向。

　　幾個人在岸邊垂釣，旁邊幾名遊客在欣賞海景。只見一名垂釣者竿子一揚，釣上了一條大魚，足有一尺多長。可是釣者卻解下魚嘴裡的釣鉤，順手將魚丟進海裡。

　　圍觀的人發出驚呼，這麼大的魚還不能令他滿意，可見垂釣者雄心之大。

　　就在眾人屏息以待之際，魚竿又是一揚，這次釣上的還是一條一尺長

的魚，釣者仍是不看一眼，順手扔進海裡。

　　第三次，釣者的釣竿再次揚起，只見釣線末端鉤著一條不過幾寸長的小魚。眾人以為這條魚也肯定會被放回，不料釣者卻將魚解下，放回自己的魚簍中。

　　眾人百思不得其解，就問釣者為何捨大而取小。

　　釣者回答說：「哦！因為我家裡最大的盤子只不過有一尺長。」

　　在經濟發達的今天，像釣魚者這樣捨大取小的人是越來越少，反而是捨小取大的人越來越多。

　　貪婪往往會蒙蔽人的心智，讓我們失去理智，做出不可理喻的事情，也讓我們心靈無法平靜，無法享受到生活的美好。

　　曼谷的西郊有一座寺院，因為地處偏遠，香火一直不旺。

　　原來的住持圓寂後，索提那克法師來到寺院做新住持。初來乍到，他繞著寺院巡視，發現寺院周圍的山坡上，到處長著灌木。那些灌木自由生長，樹形恣肆而張揚，看上去雜亂無章。索提那克找來一把園藝修剪用的剪刀，不時去修剪一棵灌木。半年過去了，那棵灌木被修剪成一個半球形狀。

　　僧侶們看到了，不知住持意欲何為，問索提那克，法師卻笑而不答。

　　這天，寺院裡來了一個客人，衣衫光鮮，氣宇不凡。法師接待了他。對方說自己路過此地，汽車拋錨了，司機現在正在修車，他進寺院來看看。

　　法師陪客人四處轉轉。行走間，客人向法師請教了一個問題：「人怎樣才能清除掉自己的欲望？」

　　索提那克法師微微一笑，返身進內室拿來那把剪刀，對客人說：「施主，請隨我來！」

他把客人帶到寺院外的山坡。客人看到了滿山的灌木，也看到了法師修剪成型的那棵。

法師把剪刀交給客人，說道：「您只要能經常像我這樣反覆修剪一棵樹，您的欲望就會消除。」

客人疑惑地接過剪刀，走向一棵灌木，喀嚓喀嚓地剪了起來。

一壺茶的工夫過去了，法師問他感覺如何。客人笑笑：「感覺身體倒是舒展輕鬆了許多，可是平常堵在心頭的那些欲望好像並沒有放下。」

法師頷首說：「剛開始是這樣的，經常修剪就好了。」

客人走的時候，跟法師約他十天後再來。

法師不知道，客人是曼谷享有盛名的娛樂大亨，近來，他遇到了以前從未經歷過的生意上的難題。

十天後，大亨來了；十六天後，大亨又來了……三個月過去了，大亨已經將那棵灌木修剪成了一隻初具規模的鳥的形狀。法師問他：「現在你是否懂得如何消除欲望？」大亨面帶愧色地回答說：「可能是我太愚鈍，每次修剪的時候，我能夠氣定神閑，心無掛礙。可是，從您這裡離開，回到我的生活圈子之後，我的所有欲望依然會像往常那樣冒出來。」

法師笑而不言。

當大亨的「鳥」完全成型之後，索提那克法師又向他問了同樣的問題，他的回答依舊。

這次，法師對大亨說：「施主，你知道當初為什麼我建議你來修剪灌木嗎？我只是希望你每次修剪前都能發現，原來剪去的部分又會重新長出來。這就像我們的欲望，你別指望能完全把它消除。我們能做的，就是盡力把它修剪得更美觀。放任欲望，它就會像這滿坡瘋長的灌木，醜惡不堪。但是，經常修剪，就能成為一道悅目的風景。對於名利，只要取之有

道，用之有道，利己惠人，它就不應該被看作是心靈的枷鎖。」

大亨恍然。

此後，隨著越來越多的香客的到來，寺院周圍的灌木也一棵棵被修剪成各種形狀。這裡香火漸盛，日益聞名。

貪婪是一種頑疾，人們極易成為它的奴隸，變得越來越貪婪。人的欲念無止境，當得到不少時，仍指望得到更多。一個貪求厚利、永不知足的人，等於是在愚弄自己。

點石成金

貪婪是一切罪惡之源。貪婪能令人忘卻一切，甚至忘記自己的人格；貪婪令人喪失理智，做出愚昧不堪的行為。因此，我們真正應採取的態度是：遠離貪婪，適可而止，知足常樂。

「你將不會自由，對於你自己的幸福不會知足，不會擺脫熱情」、「你必然會是嫉妒的、吝惜的、猜疑那些能奪走這些東西的人，策劃反對那些擁有你所重視的這些東西的人」，多欲不會使人自由，我們要牢記這一點。

進入說話者的心靈，做一個善聽者

使你習慣於仔細地傾聽別人所說的話，盡可能地進入說話者的心靈。

你要注意所說的話。讓你的理解進入正在做的事和做這些事的人的內部。

馬可‧奧理略重視人與人之間的關係，在《沉思錄》中，他也強調了與人溝通的技巧，這裡，他強調的是傾聽。伊薩克‧馬克森，是世界上一流的名人訪問者，因善於採訪知名人士而著稱。他曾說許多人之所以不能給人留下很好的印象，是因為不注意聽別人講話。「他們太關心自己要講的下一句話，而不打開他的耳朵。一些大人物告訴我，他們喜歡善聽者勝於善說者，但是善聽的能力，似乎比其他任何的物質還要少見。」

不只是大人物喜歡善聽的人，普通的人都如此。正如有人所說的：「許多人去找醫生，但他們所需要的只是一名聽眾而已。」

在美國南北戰爭最黯淡的日子，林肯寫信給伊利諾州春田市的一位老朋友，請他到白宮來。林肯說他有一些問題要和他討論。這位舊鄰到白宮來了，林肯跟他談了好幾個小時，探討關於發表一個聲明解放黑人奴隸是否可行的問題。林肯一一檢視這一行動可行與否的理由，然後把一些信和報紙上的文章唸出來。他說了數小時之後，就跟這位舊鄰握握手，說聲再見，然後送他回伊利諾州，甚至都沒有問他的看法。林肯一個人說個沒完，這似乎使他的心境愉快起來。「他在說過話之後，似乎覺得好受多了。」那位老朋友說。

林肯並不是要別人給他忠告，他所要的只是一個友善的、具有同情心的聽眾，以便解脫自己的苦惱。當我們碰到困難的時候，這就是我們所需要的。而且這通常是所有不高興的顧客所需要的，也是那些不滿意的雇員

或受創傷的朋友所需要的。

美國汽車推銷之王喬・吉拉德（Joe Girard）曾有一次深刻的體驗。一次，某位名人來向他買車，他推薦了一種最好的車型給他。那人對車很滿意，並掏出 10,000 美元現鈔，眼看就要成交了，對方卻突然變卦而去。

喬為此事懊惱了一下午，百思不得其解。到了晚上 11 點他忍不住打電話給那人：「您好！我是喬・吉拉德，今天下午我曾經向您介紹一部新車，眼看您就要買下，為什麼卻突然走了？」

「喂，你知道現在是什麼時候嗎？」

「非常抱歉，我知道現在已經是晚上 11 點了，但是我檢討了一下午，實在想不出自己錯在哪裡了，因此特地打電話向您討教。」

「真的嗎？」

「肺腑之言。」

「很好！你用心在聽我說話嗎？」

「非常用心。」

「可是今天下午你根本沒有用心聽我說話。就在簽字之前，我提到我的吉米即將進入密西根大學念醫科，我還提到他的學科成績、運動能力以及他將來的抱負，我以他為榮，但是你毫無反應。」

喬不記得對方曾說過這些事，因為他當時根本沒有注意。喬認為已經談妥那筆生意了，他不但無心聽對方說什麼，反而在聽辦公室內另一位推銷員講笑話。這就是喬失敗的原因：那人除了買車，更需要得到對於一個優秀兒子的稱讚。

無法傾聽對方心聲，就無法達成所願。專心地聽別人講話，是對他人最大的肯定和讚美，由此，你會更容易進入他人的心靈，得到他們由衷的認可。你們很快便會因心靈相通而達成共識。

點石成金

　　查爾斯‧洛桑說：「要令人覺得有趣，就要對別人感興趣 —— 問別人喜歡回答的問題，鼓勵他談談自己和他的成就。」只要學會傾聽，你便很容易成為一個受歡迎的人；反之，如果你想知道如何使別人躲開你、在背後笑你、甚至輕視你，這裡也有一個方法，那就是絕不要聽人家講上三句話，只是不斷地談論你自己；如果你知道別人所說的是什麼，不要等他說完。

　　「使你習慣於仔細地傾聽別人所說的話，盡可能地進入說話者的心靈」，如果你想成為一個高明的談話者，首先要學會傾聽，因為傾聽也是談話的一部分。

第七卷　遠離諸惡

　　《沉思錄》卷七相對散漫，作者在本卷提出「忍受諸惡」。這裡的「惡」是指所有不好的事情，從自然災害、身體病痛，到別人對你犯下的惡行，以至最終的死亡。作者告訴我們，不要對「惡」感到驚奇，它們是必然要發生的，這是人性的一部分，是不可避免的。而我們把它們視為「惡」，並受到這種「惡」的困擾，這都出自我們的意見，我們可以改變這種意見，也就遠離了「惡」的傷害。你所要做的是要謹防自己的惡，不僅要戒除惡行，還要戒除惡念。

生活的藝術更像鬥士的藝術

　　生活的藝術更像鬥士的藝術而不是舞蹈者的藝術：它應堅定地站立，準備著對付突如其來的進攻。

　　這也是《沉思錄》裡受人喜愛的警世金句之一。生活不是一場表演，更像是一場激烈的角鬥，你要堅定地站立，應對不知何時會降臨的進攻。如同在戰場上沒有常勝將軍一樣，在現代商場中也沒有永遠一帆風順的企業，任何一個企業都有遭遇挫折和危機的可能性。從某種程度上講，企業在經營與發展過程中遇到挫折和危機是正常的，危機是企業生存和發展中的一種普遍現象。比爾·蓋茲總是告誡他的員工：我們的公司離破產永遠只差 18 個月。

　　在這個瞬息萬變的時代，從政府機構到私人企業，誰也無法保證自己絕對不會碰到突如其來的意外。也許意外的發生出人預料，但是如何預防、妥善處理危機，將危機轉化為轉機，都在考驗著企業的危機管理能力。

　　在企業發展史上，還沒有一家企業在危機處理問題上，像美國嬌生製藥公司那樣獲得社會公眾和輿論的廣泛同情，該公司由於妥善處理「泰諾」中毒事件以及成功的善後工作而受到人們的稱讚。

　　1982 年 9 月 29 日和 30 日，在芝加哥地區發生了有人因服用含氰化物的「泰諾」藥片而中毒死亡的事故。在此以前，該藥控制了美國 35% 的成人止痛藥市場，年銷售額達 4.5 億美元，占嬌生公司總利潤的 15%。起先，僅 3 人因服用該藥片而中毒死亡。可隨著消息的擴散，據稱美國全國各地有 250 人因服用該藥而得病和死亡，一下子成了全國性的事件。

強生公司經過對 800 萬片藥劑的檢驗，發現所有這些受汙染的藥片只源自於一批藥，總共不超過 75 片。最終的死亡人數只有 7 人，且全部都在芝加哥地區。為向社會負責，該公司還是將預警消息透過媒介發向全國，隨後的調查顯示，全國有 94% 的消費者知道了有關情況。嬌生公司後來重新向市場投放了這種產品，並有了抗汙染的包裝。

由於嬌生公司成功地處理了這一危機，它獲得了美國公關協會當年頒發的銀鑽獎。事故發生後的 5 個月內，該公司就奪回了該藥原來所占市場的 70%。

嬌生公司由於採取果斷決策，實施「作最壞打算的危機管理方案」，全部回收了它在芝加哥地區的「泰諾」藥而獲得人們的稱讚，它也由此奪回了它的市場。經營一家企業不難，經營好一家企業就不簡單，必須時時處處有危機感，發現危機，改變危機，在危機中尋找機遇，在機會中尋求創新和改變，在改變中錘鍊自己的核心競爭力，在競爭中分享成功的喜悅。

點石成金

切記，禍患始於蕭牆，這絕不是危言聳聽。你應該堅定地站立，隨時準備擊退突如其來的進攻。

「生活的藝術更像鬥士的藝術」，記住馬可·奧理略的這句話，讓我們拿出鬥士的姿態和勇氣應對生活的挑戰。

痛苦有界限

在任何痛苦中都讓這一思想出現，即在這痛苦中並沒有恥辱，它並不使支配的理智變壞，因為就理智是理性或社會而言，它並不損害理智。的確，在很痛苦的時候也可以讓伊壁鳩魯的這些話來幫助你：痛苦不是不可忍受或永遠持續的，只要你記住它有它的界限，只要你不在想像中增加什麼東西給它。

不朽的神是不煩惱的，因為祂們在如此長的時間裡，必須不斷地忍受這樣的人們，忍受他們中的許多惡人，此外，神也從各個方面關心他們。但是，身為注定很快要死去的人，你就厭倦了忍受惡人嗎，而且當你是他們中的一個時，也是這樣？

我們來看看斯多葛哲學是怎麼看待痛苦的：「痛苦中並沒有恥辱，它並不使支配的理智變壞」，外在的境遇無法損害一個人的支配力量，所以學會控制你的痛苦感覺。馬可‧奧理略，還引用伊壁鳩魯的話，告訴我們如何對待自己的痛苦感覺，「痛苦不是不可忍受或永遠持續的，只要你記住它有它的界限，只要你不在想像中增加什麼東西給它」。沒有人可以一生不受痛苦或煩惱的侵襲，不同的是，有的人一有痛苦，彷彿世界末日來臨，而有的人卻能輕鬆的得到超脫，降低痛苦對自己的影響。

很多痛苦只在自己的感受裡，它能造成的影響，往往比你感受中的要小得多。其實，痛苦是有界限的，不要在想像中為它增加力量。

從前有一位大師，他有一位徒弟每天都愁眉苦臉、喋喋不休地抱怨。一天，他看到徒弟又是一臉苦瓜相，就讓他去拿一些鹽回來。當徒弟很不情願地把鹽拿回來後，大師就讓徒弟把鹽倒進一個水杯裡，攪拌使其溶

化，然後喝一口。徒弟喝了一口立即吐了出來，皺著眉頭說：「鹹死了。」

　　大師笑著讓徒弟帶一些鹽和自己一起去湖邊。來到湖邊後，大師讓徒弟把鹽撒進湖水裡，又對徒弟說：「現在你喝點湖水。」徒弟喝了口湖水。大師問：「有什麼味道？」徒弟回答：「很清涼。」大師問：「嘗到鹹味了嗎？」徒弟說：「沒有。」

　　於是，大師坐在這個喜歡自怨自艾的徒弟身邊，意味深長地說：「其實人生的苦痛和悲傷就如同這些數量有限的鹽，而這些痛苦和悲傷的程度取決於我們承受痛苦和悲傷的容積的大小。所以當你感到痛苦和悲傷時，就把你承受的容積放大些，當它不是一杯水，而是一個湖的時候，你就不覺得痛苦和悲傷了。」

　　有位農婦，不小心打破了一個雞蛋，這本是一件再平常不過的小事。但是，這位農婦是一個心胸非常狹窄的人，她沒有僅僅停止於雞蛋的思考，而是將自己的思考一直延伸了下去：一個雞蛋經孵化後就可變成一隻小雞，若孵出來的是母雞，長大後又可以下很多的蛋，蛋又可孵化很多雞，而雞又會下蛋，蛋又能孵雞……最後，農婦大叫一聲：「天哪！我失去了一個養雞場。」可以想像，農婦為失去一個雞蛋，感到多麼痛苦。

　　如果痛苦是一匙鹽，那麼用什麼容器來盛，是水杯，是臉盆，還是池塘、河流，決定了痛苦帶給我們的感覺。很多時候，人們陷入痛苦不能自拔，不是因為那個痛苦本身有多大，而是因為我們盛放它的心胸太小了，無意中放大了痛苦。所以，只要擴大我們的心胸，痛苦就會與你無緣。

點石成金

　　可以說，心胸與痛苦的大小是成反比的，如果一個人能夠做到心胸寬廣，那麼他心裡的痛苦就顯得很渺小了；如果他的心胸狹窄，那麼在他心裡就會有許多的想不通，許多的抱怨，痛苦的折磨感，就會隨之變大。

　　痛苦「並不損害理智」，痛苦「不是不可忍受或永遠持續的」，痛苦「有它的界限」，不要「在想像中增加什麼東西給它」，我們「注定很快要死去」，「忍受惡人」也是生命的一部分，當我們面臨人生的痛苦處境時，想一想馬可‧奧理略的這些話，會讓我們深感釋懷。

給有才能的人開路

　　我的父親很樂意並毫無嫉妒心地給擁有任何特殊才能的人開路，像那些具有雄辯才能或擁有法律、道德等知識的人，他給他們幫助，使每個人都能依其長處而享有名聲。

　　我的理智足以勝任這一工作嗎？如果它勝任，那麼我在這一工作中，就把它作為宇宙本性給予的一個工具來使用。但如果它不勝任，那麼，我或者放棄這一工作，把它讓給能夠較好地做它的人來做（除非有某種理由使我不應這樣做）；或者我盡可能好地做它，接受這樣一個人的幫助——他能借助於我的支配原則，做現在是恰當並對公共利益有用的事。因為無論是我做的事還是我能和另一個人做的事，都應僅僅指向那對社會有用和適合於社會的事。

　　偉大的君主都是心胸開闊的人，毫無嫉妒心地給有才能的人開路，這既是馬可‧奧理略從父輩們身上學到的優良品格，也是他基於自己的理念做出的理性行為。第二小節也反映出他的一種自省精神，他會時常問自己：「我的理智足以勝任這一工作嗎？」偉大的君王既需要有知人之明，也需要自知之明。

　　嫉妒是一種極易生長的毒瘤。它首先會毒害自己的心靈，讓自己變得不自信，另外，它會毒害人際關係，使得你和周圍人關係不再和諧。當更優秀的人出現，或是情勢需要委以更優秀的人重任，你要毫不猶豫地交出舞臺。這既展現了自己的心胸，也展現了一種智慧。

　　西元 1831 年，波蘭作曲家蕭邦在華沙起義失敗後，隻身流亡至法國巴黎。年輕的蕭邦，雖然才華出眾，卻無施展之處，為求生計，只得以教

書為生，處境甚為落魄。一個偶然的機會，蕭邦結識了鼎鼎大名的匈牙利鋼琴家李斯特。兩人一見如故，大有相見恨晚之感。當時的李斯特，在巴黎上流文藝沙龍中，已是名聞遐邇的驕子，可他對雖然默默無聞但才華橫溢的蕭邦卻大為讚賞。他想：絕不能讓蕭邦這個人才埋沒，必須幫他贏得觀眾。

一天，巴黎街頭廣告登出了鋼琴大師李斯特舉行個人演奏會的消息，劇場門口人聲鼎沸，門票一售而空。

紫紅色的帷幕徐徐拉開，燈光下，風度瀟灑的李斯特身著燕尾服朝觀眾致意。臺下掌聲雷動，李斯特朝觀眾行禮後，便轉身坐在鋼琴前，擺好演奏姿勢。

燈熄了，劇場內一片寂靜，人們寧息靜氣地閉上眼睛，準備享受美好的音樂聲。

琴聲響了，咚咚的琴聲時而如高山流水，時而如夜鶯啼鳴；時而如訴如泣，時而如歌如舞。琴聲激昂時，劇場內便響起掌聲；琴聲悲切時，劇場內又響起抽泣聲，觀眾完全被那美妙的音樂征服了。

演奏結束，人們跳起來，興奮地高喊：「李斯特！李斯特！」可燈一亮，大家傻了。觀眾看到舞臺上坐的根本不是李斯特，而是一位眼中閃著淚花的陌生年輕人。他就是蕭邦。

人們大為驚愕，原來，那時有個規矩，演奏鋼琴要把劇場的燈熄滅，一片黑暗，以便觀眾能夠聚精會神地聽演奏。李斯特便利用這個漏洞，燈一熄，就讓蕭邦過來代替自己演奏。當觀眾明白剛才的演奏，竟出自面前這位年輕人之手後，變驚愕為驚喜。劇場內，掌聲四起。鮮花一束束地朝臺上飛去。

於是，一位偉大的鋼琴演奏家矚目於世。

　　李斯特之偉大，不僅在於藝術才華，還在於其偉大胸襟。李斯特採用「偷梁換柱」的方式推薦蕭邦，冒著很大的風險，這一行為充分展現出李斯特的高尚情懷和寬廣胸襟，令人感動，他無愧於「偉大的藝術家」這個頭銜。

點石成金

　　「無論是我做的事還是我能和另一個人做的事，都應僅僅指向那對社會有用和適合於社會的事」，基於這樣的指導原則，馬可・奧理略可以主動讓賢，可以「很樂意並毫無嫉妒心地給擁有任何特殊才能的人開路」，牢記這種偉大胸襟的來源吧，也把它作為你的指導原則。

大愛的精神

愛甚至於那些做錯事的人，是人特有的性質。如果當他們做錯事時，你想到他們是你的同胞，這種情況就發生了，他們是因為無知和不自覺而做錯事的，你們不久後就要死去，特別是，做錯事者沒有造成任何傷害，因為他沒有使你的自我支配能力變得比以前更壞。

當一個人對你做了什麼錯事時，馬上考慮他是抱一種什麼善惡觀，做了這些錯事。因為當你明白了他的善惡觀，你將憐憫他，既不奇怪也不生氣。因為或者你自己會想與他做的相同的事是善的，或者認為另一件同樣性質的事是善的，那麼寬恕他就是你的義務。但如果你不認為這樣的事情是善的或惡的，你將更願意好好地對待那在錯誤中的人。

斯多葛派哲人處處表現一種大愛精神，他們彷彿神靈一樣，俯視眾生，寬恕、憐憫甚至於愛那些做錯事的人。什麼是大愛的精神？大愛就是超越了個人天性的喜好，對萬事萬物抱有一種悲憫的情懷。對那些聰明的、善良的、勤奮的、美麗的同類，我們很容易心生好感，喜歡親近他們。但是，對於一些有缺點的同類，我們卻難以公平地對待他們，唯恐避之不及。

想一想：如果你是一名教師，你是否能給予那些調皮頑劣、表現不好的小孩以同等的愛？對親人和朋友你可以關懷備至，對於街上陷入困境、需要幫助的陌生人，你是否也能熱忱地出手相助？……

一天中午，小提琴演奏家艾德蒙先生開車回到花園別墅。剛剛進客廳，他就聽見樓上的臥室裡有輕微的響聲，那種響聲他太熟悉了，是那把珍貴的阿瑪蒂小提琴發出的聲音。「有小偷！」艾德蒙先生一個箭步衝上樓，果然，一個陌生少年正在那裡撫摸那把小提琴。那個少年頭髮蓬亂，

臉龐瘦削，不合身的外套鼓鼓囊囊，裡面好像塞了某些東西。他一眼瞥見自己放在床頭的一雙新皮鞋失蹤了，看來是個小偷無疑。艾德蒙先生下意識用結實的身軀堵住了少年逃跑的路，這時，少年的眼裡充滿了惶恐和絕望。剎那間，艾德蒙先生心裡泛起一絲憐憫，他憤怒的表情，頓時被微笑所代替，柔聲問道：「你是拉姆先生的外甥魯本嗎？我是他的管家，前兩天我聽拉姆先生說他有一個住在鄉下的外甥要來，一定是你了，你和他長得真像啊！」

一聽這話，少年先是一愣，但很快就接腔說：「我舅舅出門了嗎？我想我還是先出去轉轉，待會兒再來看他吧。」艾德蒙先生點點頭，然後問那位正準備將小提琴放下的少年：「你很喜歡拉小提琴嗎？」「是的，但我很窮，買不起。」少年回答。「那我將這把小提琴送給你吧。」艾德蒙先生語氣平緩地說。少年似乎不相信小提琴是一位管家的，他疑惑地看了他一眼，但還是拿起了小提琴。臨出客廳時，少年突然看見牆上掛著一張艾德蒙先生在雪梨大劇院演出的巨幅彩照，於是渾身不由自主地顫慄了一下，然後頭也不回地跑遠了。艾德蒙先生確信那位少年已明白是怎麼回事，因為沒有哪位主人會用管家的照片來裝飾客廳。

那天黃昏，艾德蒙先生破例沒有去湖畔的公園拉琴，妻子下班回來後發現了這一反常現象，忍不住問道：「你心愛的小提琴壞了嗎？」「哦，沒有，我把它送人了。」「送人？怎麼可能！你把它當成了你生命中不可缺少的一部分。」「親愛的，你說的沒錯。但如果它能夠拯救一個迷途的靈魂，我情願這樣做。」看見妻子迷惑的表情，艾德蒙先生就將當天中午的遭遇告訴了她。妻子說：「親愛的，你做得很對，但願你的善意能對這個孩子的人生有所幫助。」

三年後，在墨爾本市高中生的一次音樂競技中，艾德蒙先生應邀擔任

決賽評委。最後，一名叫梅里特的小提琴選手，憑雄厚的實力奪得了第一名！評判時，他一直覺得梅里特似曾相識，但又想不起在哪裡見過。頒獎大會結束後，梅里特拿著一隻小提琴盒子跑到艾德蒙先生的面前，臉色緋紅地問：「艾德蒙先生，您還認識我嗎？」艾德蒙先生搖搖頭。

「您曾經送過我一把小提琴，我一直珍藏著，直到有了今天！」梅里特熱淚盈眶地說，「那時候，幾乎每一個人都把我當成垃圾，我也以為我徹底完了，但是您讓我在貧窮和苦難中重新拾起了自尊，心中再次燃起了改變逆境的熊熊烈火！今天，我可以無愧地將這把小提琴還給您了……」梅里特含淚打開琴盒，艾德蒙先生一眼瞥見自己鍾愛的那把阿瑪蒂小提琴正靜靜地躺在裡面，艾德蒙先生的眼睛溼潤了……

一次善良的寬容，引導一個迷途的人走上正路。以真誠的愛來感化，再頑劣的心靈也會得到調教。

一天，太陽快要下山了，老僧人發現自己居住的草庵前站著一個蓬頭垢面的學生。學生看到老僧人，立即惶恐不安地從懷裡掏出一封信遞給老僧人。信是學生的父母在他臨走前囑咐他轉交給老僧人的，上面工工整整地寫著：

「我的兒子是個無比頑劣的壞學生，對於這個做盡壞事的傢伙，我們實在無能為力了，真不知該如何是好。實在沒有半點辦法了，我們只好把他送到您這裡來，求求您，請您好好把他調教一番，讓他走回正路吧。」

看完曾經的一位朋友給自己寫的這封信後，老僧人默默地起身走出後院。夜幕徐徐降臨了，老僧人已經為學生準備好飯菜。學生還是和之前一樣，一直到吃飯時還惶惑不安地看著老僧人。

學生吃完晚飯後，老僧人默默地為他清掃桌上的飯菜，鋪好床被，還把他的鞋也擦乾淨了。之後，老僧人又為他端了一盆熱水過來。

當老僧人把水盆端到學生腳下時，學生的眼神在瞬間發生了微妙的變化。此時，學生再也忍不住了，眼淚奪眶而出。

曾經一直被稱為壞學生的孩子，從那一刻起，便開始用心思量老僧人這個溫暖人心的訓誡。老僧人並未說一句話，卻用體貼入微的服侍深深地打動了他的心。

最終，這個蓬頭垢面的學生，因為老僧人的誠摯指教，成為了一名優秀的好學生。

倘若艾德蒙先生當場抓住那個孩子，老僧人訓誡那個學生，他們可能根本就聽不進去，也不會有後來這些動人的結局。相反，他們都選擇用自己無微不至的關愛去感化這些人，讓他們頑劣的、迷途的心獲得溫暖、獲得感動，這樣的教化要比用千言萬語、苦口婆心的勸導有效得多。

點石成金

海邊美麗的鵝卵石，並不是用堅硬的鋼鐵打磨出來的。它之所以變得那麼渾圓、漂亮，是因為輕柔、溫善的海浪使然。愛就是這樣一種神奇的力量。

「真正的愛德，是在於能忍受別人的一切缺點，見到別人的軟弱不會驚訝，見到別人的德行，則努力效法。」

「如果當他們做錯事時，你想到他們是你的同胞，這種情況就發生了，他們是因為無知和不自覺而做錯事的，他們不久後就要死去，特別是，做錯事者沒有造成任何傷害，因為他沒有使你的自我支配能力變得比以前要壞」，「寬恕他就是你的義務」，當你認為別人對你做錯事時，你應該想想這些話。

直接選擇那最好的

不要老想著你沒有的和已有的東西，而要想著你認為最好的東西，然後思考如果你還未擁有它們，要多麼熱切地追求它們。

你要直接選擇那更好的東西，並且堅持它。

斯多葛派哲人在人生追求上，可以認為是理想主義的，無論他們身處何種境遇，他們都有一個信仰指引著他們，「你要直接選擇那更好的東西，並且堅持它」，這是馬可‧奧理略告訴我們的人生態度。

人生道路上，人們常常會去追求一些自己暫時沒有的東西，從而忽略了自己認為最好的東西；也常常會滿足於已有的東西，而忘記了最好的東西。於是，許多人沒能得到他們認為最好的東西。想要實現自己的理想，除了要不斷提醒自己理想是什麼，還要拿出行動熱切地追求它，否則，理想就永遠只能是理想，永遠只能存在於你的腦海，而無法變成現實。

瑞奇‧亨利（Rickey Henley）是在貧窮中長大的。他的夢想是成為體育明星。當亨利 16 歲的時候，已經很精通棒球了，他能以每小時 90 英里的速度投出一個快球，並且能擊中在橄欖球場上移動的任何東西。不僅如此，他還是非常幸運的：亨利高中的教練是奧利‧賈維斯，他不僅對亨利充滿信心，而且還教會了亨利如何對自己也充滿自信。他教亨利意識到擁有一個夢想和顯示出信念是不同的。終於，在亨利和賈維斯教練之間發生了一件非常特殊的事情，並且永遠地改變了亨利的一生。

那是在亨利高中三年級的那年夏天，一個朋友推薦他去打一份零工。這對亨利來說是一個難得的賺錢機會，它意味著他將會有錢去買一輛新自行車，添置一些新衣服，並且，他還可以開始存些錢，將來能為媽媽買一棟房

子。想像著這份零工的誘人前景，亨利真想立即就接受這次難得的機會。

但是，亨利也意識到，為了保證打零工的時間，他將不得不放棄自己的棒球訓練，那就意味著他將不得不告訴賈維斯教練，自己不能夠參加棒球比賽了。對此，亨利感到非常害怕，但他還是鼓足勇氣，去找賈維斯教練，並決定把這件事情告訴教練。

當亨利把這件事告訴賈維斯教練的時候，教練果然就像亨利早就料到的那樣非常生氣，「今後，你將有一生的時間來工作。」他注視著亨利，屬聲說，「但是，你能夠參加比賽的日子還能夠有幾天呢？那是非常有限的。你浪費不起呀！」

亨利低著頭站在他的面前，絞盡腦汁地思考著怎樣向他解釋清楚自己希望給媽媽買房及渴望賺錢的夢想，他真的不知道該如何面對教練那已經對自己失望的眼神。

「孩子，能告訴我你將要去做的這份工作能賺多少錢嗎？」教練問道。

「一小時 3.25 美元。」亨利仍舊不敢抬頭，囁嚅著答道。

「啊，難道一個夢想的價格就值一小時 3.25 美元嗎？」教練反問道。

這個問題，再簡單、再清楚不過了，它明白無誤地向亨利揭示了注重眼前得失與樹立長遠目標之間的不同。就在那年夏天，他全身心地投入到體育運動之中去了，並且就在那一年，他被匹茲堡海盜棒球隊選中了，簽訂了 20,000 美元的合約。此外，他已經獲得了亞利桑那大學的橄欖球獎學金，它使亨利獲得了大學教育，並且，他在兩次民眾票選中當選為「全美橄欖球後衛」，還有在美國國家橄欖球聯盟隊員第一輪選拔中，亨利的總分名列第七。1984 年，亨利和丹佛的野馬隊簽訂了 170 萬美元的合約，終於圓了為媽媽買一棟房子的夢想。

和理想的價值相比，眼前的得失微不足道。

在一次上時間管理的課上，教授在桌子上放了一個裝水的罐子。然後又從桌子下面拿出一些正好可以從罐口放進罐子裡的「鵝卵石」。當教授把石塊放完後問他的學生道：「你們說這罐子是不是滿的？」

「是。」所有的學生異口同聲地回答說。「真的嗎？」教授笑著問。然後再從桌底下拿出一袋碎石子，把碎石子從罐口倒下去，搖一搖，再加一些，再問學生：「你們說，這罐子現在是不是滿的？」這回他的學生不敢回答得太快。最後班上有位學生怯生生地回答道：「也許沒滿。」

「很好！」教授說完後，又從桌下拿出一袋沙子，慢慢地倒進罐子裡。倒完後，再問班上的學生：「現在你們再告訴我，這個罐子是滿的呢？還是沒滿？」

「沒有滿。」全班同學這下學乖了，大家很有信心地回答說。「好極了！」教授再一次稱讚這些「孺子可教」的學生們。稱讚完了後，教授從桌底下拿出一大瓶水，把水倒在看起來已經被鵝卵石、小碎石、沙子填滿了的罐子裡。當這些事都做完之後，教授正色問他班上的同學：「我們從上面這些事情得到什麼重要的啟發？」

班上一陣沉默，然後一位自以為聰明的學生回答說：「無論我們的工作多忙，行程排得多滿，如果努力下的話，還是可以多做些事的。」這位學生回答完後心中很得意地想：這門課到底講的是時間管理啊！

教授聽到這樣的回答後，點了點頭，微笑道：「答案不錯，但這不是我要告訴你們的重要資訊。」說到這裡，這位教授故意頓住，用眼睛向全班同學掃了一遍說：「我想告訴各位最重要的資訊是，如果你不先將大的『鵝卵石』放進罐子裡去，你也許以後永遠沒機會把它們再放進去了。」

如果我們不在生命的最初直接選擇最好的，那我們就再也沒有機會選擇它了。反之，如果你只接受最好的，你通常就能得到最好。

點石成金

　　你想實現你夢想中的人生嗎？那麼請牢牢把握你的夢想，不要讓自己執迷於眼前的得失，也不要在已有的成績上徘徊不前，要相信這一點，如果你只接受最好的，你通常就能得到最好。

　　「不要老想著你沒有的和已有的東西，而要想著你認為最好的東西，然後思考如果你還未擁有它們，要多麼熱切地追求它們。」實現理想的機會極為珍貴，你必須睜大眼睛，時刻關注，你必須忽略一些東西，才能捕捉到這稍縱即逝、來之不易的寶貴機會。

坦然接受別人的幫助

不要因被人幫助而感到羞愧，因為像一個戰士在攻占城池中一樣，履行職責正是你的職責。那麼，如果因為瘸拐你不能獨自上戰場，而靠另一個人的幫助，你卻可能時怎麼辦呢？

在馬可‧奧理略這裡，坦然接受別人的幫助，還有一層更深的意義。生活中的每個人都肩負自己的職責，接受別人的幫助不是為了苟活下去，而是為了履行我們的職責。我們總是提倡幫助別人，殊不知，坦然接受別人的引導也是一件需要學習的事。

每個人都有自己的困境，都需要接受別人的協助，可是並不是每個人都能坦然接受別人的幫助。有的人生性好強，認為接受別人幫助是一種軟弱的行為；有的人則心理負擔過重，不願意接受別人的幫助。一個人的確應該有獨立自主的精神，但是在需要時，知道如何尋求協助，也是現代人需要掌握的生存本領。

克契到佛光禪師那裡學禪也有好一段時間了，由於他個性客氣，遇事總會想辦法自己打理，盡可能不麻煩別人，就連修行，也是一個人悶著頭默默進行。

一天，佛光禪師問他說：「你來我這兒也有 12 個年頭了，有沒有什麼問題？要不要坐下來聊聊？」

克契連忙回答：「禪師您已經很忙了，學僧怎麼好隨便打擾呢？」

時光蹉跎，歲月如梭，一晃，又是三個秋冬。

這天，佛光禪師在路上又碰到克契，又有意點撥他，主動問道：「克契啊！你在參禪修道上可有遇到些什麼問題嗎？有的話就要開口問。」

克契答道：「禪師您那麼忙，學僧不好耽誤您的時間！」

一年後，克契經過佛光禪師禪房外，禪師又對克契說：「克契你過來，今天我有空，不妨進禪室來談談禪道。」

克契禪僧趕忙合掌作禮，不好意思地說：「禪師很忙，我怎能隨便浪費您的時間呢？」佛光禪師知道克契過分謙虛，這樣的話，再怎樣參禪，也是無法開悟的，非得採取更直接的態度不可了。當佛光禪師再次遇到克契的時候，便明白地對克契說：「學道做禪，要不斷參究，你為何老是不來問我呢？」

只見克契仍然答道：「老禪師，您忙！學僧實在是不敢打擾。」

這時，佛光禪師大聲喝道：「忙！忙！我究竟是為誰在忙呢？除了別人，我也可以為你忙呀！」佛光禪師這一句「我也可以為你忙」的話，頓時讓克契醒悟。

人人都有陷入困境的時候，有人奉行萬事不求人的處世哲學，有了困難總是自己一個人默默地去解決，從來不向別人求助。這種不願意給別人添麻煩的思想是可貴的，但是，他解決問題的效率一定不是最高的。

有這麼一個人，他不會任何樂器，不會唱歌，更不會作曲，然而，他卻是一家國家級音樂刊物的總編輯，是全國有名的音樂評論家。當別人問他是如何走上音樂評論這條道路的時候，他講述了下面這個親身經歷的故事。

1970 年代，他剛大學畢業，在一家報社當新聞記者。有一天，他正在趕寫一篇文章，編輯部主任叫他到辦公室去一趟。主任對他說，今天晚上有一場很重要的音樂會，可是，報社的音樂評論員卻突發疾病，正在醫院裡做手術。因此，決定派他去參加音樂會，並寫出一篇評論員的文章，明天見報。

他不是學音樂的，對此一竅不通，怎麼能寫出評論文章呢？想拒絕吧，沒這個膽量；想接受吧，又怕不能勝任。主任見他不吭聲，便問他是不是有什麼困難。他說我恐怕完不成任務。沒想到主任聽後笑了笑說：「沒有過不去的火焰山，船到橋頭自然直。你們這些大學生，頭腦來得快，我相信你會克服困難，寫出一篇像樣的評論員文章的。」然後，主任擺了擺手，容不得他再說什麼，就把他打發了出去。

當天晚上，對音樂一竅不通的他愁眉苦臉地坐在劇場中，而劇場另一邊，他清楚地看到了另一家日報的音樂評論員。那傢伙翹著二郎腿，微閉著雙眼，腦袋隨著音樂的節奏微微晃動，一副胸有成竹的樣子。明天，他們的報紙上肯定會出現他的文章。可是，自己的任務該怎麼去完成呢？

音樂會快到結束的時候了，他的腦袋像電腦一樣在快速地運轉。突然，他想到了一個辦法。

舞臺上的大幕剛一拉上，他立即衝到後臺，找到了一位著名的小提琴演奏家。他向她自報了家門，說明了自己面臨的困難，坦誠地向她求助。他說：「實際上，我是在請您幫我寫這篇評論員文章。我想，您是會幫助我這名新手的。」

小提琴家望著他笑了，她喝了一口水，便滔滔不絕地講了起來。

他一邊聽著她的講解，一邊快速地記著筆記。他心裡在想：「我的那位記者同行，不管他的文采有多麼好，他的閱歷有多麼深，他對音樂的理解有多麼透徹，他的觀點有多麼新鮮，他都不可能寫出比我更好的文章。因為他在音樂上的造詣，不可能超過我面前的這位音樂家。本來我和他之間的差距是巨大的，可是我站在了這位著名的音樂家肩膀上，借了她的力，用兩個人的智慧，而其中一個人的音樂知識，顯然比他強得多。」

第二天，兩篇評論文章同時見了報。圈內人士都驚呼發現了一名新的

音樂評論新星。

這一次成功之後，報社主管就讓他擔任了專職的音樂記者。他運用他第一次成功的經驗，再加上不斷的學習和鑽研，幾年後，他逐漸成為大家公認的音樂評論家，以至最後擔任了這家全國性的音樂雜誌的總編輯。

點石成金

人生一世，你總有自己力所不能及的時候，你不可能萬事不求人。在處於困境的時候，只要你把自己的困難坦誠地告訴別人，並誠心向他人求助，被求助的一方只要力所能及，一般都不會袖手旁觀，而從助人者的角度來講，幫助別人更能獲得一種滿足感和成就感。為什麼不給別人機會來幫助你呢？

「像一個戰士在攻占城池中一樣，履行職責正是你的職責」，而接受別人的幫助，只是為了更好的實現自己的職責，所以，不要為接受別人的幫助而羞愧，而要帶著這種感恩以更大的熱情去履行自己的職責。

每個人都有價值

無意義的展覽，舞臺上的表演，羊群，獸群，刀槍的訓練，一根投向小狗的骨頭，一點丟在魚塘裡的麵包，螞蟻的勞動和搬運，嚇壞了老鼠的奔跑，線操縱的木偶，諸如此類。其實，置身於這些事物之中，而表現出一種好的幽默而非驕傲，就是你的職責，無論如何要懂得每個人都是有價值的，就像他忙碌的事情是有價值的一樣。

斯多葛派哲學從不輕易否定任何東西，總是承認萬事萬物都有自己的價值。哲學家說，存在即合理。無論是無意義的展覽還是你不喜歡的舞臺表演，無論是一根投向小狗的骨頭還是一點丟在魚塘裡的麵包，甚至螞蟻、老鼠、木偶都有其存在的價值和意義。人更是如此。每個人都有自己的興趣愛好、相對擅長的技能，可以承擔一定的責任和義務，是組成社會分工必不可少的要素。世間萬物自成系統，不要拿單一的價值觀去評判事物的價值。

莊子《人間世》裡有一則有趣的寓言：

從前有個名叫石的工匠，在某次旅行中，從一棵巨大的櫟樹旁經過。這棵樹大到只要一根樹枝便可做成一艘船。同行的徒弟們都圍駐樹旁，凝神屏氣看著大樹，但石不屑一顧獨自先行離開。徒弟們追上他，便問：「師傅，弟子自入您門下，從未見過如此優秀的材料，可是師傅卻看也不看就走了，為什麼？」

石回答說：「別只說大話！那樹並非真的那麼好。如果用它來做船，船會沉；如用它來做棺，不久就會腐爛；如用它來做柱子，不久就會被蟲蛀完，它實在是棵一無用處的大樹。它之所以能生長成這麼大，就是因為

沒有用的緣故。」

後來，那棵巨大的櫟樹，在石的夢裡問他：「你究竟是拿什麼東西來比較而說我無用？」「凡有用之木，如梨樹、柚樹等能結果實，但都遭不幸。所謂『大枝折』，『小枝泄』，無法享天年，死於非命。」樹又說：「由於人們覺得他無用，方能活到今天，所以人們的『無用』對樹本身才是真正的『有用』」。樹繼續說：「況且你和我都只不過是自然界裡一物罷了，如硬要在物上加上價值，你也是一個無用的人。只有無用的人，才看得出我是無用的樹呀！」

所謂的有用、無用，是因為判斷的立場及看問題角度不同而引起的不同看法，是人類的一種認知遊戲。而在自然界，有用、無用是相對的，莊子的「有用之害」和「無用之用」都發人深省，即使是被認定為無用的東西也有其有用的價值。莊子的故事告訴人們，要重新評估「無用」的價值，把偏執的價值觀置於一旁，重新思考，才能促進人們的靈活思想，從而發掘「無用之用」。

一個人的四肢看到胃整天不工作，卻吃得飽飽的，心裡很不平衡，它們決定像胃那樣，過一種不勞而獲的紳士日子。

「沒有我們四肢，」四肢說，「胃只能靠西北風活著。我們流汗流血，我們受苦，我們做牛做馬地工作，都是為了誰？還不是為了胃！我們什麼好處也沒有得到，我們全在忙碌，為它操心一日三餐。我們現在馬上停工別做了，只有這樣，才會讓它明白，它得讓我們養著它。」

四肢這樣說了，果真也這麼做了。於是，雙手停止了拿東西，手臂不再活動，而腿也歇下了，它們都對胃說已經侍候夠了它，讓胃自己勞動，自己去找吃的。

沒過多久，飢餓的人就直挺挺地躺倒了。因為心臟再也無法供應新鮮

的血液，四肢也就因此遭了殃，沒有了力氣，軟綿綿地垂在身上。

　　這下，不想工作的四肢才發現，在全身的共同利益上，被它們認為是懶惰和不勞而獲的胃，要比它們四肢的作用大得多。

點石成金

　　人與人之間既是一個獨立的個體，又是一個密不可分的團體。一個人如果完全脫離社會，那他根本就不可能生存下去。懂得他人的重要性，自己才會在生活工作中自由快樂。既不妄自尊大，也不妄自菲薄，既了解到別人的價值，也意識到自己的價值，從而在生活中找到自己的位置，發揮自己的能力。

　　「無論如何要懂得每個人都是有價值的，就像他忙碌的事情是有價值的一樣」，遵循這種理念對待他人，能避免許多爭執和矛盾。

對待財富和榮譽的健康態度

毫不炫耀地接受財富和榮譽，同時又隨時準備放棄。

關於名聲：注意那些追求名聲的人的內心，觀察他們是什麼人，他們避開什麼事物，他們追求什麼事物。想想那聚積起來的沙堆掩埋了以前的沙，所以在生命中也是先去的事物，迅速被後來的事物掩蓋。

在人的生活中，時間是瞬息即逝的一個點，實體處在流動之中，知覺是遲鈍的，整個身體的結構容易分解，靈魂是一個渦流，命運之謎不可解，名聲並非根據明智地判斷。一言以蔽之，屬於身體的一切只是一道激流，屬於靈魂的只是一個夢幻，生命是一場戰爭，一個過客的旅居，身後的名聲也迅速落入忘川。

馬可·奧理略怎麼看待名聲的？他意識到，「名聲並非根據明智的判斷」、「生命中也是先去的事物迅速被後來的事物掩蓋」、「生命是一場戰爭，一個過客的旅居，身後的名聲也迅速落入忘川」，名聲是易朽而虛幻的。「毫不炫耀地接受財富和榮譽，同時又隨時準備放棄」，這是他對待財富名聲的態度。

財富和榮譽是大多數人嚮往的東西，很多人為之奮鬥一生。在現實生活中，財富和榮譽常常被當作衡量一個人是否成功的標準，因此，大多數人難以對此保持平常心態，也無法擁有一種對待財富和榮譽，健康、自由的態度。

其實，無論是財富還是榮譽，都只是生活的手段，而非生活的目的。真正懂得生活真諦的人，不會刻意去追求這些東西，只會踏踏實實面對現實，細心品味生活的每一天。

居里夫人天下聞名，但她既不求名也不求利。她一生獲得各種獎金 10 次，各種獎章 16 枚，各種名譽頭銜 117 個，卻全不在意。

　　一天，她的一位朋友來她家做客，忽然看見她的小女兒，正在玩英國皇家學會剛剛頒發給她的金質獎章，於是驚訝地說：「居里夫人，得到一枚英國皇家學會的獎章，是極高的榮譽，你怎麼能給孩子玩呢？」居里夫人笑了笑說：「我是想讓孩子從小就知道，榮譽就像玩具，只能玩玩而已，絕不能看得太重，否則就將一事無成。」

　　19 世紀中葉美國有個叫菲爾德的實業家，率領工程人員，要用海底電纜把「歐美兩個大陸連接起來」。為此，他成為美國當時最受尊敬的人，被譽為「兩個世界的統一者」。在舉行盛大的接通典禮上，剛被接通的電纜傳送信號突然中斷，人們的歡呼聲變為憤怒的狂濤，都罵他是「騙子」、「白痴」。可是菲爾德對於這些毀譽，只是淡淡地一笑。他不作解釋，只管埋頭苦幹，經過六年的努力，最終透過海底電纜架起了歐美大陸之橋。在慶典會上，他沒上貴賓臺，只遠遠地站在人群中觀看。

　　許多成就大事的人，已經超越了對名利財富的追求。對他們來說，自己所做的事，只是一種自我實現的需要，而不是藉以追逐名利的手段。他們既能享受奮鬥的過程，也能坦然接受奮鬥的結果。無論是鮮花掌聲，還是流言誹謗，他都能處之泰然，既不會在巨大的名利誘惑前忘乎所以，也不會在窮困潦倒的人生低谷灰心絕望。

點石成金

　　「毫不炫耀地接受財富和榮譽，同時又隨時準備放棄」，這種對待財富名聲的態度，也展現了斯多葛派哲人堅守中道的個性特徵，既不排斥名聲財富，也不執著於此，這也是斯多葛派哲人對待世俗事物的一貫態度，值得我們細細體會。

第八卷　內在堡壘

　　《沉思錄》卷八中，作者這樣寫道：「那擺脫了激動的心靈就是一座堡壘，因為再沒有什麼比這更安全的地方可以使他得到庇護。」構築這一內在的心靈堡壘，在每個人的力量範圍之內都可以做到。作者反覆談到什麼事情在我們的力量範圍之內，什麼事情在我們的力量範圍之外。財富、權力、名聲這些都不是你能完全控制的，但是讓你的心靈擺脫欲望、激動和錯誤的意見，卻在每一個人的力量範圍之內，我們只需要做好這些就夠了，因為任何外在的依靠都能被攻破，而基於心靈的這一內在堡壘，卻是不可摧毀的。

從絕望中尋找契機

沒有什麼不屬於人的事情，能夠在人身上發生；沒有什麼不符合一頭公牛本性的事情，能夠在一頭公牛身上發生；沒有什麼不符合一棵葡萄樹本性的事情，能夠在一棵葡萄樹身上發生；沒有什麼不適合於一塊石頭的事情，能夠在一塊石頭身上發生。既然在每一事物身上發生的事情，都是平常和自然的，你為什麼要抱怨呢？因為共同的本性帶來的事情，沒有不是由你所生的。

在每一活動中，都好好地使你的生活井然有序是你的義務，如果每一活動，都盡其可能地履行這一義務，那麼就滿足吧，無人能夠阻止你，使你的每一活動不履行其義務。—— 但某一外部的事物可能擋路。—— 沒有什麼能阻擋那正當、清醒和慎重地活動。—— 但也許某一別的積極力量將受阻礙。—— 好，但透過默認阻礙和透過滿足於把你的努力轉到那被允許的事情上去，另一個行動機會又會代替那受阻的活動而直接擺到你面前，它也是一個適應於我們剛才說的那一秩序的行動機會。

馬可·奧理略的執政生涯和個人生活，並非總是一帆風順，我們來看看在這種情況下，他是如何開解自己的：「沒有什麼不屬人的事情，能夠在人身上發生」、「既然在每一事物身上發生的事情，都是平常和自然的，你為什麼要抱怨呢？」，要視所有發生的事情為平常和自然，不要抱怨；「透過默認阻礙和透過滿足於把你的努力轉到那被允許的事情上去，另一個行動機會又會代替那受阻的活動而直接擺到你面前」，面對困境，要積極行動，不斷尋找改變處境的契機。

人的一生大都會經歷一些絕望的時刻 —— 失業、事業失敗、債臺高

築、遭人陷害等等，成功的人是沒有時間悲觀的，他們一直積極進取，即使遇到了最為艱難的事情也是一樣，即使是瀕臨絕望，也會絕地重生。

樂觀進取的精神是人類最寶貴的財富，它讓缺乏機會的人們在艱難困苦中，鍥而不捨地前進，在絕境中發現成功契機，最後都獲得了世人驚嘆的成就。

股票大王約瑟夫·賀希哈，小時候是個乞丐，但他暗暗發誓，自己一定要成就一番偉大的事業。

在流浪街頭時，約瑟夫·賀希哈每天拾取別人廢棄的報紙，坐在街邊的石椅上看個不停，晚上借助路邊燈光閱讀撿來的書。在這樣惡劣的環境下，他慢慢地對書報上的經濟資訊、股市行情產生了興趣，於是，他決心從股票方面發展自己的事業。

一個衣不蔽體、食不果腹的一無所有者，竟然想發展股票事業，人們覺得他簡直是異想天開。但是約瑟夫·賀希哈，就是憑著他這股頑強進取的精神，一步一步地朝這個目標前進。

1914 年，第一次世界大戰開始了，紐約證券交易所和其他證券交易所，都因經營慘澹而關閉了，絕大多數證券公司也岌岌可危。就在這個時刻，約瑟夫·賀希哈到證券交易所去找工作。幾位在交易所門口玩紙牌的人聽到他來找工作，不禁哄然大笑起來，認為他肯定是神經有問題。

賀希哈沒有灰心喪氣，他轉身到別的交易所去尋找工作。在接連受到譏笑的情況下，他仍不放棄自己的追求，最後，他來到了百老匯大街 120 號的依奎布大廈，在愛默生留聲機公司裡找到了一份工作，那是一份辦公室勤雜和午間總機接線的工作，薪水很低，每週 12 美元。但他樂意地接受了。

他滿腔熱情地開始了工作，並十分珍惜自己獲得的機會。他利用晚間

和假日認真鑽研股票業務和市場行情。不久，賀希哈發現愛默生留聲機公司也發行股票和經營股票，於是他時刻注意著公司的經營情況。他想，自己現在從事的勤雜工作與高層次的股票工作差距太大，怎麼能使自己靠攏它乃至參與它呢？

一天上午，他鼓起勇氣，敲開總經理辦公室的門，大膽地提出：「總經理先生，我可以做您的股票經紀人嗎？」總經理驚訝後稍沉默了一下，盯著這位猶太小夥子，覺得他半年來工作勤快、反應靈活，於是對賀希哈說：「膽量是股海衝浪的首要條件，你既然有這種勇氣，就試試看吧！」

此後，賀希哈成為愛默生留聲機公司股票行情圖的繪製員，他運用自己累積的股票知識和行情資料，很快就上手了。在工作中，他對股票買賣領悟更深了，為他日後事業的發展，打下了堅實的基礎。

賀希哈在愛默生公司工作時，每天除了花很少的車費、午餐和零用錢外，其餘全部積蓄下來。同時，他還替另一家股票交易所跑腿，這份兼職工作是從每天下午 6 時到第二天凌晨 2 時，來回跑送有關文件，每星期能賺取 12 美元的報酬。經過 3 年的艱辛努力，他累積了 2,000 美元。於是，他根據自己的奮鬥計畫，成為了一名獨立的股票經紀人，從此走上發跡之路。不到 1 年時間，他已經擁有了 168 萬美元的資產。

股海是風雲突變的，它不為人們的意志所左右。當賀希哈的財富累積超過一億美元時，有一次股價驟然下跌，他買進一家鋼鐵公司股票所賺到的上千萬美元及其他多宗贏利，一下虧光了。

然而，這一次慘敗沒有磨滅賀希哈積極進取的精神，相反使他信心更堅定，也變得更聰明了。他回憶說：「這一次失敗只給我留下 4,000 美元，幾年的奮鬥累積幾乎輸光了，那是我一生最痛苦的一次錯誤。但是，我認為，一個人如果說不會犯錯誤，他就是在說謊話。我如果不犯錯誤，也就

沒有辦法學到經驗。」

　　確實，那次失誤後，賀希哈經營股票順利得多了。到 1928 年，他已經成為每月可以賺 20 萬美元的股票大王了。1929 年是他最輝煌的一年，這一年也是股市歷史上最熱鬧的一年，幾乎全民都加入了股票買賣的行列。

　　豐富的經驗已使賀希哈認定大雨和風暴即將來臨，他果斷地將 1928 年末及 1929 年初大量買入的各類股票，一分不留地拋售，得到了相當於原來投資 10 多倍的回報，他一下又賺了上億美元，成為當時赫赫有名的股票大王。

點石成金

　　人的一生，不可能一帆風順，人的發展常常呈現一種螺旋式上升的趨勢，甚至有時會出現表面上的倒退，讓你陷入絕境。這是人生的一種過渡，往往隱含著巨大的跨越。此時，你需要耐心、慎重地對待過渡，從失敗中汲取教訓，培育鬥志和經驗，尋找時機。笑對苦難，它最終也將會向你露出微笑。勇敢而樂觀的人們，可以在別人覺得不可能的地方找出可能，讓不可思議的事情變為現實。

　　這兩節裡，馬可・奧理略首先是告訴我們應該怎樣看待發生在自己身上的事情，那就是平常而自然地接受，因為「沒有什麼不屬於人的事情，能夠在人身上發生」，發生在你身上的事情也是屬於你生命的一部分，沒有什麼好抱怨的；接受之後，就要「正當、清醒和慎重的活動」、「把你的努力轉到那被允許的事情上去」，尋找改變絕境的契機 —— 這就是馬可・奧理略的困境求生之道。

人們是一種互為的存在

因為，我們是天生要合作的，猶如手足、唇齒和眼瞼。

人們是彼此為了對方而存在的，那麼教導他們，容忍他們。

洞察每個人的支配能力；也讓所有其他的人洞察你的支配能力。

馬可・奧理略對世界的一個基本認知就是萬事萬物都是相互連繫、相互依存的，人當然也不例外。從這裡我們可以學到互為依存的概念，這個概念運用到現代社會，就是資源重組和整合。

現代社會是一個整體運作的大經濟體，富人、窮人，掌握資源的人、沒有資源的人，都是相互連繫、互為存在的，越早意識到這一點，你就可以充分運用你的想法，實現這種跨越和轉化。這個世界是已經準備好了一切你所需要的資源，你所要做的是意識到這種相互依存的關係，把它們蒐集起來，並用智慧把它們有機地組合起來。

一位出版商有一批滯銷書，當他苦於不能出手時，一個主意冒了出來——給總統送一本，並三番五次去徵求意見。忙於政務的總統哪有時間與他糾纏，便隨口而出：「這本書不錯。」於是出版商便大做廣告：「現有總統喜愛的書出售。」於是這些書就銷售一空。

時間不長，這個出版商又有賣不出去的書，他便又送了一本給總統。總統鑑於上次經驗，想奚落他，就說：「這書糟糕透了。」出版商聞之，靈機一動，又做廣告：「現有總統討厭的書出售。」有不少人出於好奇爭相搶購，書又銷售一空。

第三次，出版商將書送給總統，總統接受了前兩次教訓，便不予回答而將書棄之一旁，出版商卻大做廣告：「有總統難以下結論的書，欲購從

速。」居然又被一搶而空，總統哭笑不得，商人大發其財。

　　這就是真正的商人，他們充分理解了人與人這種互爲存在的關係，並巧妙加以利用，因此不管怎樣他們都能賺到錢。借用資源是大商人的拿手好戲，只要他們肯動腦，總能夠成功。

　　著名的希爾頓，從被迫離開家庭到成爲身價 5.7 億美元的富翁，只用了 17 年的時間，他發財的祕訣就是借用資源經營。他借到資源後，不斷地讓資源變成了新的資源，最後成爲了全部資源的主人 —— 一名億萬富翁。

　　希爾頓年輕的時候特別想發財，可是一直沒有機會。一天，他正在街上閒晃，突然發現整個繁華的優林斯商業區居然只有一個飯店。他就想：我如果在這裡建設一座高級的旅店，生意一定會興隆。於是，他認真研究了一番，覺得位於達拉斯商業區大街轉角地段的一塊土地最適合做旅店用地。他調查清楚了這塊土地的所有者是一個叫老德米克的房地產商人之後，就去找他。老德米克給他開了個價，如果想買這塊土地就要希爾頓掏 30 萬美元。

　　希爾頓不置可否，卻請來了建築設計師和房地產評估師給「他」的旅館進行估算。其實，這不過是希爾頓假想的一個旅館，他問按他設想的那個旅店需要多少錢，建築師告訴他起碼需要 100 萬美元。

　　希爾頓只有 5,000 美元，但是他成功地用這些錢買下一個旅館，並不斷地使之升值，不久他就有了 50,000 美元，然後找到一個朋友，請他一起出資，兩人湊了 10 萬美元，開始建設這個旅館。當然這點錢還不夠購買地皮，離他設想的那個旅館還相差很遠。許多人覺得希爾頓這個想法是痴人說夢。

　　希爾頓再次找到老德米克，簽訂了買賣土地的協定，土地出讓費爲 30

萬美元。然而就在老德米克等著希爾頓如期付款的時候，希爾頓卻對土地所有者老德米克說：「我想買你的土地，是想建造一座大型旅店，而我的錢只夠建造一般的旅館，所以我現在不想買你的地，只想租借你的地。」

老德米克有點發火，不願意和希爾頓合作了。希爾頓非常認真地說：「如果我可以只租借你的土地的話，我的租期為 100 年，分期付款，每年的租金為 3 萬美元，你可以保留土地所有權，如果我不能按期付款，那麼就請你收回你的土地和在我這塊土地上所建造的飯店。」老德米克一聽，轉怒為喜：「世界上還有這樣的好事，30 萬美元的土地出讓費沒有了，卻換來 270 萬美元的未來收益和自己土地的所有權，還有可能包括土地上的飯店。」於是，這筆交易就談成了，希爾頓第一年只需支付給老德米克 3 萬美元，而不用一次性支付昂貴的 30 萬美元。就是說，希爾頓只用了 3 萬美元就拿到了應該用 30 萬美元才能拿到的土地使用權。這樣希爾頓省下了 27 萬美元，但是這與建造旅店需要的 100 萬美元相比，還是差距很大的。

於是，希爾頓又找到老德米克，「我想以土地作為抵押去貸款，希望你能同意。」老德米克非常生氣，可是又沒有辦法。

就這樣，希爾頓擁有了土地使用權，於是從銀行順利地獲得了 30 萬美元，加上他已經支付給老德米克的 3 萬美元後剩下的 7 萬美元，他就有了 37 萬美元。可是這筆資金離 100 萬美元還是相差得很遠，於是他又找到一個土地開發商，請求他一起開發這個旅館，這個開發商給他了 20 萬美元，這樣他的資金就達到了 57 萬美元。

1924 年 5 月，希爾頓旅店在資金缺口已不太大的情況下開工了。但是當旅店建設到了一半的時候，他的 57 萬美元已經全部用光了，希爾頓又陷入了困境。這時，他還是來找老德米克，如實介紹了資金上的困難，希望老德米克能出資，把建了一半的建築物繼續完成。他說：「如果旅店一

完工，你就可以擁有這個旅店，不過您應該租賃給我經營，我每年付給您的租金最低不少於 10 萬美元。」

這個時候，老德米克已經被套牢了，如果他不答應，不但希爾頓的錢收不回來，自己的錢也一分都回不來了，他只好同意。而且最重要的是自己並不吃虧──建希爾頓飯店，不但飯店是自己的，連土地也是自己的，每年還可以拿到 10 萬美元的租金收入，於是他同意出資繼續完成剩下的工程。

1925 年 8 月 4 日，以希爾頓名字命名的「希爾頓旅店」建成開業，他人生開始步入輝煌時期。

希爾頓就是用借的辦法，用 5,000 美元在兩年時間內完成了他的宏偉計畫。這樣的辦法說穿了也十分簡單：找一個有實力的利益追求者，想盡一切辦法把他與自己的利益捆綁在一起，使之成為一個不可分割的共同體，讓他幫助自己實現自己的目標。

點石成金

「如果你能給我指出一位百萬富翁，我就可以給你指出一位大貸款者。」一切都是可以靠借的，借資金，借技術，借人才，這些為自己所用的東西都可以拿來。別人擁有的資源，正期待你的想法。因為，人是互為存在的。

「我們是天生要合作的」、「人們是彼此為了對方而存在的」，馬可．奧理略的話，能讓我們更好的理解人與人之間這種相互依存的關係；「洞察每個人的支配能力；也讓所有其他的人洞察你的支配能力」，而洞察自己和別人的支配能力，可以使這種依存關係，朝你希望的方向轉化。

溝通的藝術：不激烈地衝撞，也不畏縮

你要注意所說的話。讓你的理解進入正在做的事和做這些事的人的內部。

陽光照射下來，看起來它的確是分布到所有方向，但它並不是流溢。因為這種分布是擴展：它的光線就叫做擴展，因為它們是被擴展的。如果一個人注意陽光透過一個狹口進入一個黑暗的房間，他就可以判斷出一條光線是一種什麼事物，因為它筆直地伸展，當它遇到任何擋住它去路和切斷空氣的固體時，它可以說是被隔開了，但是光仍然在那裡保持著穩定，並不滑動或縮小。那麼理解力也應如此照射和分布，它不應是一種流溢，而是一種擴展，它不應對擋住它去路的障礙做任何激烈的衝撞，同時也不畏縮，而是穩定地照亮那接受它的東西。因為一個物體不接受它的話，它就得不到光亮。

「讓你的理解進入正在做的事和做這些事的人的內部」，不做「任何激烈的衝撞，同時也不畏縮，而是穩定地照亮那接受它的東西」，馬可·奧理略在這裡描繪了一種成功的溝通境界，運用同理心和接受原則，去理解對方和發生的事情。

溝通是一門微妙的藝術，掌握了溝通藝術，你會在事業上左右逢源，在生活中揮灑自如，但是溝通不順或是溝通失誤則會使你處處受制，困窘不堪。溝通能力是一種技能，是一種綜合素養的表現。在一個公司裡，不論管理者還是普通員工，這種能力是比某些知識技術更為重要的能力。不斷提高我們的溝通水準，就能幫助我們在各自的奮鬥道路上走得更快更穩。越來越多的公司重視透過加強內部或外部的溝通，來解決管理中的各

種矛盾和衝突。良好的溝通不僅有利於提高工作效率，而且有利於激勵員工的積極性，在企業建立起和諧的人際關係和公司氛圍。

一位跨國公司經理告訴其祕書說：「你幫我查一查我們公司有多少人在華盛頓工作，星期四的會議上董事長將會問到這一情況，我希望準備得詳細一點。」於是，這位祕書打電話告訴華盛頓分公司的祕書：「董事長需要一份你們分公司所有工作人員的名單和檔案，請準備一下，我們在兩天內需要。」分公司的祕書又告訴其經理：「董事長需要一份我們公司所有工作人員的名單和檔案，可能還有其他材料，需要盡快送到。」結果第二天早晨，四大箱航空郵件送到了公司大樓。

有一位美國知名公司的經理，在一天深夜三點忽然想起有件很重要的公事沒辦，急匆匆地趕到辦公樓，結果一摸口袋發現鑰匙忘帶了，進不去怎麼辦？著急的經理於是拿起手機撥祕書喬的電話，回答關機，經理生氣極了，關鍵時刻怎麼能關機呢？但也沒辦法，只好打道回府。第二天一上班，經理便把祕書喬叫進辦公室給訓了一通，問她為什麼要關手機。祕書喬突然受到訓斥，也不甘示弱，說：「經理，都下班了，我為什麼就不能關機呀！」結果是不歡而散。祕書喬回到辦公室正準備辦公，當她打開公司的網頁時驚呆了，原來經理將這件事以郵件的形式告訴了人力總監和其他的部門經理，祕書喬覺得難堪極了，心裡越想越不是滋味，一怒之下，敲動鍵盤給經理寫了一封言辭激烈的信，然後在公司網頁及網際網路上發布了出去，然後辭職。這位經理也因無法控制事態的影響而最終卸任。

這些都是失敗的溝通，原因是溝通雙方沒有進入對方的內心，沒有運用同理心和接受原則去理解對方和發生的事情，導致溝通失誤。

《聖經・舊約》上說，人類的祖先最初講的是同一種語言。他們在底格里斯河和幼發拉底河之間，發現了一塊異常肥沃的土地，於是就在那裡

定居下來，修起城池，建造起了繁華的巴比倫城。後來，他們的日子越過越好，人們為自己的業績感到驕傲，他們決定在巴比倫修一座通天的高塔，來傳頌自己的赫赫威名，並作為集合全天下弟兄的標誌，以免分散。因為大家語言相通，同心協力，階梯式的通天塔修建得非常順利，很快就高聳入雲。上帝耶和華得知此事，立即從天國下凡視察。上帝一看，又驚又怒，因為上帝是不允許凡人達到自己的高度的。他看到人們這樣統一強大，心想，人們講同樣的語言，就能建起這樣的巨塔，日後還有什麼辦不成的事情呢？於是，上帝決定讓人世間的語言發生混亂，使人們的語言互不相通。這樣，人們各自操起不同的語言，感情無法交流，思想很難統一，就難免出現互相猜疑，各執己見和爭吵鬥毆。這就是人類之間誤解的開始。修造工程因語言紛爭而停止，人類原本強大的力量消失了，通天塔終於半途而廢。

溝通不暢，能夠瓦解強大的力量。

點石成金

未來學家約翰・奈思比（John Naisbitt）說，未來公司間的競爭將是管理的競爭，競爭的焦點在於每個公司內部成員之間及其與外部的有效溝通上。溝通的管理意義是顯而易見的。如同激勵員工的每一個因素，都必須與溝通結合起來一樣，企業發展的整個過程也必須依靠溝通。可以說，沒有溝通，企業管理者的領導，就難以發揮積極的作用；沒有順暢的溝通，企業就談不上機敏的應變。松下幸之助說過，溝通一向是、現在是、將來也依然是企業中的重要問題。

「讓你的理解進入正在做的事和做這些事的人的內部」、「理解力也

應如此照射和分布，它不應是一種流溢，而是一種擴展，它不應對擋住它去路的障礙做任何激烈的衝撞，同時也不畏縮，而是穩定地照亮那接受它的東西」，溝通的藝術在於理解，而理解的方法是不做激烈的衝撞，也不畏縮，而是穩定地照亮對方，掌握馬可·奧理略教給我們的溝通藝術吧。

殺戮也不能阻止正義

即使人們殺死你，把你切為碎片，詛咒你，這些事情也不能阻止你的心靈保持純淨、明智、清醒和公正。例如，如果一個人站在一池清澈純淨的泉邊詛咒它，這清泉絕不會停止冒出可飲用的泉水，即使這個人把泥土或垃圾投入其中，清泉也將迅速地沖散它們，洗滌它們，而不會遭到汙染。

斯多葛派哲學強調在任何境遇下都應堅持德行，在這一小節，馬可‧奧理略把心中的「純淨、明智、清醒和公正」比喻成生生不息的泉水，無論外界發生怎樣的事情，心中的正義都不會滅絕。當生命受到威脅時，你還能堅持正義嗎？正義之所以成為一種力量，永遠不會泯滅，是因為人們內心有善良的種子。這種天性中的正義感，就像大自然中的泉水一樣，不會因為人的詛咒而停止冒出泉水，甚至如果有人把泥土和垃圾投入泉水，泉水也會迅速沖散它們，洗滌它們，不會遭到汙染，正義也具有同樣的力量。

二戰期間，一位飛行導航員和戰地記者在 B-17 轟炸機飛行隊服務，分隊奉命對德國納粹的卡塞爾市進行轟炸。轟炸機遭到德軍猛烈的防空炮火狙擊，這原本沒有什麼奇怪的，但不同於以往的是，這一次他們的油箱被擊中了。奇蹟就發生在這一刻，事後的勘驗發現，炮彈彈頭穿透油箱達 20 毫米，竟然沒有引發爆炸！飛行員波恩‧福克斯告訴他：「還有更稀奇的事呢！」那天波恩從飛機上下來後，就向分隊長索要那枚沒有引發爆炸的彈殼，作為這次天大的幸運的紀念品。分隊長告訴波恩：這樣的幸運彈殼並不止一枚，而是整整 11 枚。毫無疑問，其中的任何一枚發生爆炸，

都足以讓人和飛機在天空中變成碎片。然而，11 枚擊中飛機的炮彈，竟然全都滅了火。這樣的奇蹟，真是讓人覺得不可思議。

為了解開心中的巨大疑團，他們立即將這些彈殼送到了軍械維修處，讓他們打開彈殼，探求究竟。幾天後，維修處告知他們已經解開了其中的祕密，但上級嚴令他們，不能將祕密透露給任何人。

這個謎團一直到戰爭結束幾十年後才被公開：當軍械維修員們打開彈殼時發現，每個彈殼裡都沒有填充炸藥，而是裝滿了泥沙作為替代物。在其中的一個彈殼泥沙中，維修員發現了一張經過仔細折疊的紙片，紙片上寫有一行誰也不識得的文字。最終，一位軍事專家認出了紙片上的文字是捷克語，並將它翻譯了出來：「這是現在我們唯一能做的事情！」

這的確是戰爭史上的一個奇蹟，一個由人間正義所創造的奇蹟。我們都知道戰爭的殘酷，這種殘酷性幾乎可以泯滅人類天性中任何一種美好品格。但是，我們也同樣相信，即使是在一場慘絕人寰的殺戮之中，也仍然有人能夠堅持心中的正義，做出令人敬佩的義舉。殺戮也無法阻止正義，因為真正的正義，就像泉水一樣，生生不息。

點石成金

「假設人們殺死你，把你切成碎片，詛咒你。那麼這些事情怎麼能阻止你的心靈保持純淨、明智、清醒和公正呢？」殺戮也不能阻止正義，我們要牢記這一點。

沒有變化任何事都無法發生

　　有人害怕變化嗎？但沒有變化什麼東西能發生呢？又怎麼能使宇宙本性更愉悅或對它更適合呢？木柴不經歷一種變化，你能洗澡嗎？食物不經歷一種變化，你能得到營養嗎？沒有變化其他任何有用的東西能夠形成嗎？你沒有看到對於你來說，就像對於宇宙本性來說一樣是需要變化的嗎？

　　宇宙的本性有這一工作要做，即把這個地方的事物移到那個地方，改變它們，把它們從此處帶到彼處。所有事物都是變化的，但我們沒有必要害怕任何新的東西。所有的事物都是我們熟悉的，而對這些事物的分配也保持著同樣的感覺。

　　在馬可・奧理略的世界觀裡，萬事萬物的連繫是一個重要的主題，變化又是另外一個重要的主題。時間的流逝，生命的短暫，名聲的虛幻和易朽……《沉思錄》中，馬可・奧理略處處流露著對永恆變化的感知。

　　大家都知道這樣一句話 —— 唯一不變的只有變化。花開花落，斗轉星移，這是自然界的變化，反映了自然規律，人類社會的變化更是日新月異。人們總是本能地害怕變化，因為他們覺得變化難以預測，難以掌握，無法讓他們心裡有安全感。可是，沒有變化任何事情都不可能發生，變化是宇宙的本性。如果我們能夠掌握變化的規律，利用這種變化實現某種不滿意現狀的改變，那麼變化就不再是一件令人害怕的事情。

　　佛陀旅行經過一個森林，那一天非常熱，剛好在中午，他覺得口渴，所以他告訴他的弟子阿難：「我們剛走過一條小溪，你去取一些水來。」

　　阿難往回走，但是他發現那條小溪非常小，有一些車子經過，溪水被

弄得很汙濁，本來沉澱的泥土都跑上來了，現在那水不能喝了。他回到佛陀身邊，告訴佛陀：「小河裡的水已經很髒，不能喝了，請您允許我繼續走，我知道有一條河就在離這裡不遠的地方，我去那裡取水。」

佛陀說：「不，你到剛才那條小溪去取水。」

阿難知道那條河裡的水取來也無法飲用，只是白白浪費時間。但是佛陀說了，他就必須去。

當他第二次回來的時候，阿難問佛陀：「您堅持叫我去，但我是不是能做些什麼來使那些水變純淨？」

佛陀說：「請你什麼事都不要做，否則你將會使它變得更不純淨。不要進入那條溪流，只要在外面、在岸邊等待，如果你進入溪流，你將會把水弄得更髒，溪流自己會流動，你要讓它流。」

佛陀說：「你再去。」

當阿難第三次回到那條溪流時，水是那麼清澈，泥沙已經流走了，枯葉也消失了。阿難笑了，他取了水快活地回來，拜在佛陀的腳下說：「您教導的方法真是奇蹟，您給我上了偉大的一課：沒有什麼東西是永恆的，只需要耐心。」

無常，是佛陀的基本教導，即沒有什麼東西是永恆的，每一樣東西都是轉瞬即逝的。即使是同一條河流，也沒有一樣東西可以保持永恆，只要有耐心，只要等上片刻，那些葉子將會流走，那些泥沙將會再度沉澱，那些水就會再度變得純淨。一條小河是這樣，生活也是這樣。變化不僅是一種客觀的現象，也可以成為我們戰勝困難的一種武器。

有一條小河流從遙遠的高山上流下來，經過了很多村莊與森林，最後來到了一個沙漠。它想：「我已經越過了重重的障礙，這次應該也可以越過這個沙漠吧！」

當它決定越過這個沙漠的時候，它發現它的河水漸漸消失在泥沙當中，它試了一次又一次，總是徒勞無功，於是它灰心了。「也許這就是我的命運了，我永遠到不了傳說中那個浩瀚的大海。」它頹喪地自言自語。

這時候，四周響起了一陣低沉的聲音：「如果微風可以跨越沙漠，那麼河流也可以。」原來這是沙漠發出的聲音。小河流很不服氣地回答說：「那是因為微風可以飛過沙漠，可是我卻不行。」

「因為你堅持你原來的樣子，所以你永遠無法跨越這個沙漠。你必須讓微風帶著你飛過這個沙漠，到達你的目的地。只要你願意放棄你現在的樣子，讓自己蒸發到微風中。」沙漠用它低沉的聲音說道。

小河流從來不知道有這樣的事情：「放棄我現在的樣子，然後消失在微風中？不！不！」小河流無法接受，畢竟它從未有過這樣的經驗，叫它放棄自己現在的樣子，那不等於是自我毀滅了嗎？「那又怎樣呢，那我就不再是河流了。」小河流洩氣地說。

「不，親愛的孩子，微風可以把水氣包含在它之中，然後飄過沙漠，到了適當的地點，它就會把這些水氣釋放出來，於是就變成了雨水。然後這些雨水又會形成河流，繼續向前進。」沙漠很有耐心地回答。

「那我還是原來的河流嗎？」小河流問。

「可以說是，也可以說不是。」沙漠回答，「不管你是一條河流或是看不見的水蒸氣，你內在的本質從來沒有改變。你堅持你是一條河流，是因為你從來不知道自己內在的本質。」

此時在小河流的心中，隱隱約約地想起了自己在變成河流之前，似乎也是由微風帶著自己，飛到內陸某座高山的半山腰，然後變成雨水落下，才變成今日的河流。

於是小河流鼓起勇氣，投入微風張開的手臂，消失在微風之中，讓微

風帶著它，奔向它生命中的夢想。

　　我們生命的歷程也像小河流一樣，想要跨越生命中的障礙，達到自己想要的成就，就需要有放下自我、改變自我的決心和勇氣。

點石成金

　　古語有「窮則思變」，這是說遇到困境要勇於改變現狀，尋找出路，又有「變則通，通則久」，是說唯有懂得變化，才能越過困難和障礙，贏得持續良好的局面，還有「以不變應萬變」，這又告訴我們雖然世界紛繁複雜，時刻都在變化，但是如果我們能認清變化的本質，掌握變化的規律，那麼我們就可以輕鬆應對。變化既是一種客觀存在的現象，也可以是一種主動產生的行為方式。不要害怕變化，沒有變化任何事情都無法發生。

　　「你沒有看到對於你來說，就像對於宇宙本性來說一樣是需要變化的嗎？」宇宙本性需要變化，我們自己也需要變化，只有這樣，你才不會因為偏執而走進死巷子。

能敏銳地觀察，就能明智地判斷

哲學家說，如果你能敏銳地觀察，就能明智地調查和判斷。

這個獨立的警句是馬可・奧理略用來提醒自己，要注意觀察。能敏銳地觀察，就能明智地判斷。相信看過《福爾摩斯探案全集》的朋友都知道這樣一個場景：在福爾摩斯第一次與華生見面時，就立刻辨別出華生是一名去過阿富汗的軍醫。福爾摩斯為什麼能夠那麼快地辨別出來面前的這個人就是一名軍醫呢？是觀察，敏銳地觀察力使得福爾摩斯能夠迅速地辨別出一個人的職業和經歷。

某大公司招聘職業經理人，應徵者雲集，其中不乏高學歷、工作經驗豐富的人。但為了避免關說之類，最後，老闆決定由親自面試改為委託總經理面試最後的 6 名應徵者。可是當面試開始時，總經理卻發現考場上多出了一個人，就問道：「有不是參加面試的人嗎？」

坐在最後面的一個男子站起來說：「先生，我在第一輪被淘汰了，但我想參加一下面試。」所有的人都笑了，就連站在門口為客人倒茶水的老頭也忍俊不禁。

總經理不以為然地問：「你連考試第一關都過不了，又有什麼必要參加這次面試呢？」

這個男子說：「因為我掌握了別人沒有的財富，我本人就是一大財富。」大家又一次哈哈大笑，認為該男子要嘛是頭腦有毛病，要嘛是狂妄自大。這位男子繼續說：「我雖然學歷不算太高，也沒擔任過重要職務，可是我卻有著 10 年的工作經驗，曾在 12 家公司任過職⋯⋯」

總經理插話：「雖然你的學歷和職稱都不高，但是工作 10 年倒是不

錯。不過你換了 12 家公司，這可不是一種令人欣賞的行為。」

「先生，我沒有主動要換工作，是那 12 家公司先後倒閉了。」男子回應說。

在場的人又是一陣大笑。一個考生說：「你真是一個完全的失敗者！」

男子笑了笑：「不，這不是我的失敗，而是那些公司的失敗。這些失敗累積成我自己的財富。」男子繼續說：「我很了解那 12 家公司，我與同事努力想挽救，雖然沒有成功，但我知道錯誤與失敗的每一個細節，並從中學到了許多東西，這是別人所學不到的。很多人只是追求成功，而我，更有經驗避免錯誤與失敗！」

男子停頓了一會兒，又接著說：「我知道，成功的經驗大部分相似，容易模仿，而失敗的原因，卻各有各的不同。用 10 年學習成功經驗，不如用同樣的時間經歷錯誤與失敗，所學的東西反而更多、更深刻。我認為，別人的成功經歷很難成為我們的財富，而別人的失敗過程，恰恰是我們不可多得的財富！」

說完這些，這位男子做出轉身出門的樣子，又突然回過頭：「這 10 年經歷的 12 家公司，培養鍛鍊了我對人、對事、對未來的敏銳洞察力，舉個小例子吧 ── 真正的主考官，不是您，而是這位倒茶的老伯……」

男子的話讓在場所有的人都感到驚訝，大家都將目光轉向老頭。倒茶老頭在驚訝之際，很快恢復了平靜，笑了笑：「很好！你被錄取了，因為我想知道 ── 你是如何知道這一切的？」

觀察力強的人，判斷力不會差。

大多數的同仁都很興奮，因為部門裡調來了一位新主管，據說是個能人，專門被派來整頓業務。可是，日子一天天過去，新主管卻毫無作為，每天彬彬有禮地走進辦公室，便躲在裡面難得出門，那些緊張得要死的壞

份子，現在反而更猖獗了。他哪裡是個能人，根本就是個老好人，比以前的主管更容易對付。

　　四個月過去了，新主管卻發威了，壞份子一律開除，能者則獲得提升。下手之快，斷事之準，與四個月中表現保守的他，簡直像換了一個人。年終聚餐時，新主管在酒後致詞：相信大家對我新上任後的表現和後來的大刀闊斧，一定感到不解。現在聽我說個故事，各位就明白了。我有位朋友，買了棟帶著大院子的房子，他一搬進去，就對院子全面整頓，雜草雜樹一律清除，改種自己新買的花卉。某日，原先的屋主回訪，進門大吃一驚地問，那些名貴的牡丹哪裡去了。我這位朋友才發現，他居然把牡丹當草給割了。後來他又買了一棟房子，雖然院子非常雜亂，他卻是按兵不動，果然，冬天以為是雜樹的植物，春天裡開了繁花；春天以為是野草的，夏天卻是錦簇；半年都沒有動靜的小樹，秋天居然紅了葉。直到暮秋，他才認清哪些是無用的植物而大力剷除，並使所有珍貴的草木得以保存。

　　說到這裡，主管舉起杯來，道：「讓我敬在座的每一位！如果這個辦公室是個花園，你們就是其間的珍木，珍木不可能一年到頭開花結果，只有經過長期的觀察才認得出。」

　　珍木不可能一年到頭開花結果，只有經過長期的觀察才認得出。

　　觀察能力強的人，能夠在平凡生活中發現「不奇之奇」，這樣才更容易把握機會，獲得成功。許多有成就的科學家，從小對生活就具有相當強的觀察能力，並勤於思考、從中發現有價值的東西。

　　母親端茶招待客人，瑞利專心致志地望著母親的一舉一動，他完全被母親手中的碗碟吸引住了。

　　他發現：母親起初端來的茶碗很容易在碟子中滑動，可是，在灑過熱

茶的碟子上，茶碗就不滑動了；儘管母親的手仍舊搖晃著，碟子傾斜得更屬害，茶碗卻像吸在碟子上似的，不再移動了。

「太有趣了！我一定要弄清楚這是為什麼！」瑞利非常激動，腦子裡產生對物理學中摩擦力研究的欲望。客人走後，他用茶碗和碟子反覆實驗起來，他還找來玻璃瓶，放到玻璃板上進行實驗，看看玻璃板慢慢傾斜時瓶子滑動的情況。接著他又在玻璃板上灑些水，對比一下，看看有什麼不同。經過多次實驗和分析，他對茶碗碟子之間的滑動做出了這樣的結論：茶碗和碟子表面總有一些油膩，油膩減小了茶碗和碟子之間的摩擦力，所以容易滑動。當灑上熱茶時，油膩溶解散失了，碗在碟中就不容易滑動了。

接著，他又進一步研究油在固體摩擦中的作用，提出了潤滑油減少摩擦力的理論。後來，他的發現被運用到生產和生活中去，在有機器轉動的地方，幾乎都少不了潤滑油。1904 年，瑞利獲得諾貝爾物理學獎。

點石成金

觀察力可以幫助人們得到周圍世界的有關知識和資訊，是認知世界的基礎。觀察力對於一個人來說是非常重要的。敏銳地觀察力可以使我們避免被表面現象迷惑，而真正地看到事物的本質和變化的趨勢。觀察力，可以使一個人變得更加地睿智、嚴謹，發現許多別人不能發現的東西。

「如果你能敏銳地觀察，就能明智地調查和判斷」，敏銳的觀察力是一個人擁有良好判斷力的前提。

選擇努力方向要學會變通

也許某一別的積極力量將受阻礙。── 但透過默認阻礙和透過滿足於把你的努力轉到那被允許的事情上去，另一個行動機會又會代替那受阻的活動而直接擺到你面前，它也是一個適應於我們剛才說的那一秩序的行動機會。

這裡，馬可‧奧理略說的是如何面對障礙的問題。他告訴我們，當原先的努力方向遇到障礙時，要學會變通，「把你的努力轉到那被允許的事情上去」，找到另一個行動機會。

當你為自己的目標行動時，總會遇到各式各樣難以逾越的障礙，如果長期的努力無法改變現狀，人生陷入僵局，這時，你就要問問自己，有沒有別的機會呢？山窮水盡疑無路，柳岸花明又一村，這也是一種人生。

我們的世界，蘊含著無窮的機遇，只要你善於努力，總能發現自己的機會。

紐約里士滿區有一所窮人學校，它是貝納特牧師在經濟大蕭條時期創辦的。1983 年，一位名叫普熱羅夫的捷克籍法學博士在做畢業論文時發現，50 多年來，該校出來的學生在紐約警察局的犯罪紀錄最低。

為延長在美國的居住期，他突發奇想，上書紐約市市長彭博（Bloomberg），要求得到一筆市長基金，以便就這一主題深入開展調查。當時彭博正因紐約的犯罪率居高不下受到選民的責備，於是很快就同意了普熱羅夫的請求，提供了他 1.5 萬美元的經費。

普熱羅夫憑藉這筆錢，展開了漫長的調查活動。從 7 歲的學童到 80 歲的老人，從貝納特牧師的親屬到在校的老師，總之，凡是在該校學習和

工作過的人，只要能打聽到他們的地址或信箱，他都要寄給他們一份調查表，問：聖·貝納特學院教會了你什麼？在將近 6 年的時間裡，他共收到 3,700 多份答卷。在這些答卷中，有 74％的人回答，他們知道了一支鉛筆有多少種用途。

普熱羅夫本來的目的，並不是真的想搞清楚這些沒有進過監獄的人，到底在該校學了些什麼，他的真正意圖是以此拖延在美國的時間，以便找一份與法學有關的工作。然而，當他看到這份奇怪的答案時，再也顧不了那麼多了，決定馬上進行研究，哪怕報告出來後被立即趕回捷克。

普熱羅夫首先走訪了紐約市最大的一家皮件商店的老闆，老闆說：「是的，貝納特牧師教會了我們一支鉛筆有多少種用途。我們入學的第一篇作文就是這個題目。當初，我認為鉛筆只有一種用途，那就是寫字。誰知鉛筆不僅能用來寫字，必要時還能用來做尺畫線，還能作為禮品送人表示友愛；能當商品出售獲得利潤；鉛筆的芯磨成粉後可作潤滑粉；演出時也可臨時用於化妝；削下的木屑可以作成裝飾畫；一支鉛筆按相等的比例鋸成若干份，可以做成一副象棋，可以當作玩具的輪子；在野外有險情時，鉛筆抽掉芯還能被當作吸管喝石縫中的水；在遇到壞人時，削尖的鉛筆還能作為自衛的武器……總之，一支鉛筆有無數種用途。

「貝納特牧師讓我們這些窮人的孩子明白，有著眼睛、鼻子、耳朵、大腦和手腳的人，更是有無數種用途，並且任何一種用途都足以使我們生存下去。我原來是個電車司機，後來失業了。現在，你看，我是一位皮件商。」

普熱羅夫後來又採訪了一些聖·貝納特學院畢業的學生，發現無論貴賤，他們都有一份職業，並且都生活得非常樂觀。而且，他們都能說出一支鉛筆至少 20 種用途。

普熱羅夫再也按捺不住這一調查給他帶來的興奮。調查一結束，他就放棄了在美國尋找律師工作的想法，匆匆趕回國內。後來，他成為捷克最大的一家網路公司的總裁。

一支鉛筆有無數種用途，人更應該有無數出路，不要執著於一條走不通的路。思路開闊了，選擇的機會多了，才更容易獲得成功。

點石成金

一支普通的鉛筆就有至少 20 多種用途，更何況我們是有手有腳，有思想有感情的人呢？

工作就像鑽井，如果在一個地方，總是打不出水來，你是一直固執地打下去，還是考慮可能鑽井的位置不對，從而及時轉換思考去尋找一個更容易出水的地方鑽井呢？當你的人生道路上亮起「此路不通」，不要太過執著，不妨想一想別的出路。條條道路通羅馬，有一天你會發現，一條迂迴的小路只要方向正確，一樣能夠通向夢想。

「把你的努力轉到那被允許的事情上去，另一個行動機會又會代替那受阻的活動而直接擺到你面前」，面對障礙，只要學會變通，你總能發現機會。

第九卷　理解存在

　　《沉思錄》卷九的主旨是理解存在。人是一種互為的存在，宇宙萬物也是一種互為的存在。你要理解這種存在關係，接受這種存在所帶來的一切，接受宇宙本性對存在的安排，恰如其分地看待自己，恰如其分地看待其他事物，對這個世界感到滿意，盡到自己的職責。所有的意見和行動，都應該以這種理解作為基礎。「由於你自己是一個社會體系的構成部分，你也要讓你的每一行為，都成為社會活動的一個構成部分。」

成為工作的主人

不要像一個被強迫者那樣勞動，也不要像一個將受到憐憫或讚揚的人那樣勞動，而要使你的意志直指一件事情，即像社會理性所要求的使自己活動和抑制自身。

只要腳做腳的工作的，手做手的工作，手腳的勞動，絕不違反本性。所以，對於一個人來說，只要他做的是一個人的工作，他的工作也絕不違反本性。而如果這工作不違反他的本性，它對這個人來說就絕非壞事。

在馬可・奧理略的理念中，工作是人的一種本性，也是社會理性所要求的，它不應該被強迫，也不應該成為獲得稱讚和憐憫的手段。

人的生命，有一大部分是交給工作的，這一點，大多數人都一樣，但面對工作的態度卻大不相同。有的人視工作為苦役，這種人是工作的奴隸，這種生活當然苦不堪言。而另一種人，即使是面對最平凡的工作，也會想辦法把它做得富於創意，展現專業精神，成為工作的主人。

薩克斯・康明斯（Saxe Commins）是一位相當稱職的、具有高尚的職業道德的編輯家。有人曾讚美薩克斯編輯水準的不凡：「他用藍筆一揮，光禿禿的岩石也能冒出香檳酒來。」

薩克斯在 30 歲時，就已對編輯業務運用自如，他具有真正的文體感和淵博的文學知識，而且掌握了許多具體的出版工藝：從設計、出書，直到適當的發行工作。這些確實不易。

哥倫比亞大學的莫里斯・瓦倫西（Maurice Valency）教授把他的書稿《第三重天》送到薩克斯供職的蘭登出版社。薩克斯審閱了這部著作。他認為「對我來說，貴作是一部明達而深入的研究著作，在內容、風格和學

術方面都很豐富，完全應該出版」。他肯定地說：「我可以很有把握地說，如果我們不出版這本書，別的出版家也會出版這本書。但是我們是第一個讀到這本書的出版社。」儘管薩克斯對《第三重天》抱有如此充分的自信和熱情，《第三重天》還是被他的同事所否定。按一般常規，責任編輯的推薦、力爭，了無其效，書稿退回作者就行，起碼也就無愧於心了。然而身為編輯的薩克斯並沒有就此放手，他不忍於一部確有價值的書稿的泯滅。在給莫里斯的信中，他仍然鼓勵作者：「我個人認為，你的著作是會使牛津大學出版社的書目為之生色不少的，我大力請求把稿子寄給他們。實際上，我很願意向那個出版社推薦你的書稿。」為了使《第三重天》能夠順利出版，他甚至對書名重加斟酌：「在書名方面能允許我提個建議嗎？《愛的頌歌》怎麼樣？請考慮這個替換的書名。」在薩克斯逝世後，這由他改了書名為《愛的頌歌》（*In praise of love: an introduction to the love-poetry of the Renaissance*）的《第三重天》，終於經過周折坎坷而由麥克米倫公司出版了。

　　暢銷書作家巴德‧斯楚伯格（Budd Schulberg）寫完《岸上風雲》（*On the Waterfront*）的初稿，正要潤色付印時，該小說的電影版權已賣出去了。這時，就有個小說、電影一決先後的問題，急如星火，分秒必爭。薩克斯完全可以盡快推出小說：印小說畢竟要快於拍電影吧！然而，他不，他認為「樣書送來了，還得仔細校閱，特別要審核濱水區流行的那些行話是否真有那麼回事」。於是，他越俎代庖地把給巴德提供過濱水區真實情況的碼頭工人布朗請來。「辦公室裡太亂，人們又太好奇，根本沒法工作。在家裡工作，有這個碼頭工人在身旁，校對工作的進展會快得多，樣書馬上就能送出去。」他這樣打電話給夫人。於是，一應食宿，均在其家。在這裡，作者、編輯、作品素材提供者，融為一體。它表現了作為一

個極端負責任的編輯的責任感和使命感。

　　薩克斯心裡只有作者、作品和讀者。對三者無絲毫怠慢，正是一位盡職盡責的編輯最可貴的職業道德和思想素養。薩克斯並不是一味不講原則地扶持作者。對有的作者，哪怕是聲名顯赫的作者，寫出的有瑕疵的作品，他也絕不會姑息而直陳己見。他不想遷就作者，他更不想為滿足作者的要求而貽誤了讀者。在審閱完著名作家帕德里克·科拉姆的《翱翔的天鵝》的手稿之後，他鄭重而嚴肅地責備作者「對讀者不負責任的態度」。他說：「請務必相信我，如果我有任何辦法可以挽救這本書的手稿，那麼我就會明確地說出來……但是不幸得很，我確信，這本小說是無法挽救的……我特別感到不快的是，這小說竟會是帕德里克·科拉姆的作品，因為我早就很敬慕他。」

　　責任感和使命感是驅動高品質工作的源泉。

　　身為一名普通郵差的雷蒙德，他的事蹟聞名世界。他的工作就是負責為社區的住戶收送信件。當他知道社區裡有一位職業演說家，這位演說家一年大概有 200 天在外出差，他便找到了這位演說家，向他索要一份全年行程表。

　　「我這樣做的目的就是為了當您不在的時候，我就替您保管您的信件，當您回家的時候我第一時間把信交給您。」雷蒙德誠懇地解釋說。他的這一舉動令演說家十分驚訝，他從沒遇見過這樣的郵差。演說家回答道：「不用這麼麻煩，你只要放在我的郵箱裡就可以了。」「據我了解，小偷經常窺探住戶的郵箱，如果發現是滿的，就表明住戶不在家，那麼家中很有可能失竊。」雷蒙德繼續解釋。

　　後來，雷蒙德細想，繼續說：「不如這樣，只要郵箱的蓋子能蓋上，我就把信放到裡面，塞不進去的話，就擱在房門地下，如果也放滿了，我

就把信留著，等您回來。」演說家無可挑剔，欣然同意。

半個月過去，出差回來的演說家發現自家門口的擦鞋墊跑到了門廊的角落，下面還遮著什麼東西。原來演說家出差的時候，美國聯合包裹公司把他的包裹投到了別人家裡，雷蒙德看到演說家的包裹送錯了地方，就把它撿了回來，並送回了演說家的住處藏好，還在上面留了張字條，解釋了事情的來龍去脈，並細心地用擦鞋墊把它遮住，以避人耳目。

對於雷蒙德專業的服務，演說家非常感動，並深受啟發。

沒有平凡的工作，任何工作職位都可以做得不同凡響。只要用心，最簡單最枯燥的工作都可以做出創意，都能實現自己的人生價值。

點石成金

一旦你是為外在的力量而工作，工作就會成為無休止的苦役。當你成為工作的主人，全身心投入到工作中，付出自己的熱情和創意，你就會發現工作的樂趣。無論你從事什麼樣的工作，只要有一份敬業的精神，即使是一份再普通不過的工作也能做得讓人佩服，實現自我的價值。

「不要像一個被強迫者那樣勞動，也不要像一個將受到憐憫或讚揚的人那樣勞動」，做工作的主人，這是人的本性和社會理性的共同要求。

節制是理性動物擁有的德行

驅散想像，克制欲望，消除嗜好，把支配能力保持在它自己的力量範圍之內。

不要屈服於身體的引誘。因為身體只是有理性者和理智活動確定自己範圍的特殊場所；不要被感官或嗜欲的運動壓倒，因為這兩者都是動物性的，而理智活動卻要取得一種至高無上性，不允許自己被其他運動所凌駕。保持健全的理性，因為它天生是為了運用所有事物而形成的。

節制是馬可·奧理略在《沉思錄》裡反覆訴求的德行。其實人生在世，許多美好的東西並不是我們無緣得到，而是我們的期望太高，往往在剛要接近一個目標時，又會突然轉向另一個更高的目標。

西方一位哲人曾說過這樣一句話：「人的欲望是座火山，如不控制就會害人傷己。」所謂「心魔難除」，要戰勝自己，我們就必須擁有足夠的自製制力，用理智去克制自己的欲望，不為內外的誘惑所動。

一個沿街流浪的乞丐每天總在想，假如我手上要有兩萬元就好了。一天，這個乞丐無意中發現了一隻走失的很可愛的小狗，乞丐發現四周沒人，便把狗抱回了他住的窯洞裡，拴了起來。

這隻狗的主人是本市有名的大富翁。這位富翁丟狗後十分著急，因為這是一隻純正的進口名犬。於是，就在當地電視臺發了一則尋狗啟事：如有拾到者請速歸還，付酬金兩萬元。

第二天，乞丐沿街行乞時，看到這則啟事，便迫不急待地抱著小狗準備去領那兩萬元酬金，可當他匆匆忙忙抱著狗又路過貼啟示處時，發現啟事上的酬金已變成了 3 萬元。原來，大富翁尋狗不著，又電話通知電視臺

把酬金提高到了 3 萬元。

乞丐似乎不相信自己的眼睛，向前走的腳步突然間停了下來，想了想又轉身將狗抱回了窯洞，重新拴了起來。第三天，酬金果然又漲了，第四天又漲了，直到第七天，酬金漲到了讓市民都感到驚訝時，乞丐這才跑回窯洞去抱狗。可想不到的是那隻可愛的小狗已被餓死了，乞丐還是乞丐。

太多貪婪終究一無所獲。過多的欲望讓你無法享受眼前的美好，也不會懂得珍惜現在的擁有。

節制並不僅僅展現在控制自己的欲望上，生活中的很多方面都需要運用自制力。

在日本，一提起坪內壽夫，幾乎家喻戶曉。身為日本的十大財閥之一，他和「松下電器」的松下幸之助、「豐田汽車」的豐田英二一樣，都是日本經濟界舉足輕重的人物。

然而在年輕的時候，坪內壽夫曾經非常喜歡抽菸喝酒。每天要喝一公升的酒，抽 80 支菸。

有一天，他去銀行辦理貸款。銀行的辦理人員對他說：「坪內先生，您菸抽這麼凶，我們很為您擔憂呀！」

聽了此言，坪內十分吃驚：「我自己抽菸跟你們有什麼關係呢？」

「這當然有關係了，坪內先生。」對方指著桌上的一個菸灰缸，真誠地說道，「您看，只一小會的時間，您就抽了滿滿一缸的菸灰，而且我注意到您每次來都是這樣。我倒不是說您在這裡抽菸有什麼不方便，而是長久下去，肯定會影響到您的健康的，您可是我們的大客戶呀！」

以往的時候，坪內也曾從親友那裡聽到過抽菸的壞處，但這一次他終於明白了：抽菸不僅對自己的健康有害，而且還會影響到自己的一系列商業行為。

　　坪內壽夫當即決定戒菸，但對於他這樣菸癮很重的人來說，戒菸談何容易？不過，他既然下了決心，就一定要把菸戒掉。

　　第二天，他一連抽了 200 支菸，抽得自己口乾舌燥，嗓子冒煙，直想嘔吐。從此以後，他真的再也沒有碰過菸。

　　後來，他又聽從醫生的建議，堅決把酒也戒了。

　　為了戒菸戒酒，坪內壽夫對自己的節制，幾乎到了一種殘忍的地步。後來，經過不懈的努力，坪內壽夫擁有了日本最大的造船廠和鋼鐵廠，還擁有銀行、飯店等許多產業。

點石成金

　　在工作和生活中，我們無時無刻不需要有一份自制力，來嚴格控制自己的行為。內聖，才能外王。要想戰勝別人，首先就要戰勝自己。一個思想成熟的人，首先是一個能夠自製的人，一個能用理智去駕馭自己的人。只有成功地駕馭自己的欲望、情緒和行為，我們才能牢牢地掌控自己的命運，進而掌控自己的未來。

　　「驅散想像，克制欲望，消除嗜好，把支配能力保持在它自己的力量範圍之內。」不要讓你的支配能力負荷過多的欲望，節制是理性動物的德行。

剔除心靈中無用的東西

　　你能從那些煩擾你的事物中把許多無用的東西從這條路上清除出去，因為它們完全在於你的意見，你將如此為自己得到廣闊的空間：即透過在你心裡思考整個的宇宙，思考永恆的時間，觀察每一事物的瞬息萬變，觀察從生到死的短暫以及在生之前和死之後的時間的無限深淵。

　　身為一個具有自省精神的斯多葛派哲人，馬可・奧理略時刻注意自己的所思所想，這裡是他提醒自己要剔除心靈中無用的東西，來思考真正有意義的問題。

　　人生道路上，我們心裡常常會充斥各式各樣的想法和念頭，其中有很多是跟我們本性不相容的，但是很多人卻會受到它們的干擾，無法獲得心靈的自由，也失去了真實的自我，如果聽任這些無用的想法占據心靈，你便會在歧路上越走越遠，最終筋疲力盡，卻一無所獲。

　　心靈也像房間一樣，需要時常清掃。剔除心靈中無用的東西，你不僅會減少許多不必要的煩惱，也會對世事有更深的洞見。

　　有一個皇帝想要整修京城裡的一座寺廟，他派人去找技藝高超的設計師，希望能夠將寺廟整修得美麗而又莊嚴。後來有兩組人員被找來了，其中一組是京城裡很有名的工匠與畫師，另外一組是幾個和尚。

　　由於皇帝沒有辦法決定到底哪一組人員的手藝比較好，於是他就決定要給他們機會做一個比較。皇帝要求這兩組人員，各自去整修一座小寺廟，而這兩座寺廟互相面對面；三天之後，皇帝要來驗收成果。

　　工匠們向皇帝要了許多種顏色的顏料，又要了很多的工具；而讓皇帝奇怪的是，和尚們居然只要了一些抹布與水桶等等簡單的清潔用具。

　　三天之後，皇帝來驗收兩組人員裝修寺廟的結果。他首先看看工匠們所裝飾的寺廟，工匠們敲鑼打鼓地慶祝著工程的完成，他們用了非常多的顏料，以非常精巧的手藝把寺廟裝飾得五顏六色。皇帝很滿意地點點頭，接著回過頭來看看和尚們負責整修的寺廟，他一看之下就愣住了，和尚們所整修的寺廟沒有塗上任何的顏料，他們只是把所有的牆壁、桌椅、窗戶等等，都擦拭得非常乾淨，寺廟中所有的物品，都顯出了它們原來的顏色，而它們光澤的表面就像鏡子一般，無瑕地反射出從外面來的色彩，那天邊多變的雲彩、隨風搖曳的樹影，甚至是對面五顏六色的寺廟，都變成了這個寺廟美麗色彩的一部分，而這座寺廟只是寧靜地接受這一切。

　　皇帝被這莊嚴的寺廟深深地感動了，最後的勝負也自見分曉。

點石成金

　　我們的心就像是一座寺廟，不需要用各種精巧的裝飾來美化，我們需要的只是讓內在原有的美，無瑕地顯現出來。

　　巴爾扎克說，在人生的大風浪中，我們要學學船長的樣子，在狂風暴雨之下把笨重的貨物扔掉，以減輕船的重量。只有輕裝上陣，我們的人生之舟才不至於中途擱淺或沉沒。要想順利抵達彼岸，就要及時減輕負載。

　　「你能從那些煩擾你的事物中把許多無用的東西從這條路上清除出去，因為它們完全在於你的意見，你將如此為自己得到廣闊的空間」，我們要經常檢視自己的心靈，剔除那些無用的東西，放棄心中的貪念和雜念，生命的真正之美才能呈現。

像等待生一樣靜候死

不要蔑視死亡，而是正常地表示滿意，因為這也是自然所欲的一件事情。像年輕、變老，接近和達到成熟，長牙齒、長鬍子和白髮，懷孕、生子和撫養，以及所有別的你生命的季節所帶來的自然活動，都是這樣的事物，分解消亡也不例外。這是和一個反思的人一致的：即不要輕率或不耐煩地對待或蔑視死亡，而是要把它作為自然的一個活動靜候它。就像你現在等待著孩子從你妻子的子宮裡娩出一樣，也準備著你的靈魂脫出這一皮囊的時刻來臨。

死亡是馬可·奧理略在《沉思錄》中反覆提到的主題，這一小節說的是面對死亡的態度。

我們很容易承認，年輕、變老，接近和達到成熟，長牙齒、長鬍子和白髮，懷孕、生子和撫養，這些自然活動是生命的一部分，但我們卻難以承認，死亡也是生命的一部分。大多數人總是傾向於把死亡當作生命的對立面，這讓我們對死亡產生一種恐懼和抗拒。

死亡也是生命活動的一部分，熟悉死亡，你才能更懂得生命。

樂天法師一百多歲了，身體還特別健康，耳不聾，眼不花，牙齒還完好無損，總是紅光滿面，一副樂呵呵的樣子，給人一種氣定神閒的感覺。

有一位生命學專家想從法師這裡得到一種長壽祕笈，就專門來尋訪樂天法師。

第一次尋訪時，樂天法師說：「沒有什麼祕訣啊，連我也沒弄明白，我為何如此長壽。」

幾年過後，生命學專家不甘心，再次拜訪樂天法師。

　　第二次拜訪時，樂天法師說：「我知道為什麼了，但是，天機不可洩露。」

　　又是幾年過去了，樂天法師的身體依然強健，一點也看不出老了，就像進入了時光隧道。

　　生命學專家再次來拜訪，他對樂天法師說，他對生命的探討，不是為了個人，而是為了全人類。

　　這次，老法師終於說出了他的長壽之道，他不無遺憾地說：「我從六十來歲就盼著圓寂，視圓寂為佛家的最高境界、最大快樂。可是，我的修行一直不夠，一直未能實現早日圓寂的最大夙願……這，也許就是你要探討的長壽的奧祕？」

　　視死如歸、恬淡平和的心態，讓老法師早早卸下了心靈重負，放下對死亡的恐懼，生命力更長久。

點石成金

　　要想坦然面對死亡，首先要意識到，死亡是自然界的規律，每個人都要經歷這一時刻；其次，死亡是大自然安排的一個生命輪迴，有死亡，才會有新的生命誕生；還有，死亡讓生命的一切更加可貴，明白了死亡，才會更加珍惜生命。

　　「不要蔑視死亡，而是正常地表示滿意」，要像「你現在等待著孩子從你妻子的子宮裡娩出一樣，也準備著你的靈魂脫出這一皮囊的時刻來臨」，像等待生一樣靜候死，因為死亡也是生命的一部分。

作惡者是在對自己行惡

那作惡者也是在對自己行惡。那做不義之事的人也是在對自己行不義，因為他使自己變壞。

一般來說，惡全然不損害到宇宙，特別是，一個人的惡並不損害到另一個人。它僅僅損害這樣的人 —— 即只要他願意，就可以擁有擺脫惡的力量的人。

當他人的無恥行為觸犯你時，直接問自己，這世界上沒有無恥的人存在是可能的嗎？這是不可能的。那麼，別想不可能的事吧。因為這個觸犯你的人也是那些必然要在這世界上存在的無恥的人中的一個。當你碰到騙子、背信棄義的人以及一切以某種方式行惡的人時，也使同樣的思想在你心中呈現，因為這樣你馬上可以提醒自己，不存在這種人是不可能的，你將變得對每一個人的態度都更為和善。在這種時候，馬上領悟到這一點也是有用的：即想想自然賦予那對立於一切邪惡行為的人以什麼德行。因為自然給了人某種別的力量，作為一種抵制愚蠢的人、瘋狂的人以及另一種人的解毒劑。

在任何情況下，你都有可能透過勸導迷路的人而糾正他們，因為每個做錯事的人都是迷失了他的目標，走上了歧途。此外，你還有什麼地方被損害了呢？因為你將發現在那些觸犯你的人當中，沒有一個人做了能使你的心靈變壞的事情，而那對你是惡的東西和損害，只是在心靈裡才有其基礎。如果沒有受教育的人做出一個無教養的人的行為，那麼產生了什麼傷害呢？或者有什麼值得奇怪的呢？

這裡我們來集中闡述一下馬可·奧理略對惡的態度，他承認惡不可能不存在，惡也屬於人的一種本性，而造物主對此自有安排 ——「自然給

了人某種別的力量，作為一種抵制愚蠢的人、瘋狂的人以及另一種人的解毒劑」，善惡共生共容是宇宙的本性，是大自然的安排。

這個世界無論什麼時候都有善惡之分，善有善報，惡有惡報，實際上顯示的是一種人與環境之間的關係。任何事物之間都存在著一種相互作用。這種作用和反作用的方向是同向的。當人的行為給環境中的他人帶來利益的時候，環境中的他人必定會以利益回饋；當人的行為給環境中的他人利益造成損害時，受害人必定要以不同方式做出反應，使對方向自己的利益做出補償。利人者必利己，害人者終害己。種玫瑰者得花，種蒺藜者得刺。欠債還錢，殺人償命。對別人作惡，就是在對自己行惡。

佛陀駐錫王舍城竹林精舍的時候，一天，一個婆羅門來勢洶洶地衝進竹林精舍，衝到佛陀面前，粗言惡語地大罵──因為他族中一個青年子弟皈依佛陀出了家，他忍不下這口氣，找到竹林精舍向佛陀挑釁。

佛陀默默無言聽那婆羅門辱罵，一聲也不響。直到那婆羅門罵累了、罵夠了，停下來，才平靜地問他：「婆羅門呀！你家中偶爾也有親戚朋友來訪的時候吧？」

婆羅門說：「自然有呀，那又怎麼樣？」

「到那時候，你會不會以酒食款待客人呢？」

「當然會呀！可那又怎麼樣？」

「如果你備下菜肴，而客人不接受你的款待，那菜肴應該歸於誰呢？」

「如果他們不吃的話，那些菜肴當然仍歸於我呀！」

「婆羅門呀！」佛陀平靜地對他說：「你剛才所罵我的許多話，我決定不接受它，所以那些話只好仍歸之於你自己。婆羅門呀！如果你罵我，我和你對罵，就如同主客相對用餐一樣。因此，我不接受這些菜肴。」

讓惡行留在原地，不進入自己內心，那作惡者就是在對自己作惡。

　　有一個灰頭土臉、髒兮兮的流浪漢忽然闖進了清淨的寺院，他二話不說，抓起供桌上的供品就吃，而且把果皮果核隨地亂扔。一個值班的沙彌前去報告住持方丈，老方丈來到現場，不僅沒斥責那個流浪漢，還給他端來清粥，拿來饅頭和鹹菜。最後還塞給他一些錢物。

　　誰知，如此的施捨和禮遇，不僅沒喚起該流浪漢的良知和覺醒，反而讓他嘗到了依賴寺院的甜頭，從此賴上了該寺院，再也不走了。有幾個小和尚看不慣這傢伙的德行和做派，想趕他走，被老方丈勸阻了。老方丈還試圖勸說其剃度為僧，在這個寺院裡修身養性，頤養天年。誰料，被流浪漢一口回絕，還把佛門嘲諷一番。即便如此，老方丈還是原諒了他，讓他繼續寄生在寺院裡。

　　可是，飢飽無憂之後，這個流浪漢居然混帳起來，他對前來燒香拜佛的女施主們胡說八道，甚至動手動腳，嚴重影響了寺院的正常次序和清淨尊嚴。有幾個老和尚也看不下去了，準備懲罰、驅逐這個無賴之徒。老方丈知道後，對幾個摩拳擦掌的老僧說：「如此不可理喻的歹人，犯不著髒咱們的手，自有他的剋星。」

　　果然不出方丈所料，幾天後的一個上午，有一位穿戴不凡的夫人前來上香時，被這個流浪漢無理糾纏，大有非禮強暴之勢。不料，這位夫人不僅不慍不火、不驚不怕，還不慌不忙地邀他到寺院外面去。就在這個不知輕重的歹人，剛剛走出寺院的大門沒多遠，那位在前邊走著的夫人就轉過身來，從容輕鬆地從袖間射出一把鋒利的飛鏢，正中歹人的咽喉。歹人當場斃命，那夫人頭也不回地離去，後來人們才知道，這個夫人原是附近山寨的女寨主。

　　老方丈為其唸了幾句經文，就請人把這個咎由自取的流浪漢埋在山坳裡了。

　　作惡者終會自食其果。

點石成金

常言道：「惡有惡報，善有善報，不是不報，時候未到。」即使人的惡行沒有立即受到惡報，但人一旦做了壞事之後，往往都有一種潛在的或不自覺的精神上的歉疚、愧恨、煩惱、不安或畏懼。而不良的心理狀態會導致不良的生理狀態。所有這些不良的心理或精神狀態和由此導致的生理病態，本身就是一種對作惡者的無形懲罰。而相反，為善之人所受到的感激、崇敬和自我的精神滿足、心情愉悅，難道不正是一種無形的獎賞和回報嗎？

「那些觸犯你的人當中，沒有一個人做了能使你的心靈變壞的事情，而那對你是惡的東西和損害，只是在心靈裡才有其基礎」，作惡者是在對自己行惡；「自然給了人某種別的力量，作為一種抵制愚蠢的人、瘋狂的人以及另一種人的解毒劑」，「在任何情況下，你都有可能透過勸導迷路的人而糾正他們」，大自然對於作惡者自有一套抵禦的機制，我們要充分運用，盡可能地糾正惡行。

第十卷　凝思生命

　　《沉思錄》卷十開篇，是一段樸素感人的靈魂私語，它示意人要不斷完善自身的品格，要對上天賜予的一切感到滿意和欣喜。

　　生命是奇妙的，一個人誕生、成長、成熟、衰老，最後死去，是生命發展的自然過程。不斷地有人死亡，也不斷地有人誕生。不必為生命感嘆，這種生生不息和生死相續是宇宙的自然規律，是造物主的巧妙安排。

勇於嘗試

　　既然探討應做什麼是在你的力量範圍之內，多疑的畏懼又有何必要呢？如果你看得清楚，滿意地走過去而不要折回；如果你看不清楚，停下來詢問最好的顧問。但如果有什麼別的東西反對你，那麼根據你的力量謹慎明智地繼續前行，保持那看來是正當的東西。因為達到這一目標是最好的，如果你做不到，也要讓你的失敗是嘗試的失敗。

　　斯多葛哲學很少一味強調積極主動，它貫徹的是一種審慎的行動 —— 探討什麼是在力量範圍之內，不要多疑的畏懼，「如果你看得清楚，滿意地走過去而不要折回；如果你看不清楚，停下來詢問最好的顧問」、「如果有什麼別的東西反對你，那麼根據你的力量謹慎明智地繼續前行」、「如果你做不到，也要讓你的失敗是嘗試的失敗」，要勇於嘗試。

　　只有那些勇於面對困難的人，才有戰勝困難，奪取勝利的希望。那些僅僅對成功抱有一廂情願的希望，卻無法正視困難，被困難嚇倒，甚至連嘗試都不願意去做的人，永遠沒有成功的可能。即使是你的嘗試沒有成功，你也可以對自己說，我做過了，我盡力了，沒有遺憾。

　　而且，只要你勇於嘗試，命運也許會給你意想不到的回報，生活中永遠不缺乏這樣的例子。

　　1920～1930年代，美國經濟處於大蕭條之中，各行各業普遍不景氣。在多倫多有位年輕人，是一位畫家，當時他們全家很貧窮。這個畫家非常善長畫炭筆畫，但受環境的限制，畫得再好也賣不出去。

　　年輕人整天在想著如何把自己的畫賣出去，以靠這筆收入養家糊口。但是，人們連飯都吃不上，誰會有能力去買他的畫呢？更何況，他只不過

是個無名小卒。

後來，年輕人明白，要想靠賣畫來養家，只能到富人那裡去開拓市場。問題又來了，他的身邊沒有富人，他也根本就不認識任何一個有錢的人，又怎麼跟他們接近呢？

對此他苦思冥想，最後他來到多倫多《環球郵政》報社資料室，從那裡借了一份畫冊，其中有加拿大的一家銀行總裁的正式肖像。他回到家，開始畫起來。畫完了，他把它放在相框裡，裝得端端正正的。畫得不錯，對此他很自信。

但他怎樣才能交給對方呢？他在商界沒有朋友，所以想得到引見是不可能的。

他也知道，如果貿然與對方約會，肯定會被拒絕。寫信要求見對方，但這種信可能無法通過這位大人物的祕書那一關。這位年輕的畫家對人性略知一二，他知道，要想穿過總裁周圍的層層阻擋，他必須要抓住對方追求名利的心理，投其所好。

他梳好頭髮，穿上最好的衣服，來到了總裁的辦公室，並要求與他見面。果然不出所料，祕書攔住了他，告訴他事先如果沒有約好，想見總裁是不可能的。

「真糟糕，」年輕人說道，同時把畫的保護紙揭開，「我只是想拿這個給他瞧瞧。」

祕書看了看畫，把它接了過去。她猶豫了一會兒後，說道：「坐下吧，我就回來。」祕書馬上回來了，並對他說：「總裁想見你。」

當畫家進去時，總裁正在欣賞那幅畫。「你畫得棒極了，」他說，「這張畫你想要多少錢？」年輕人舒了一口氣，告訴他要 100 美元，結果成交了。要知道，當時的 100 美元，可是一筆不小的收入。

成功之路，往往是由一塊塊失敗之磚鋪成的。那些最後獲得成功的人，並不是因為他們比別人失敗得少，而是因為他們每一次跌倒後又頑強地站了起來，他們站起來的次數，永遠都比跌倒多一次。不拋棄、不放棄，不僅表現在對夢想長久執著地追求，而且還表現在對每一件事情都言必行、行必果，不達目的，誓不罷休。

張明正，在當今全球的高科技產業中，很少有人不知道這個名字。

1988 年，張明正以 5,000 美元在洛杉磯創業。經過十多年的浮沉，他的趨勢科技已經成為世界上最大的單一軟體公司，其市值達到 100 億美元。而他本人也連續兩年被美國《商業週刊》推選為「亞洲之星」。

張明正事業的轉捩點是在 1992 年。當時，他還是一個名不見經傳的小人物。有一天，他突發奇想，一定要找機會與世界級 IT 巨頭英特爾公司合作。

很快，他獲悉英特爾網路部門的主管，將在紐約參加一個研討會，於是就前去拜訪。

第一次去，祕書打量了一下這個沒有一點名氣的年輕人，冷冷地說道：「主管太忙了，沒有時間。」第二次去，祕書一看是他，不假思索地說：「沒時間。」

連吃兩次閉門羹，張明正並沒有放棄，他下定決心非要見到主管不可。於是，第三次求見，第四次求見，第五次……終於，祕書的態度軟了下來：「主管正在開會，不知道什麼時候結束，如果您願意，可以等他。」

張明正當然願意等。他一分一分地等，一直等了 5 個小時，終於見到了那位主管。他告訴主管自己找了他多少次，等了他多少小時。

那位主管大為驚訝。他想，這個年輕人費盡周折來求見，一定有非常重要的事情。於是，他熱情地接待了張明正，並耐心地聽他講述自己的公

司和公司的產品防毒軟體。

聽著聽著，這位主管對這種軟體產生了興趣，當場答應使用他們的防毒軟體，不僅簽下了大量訂單，還同意張明正以英特爾的品牌行銷。

在經過漫長的等待之後，事情來得竟然如此順利，這是張明正做夢都沒有想到的。他知道，像英特爾這樣的大牌公司是從來不與名不見經傳的小公司合作的。但是，這個絕無僅有的機會卻給了他。

透過與英特爾公司的合作，張明正的名氣日益飆升。經過短短幾年的迅猛發展，他的趨勢科技就成為全球最熱門的上市公司之一。

點石成金

不戰而敗是一種極其懦弱的行為，生活的強者不會選擇這樣的生活態度。困難是一個欺軟怕硬的傢伙，你強它就弱，你弱它就強，所以永遠不要害怕困難，你一旦害怕困難，那你就注定被困難壓倒。生活中，困難和阻礙無處不在，我們幾乎很難遇到真正順心的事情，只有拿出旺盛的鬥志，不斷地嘗試戰勝困難，才能馴服這頭怪獸，贏得你的人生。

「如果你看得清楚，滿意地走過去而不要折回；如果你看不清楚，停下來詢問最好的顧問」、「要讓你的失敗是嘗試的失敗」，審慎地行動，勇於嘗試，這樣你才會有成功的機會。

宇宙是萬古永恆的因果織機

無論什麼事情對你發生，都是在整個萬古永恆中就為你預備好的，因果的紡織機在萬古永恆中織著你和與你相關連的事物的線。

一個人在任何環境中都應該說，這來自神，是按照命運之線的配置和紡織，或按照巧合和機會這樣一些東西而安排的。

馬可·奧理略永遠把宇宙看做一個整體，萬事萬物息息相關，有因有果。何謂因果？因就是種子，一顆種子在土壤裡總會發芽，會生長，開花，結出果實。這就是因果。這是大自然的規律，也是人類社會的法則。

因果關係就像是一個紡織機，把所有與你相關連的事物用線穿在一起。所有的事物都是相互連繫的，任何事物、任何現象都不是孤立存在的。正如南懷瑾說，有無、難易、高下、音聲、前後等現象界的種種，都在自然迴旋的規律中相互為用，互為因果。

美國鐵路兩條鐵軌之間的標準距離是四英尺又八點五英寸。這是一個很奇怪的標準，究竟是從何而來的呢？

原來這是英國的鐵路標準，而美國的鐵路原先是由英國人建造的。那麼為什麼英國人用這個四尺八寸半的標準呢？原來英國的鐵路是由建電車的人所設計的，而這個正是電車所用的標準。

電車的鐵軌標準又是從哪裡來的呢？

原來最先造電車的人以前是造馬車的，而他們是沿用馬車的車輪寬標準。

好了，那麼馬車為什麼要用這個一定的輪距標準呢？因為如果那時候的馬車用任何其他輪距的話，馬車的輪子很快會在英國的老路上撞壞的。

為什麼？因為這些路上的車輪軌跡的寬度是四尺八寸半。

這些軌跡又是從何而來的呢？答案是古羅馬人所訂的。因為歐洲，包括英國的長途老路，都是由羅馬人為它的軍隊所鋪設的，所以四尺八寸半正是羅馬戰車的寬度。如果任何人用不同的輪寬，在這些路上行車的話，他的輪子的壽命都不會長。

我們再問，羅馬人為什麼以四尺八寸半為戰車的輪距寬度呢？

原因很簡單，這是兩匹拉戰車的馬的屁股的寬度。

等一下，故事到了這裡還沒有完結。

下次你在電視上看到美國太空梭立在發射臺上的雄姿時，你留意看看在它的燃料箱的兩旁有兩個火箭推進器，這些推進器是由一家名為 THIO-KOL 的公司設在猶他州的工廠所提供的。如果可能的話，這家公司的工程師希望把這些推進器造得寬一點，這樣容量就可以大一些。但是他們不可以。為什麼？因為這些推進器造好之後是要用火車從工廠運送到發射點，路上要透過一些隧道，而這些隧道的寬度只是比火車軌寬了一點，然而我們不要忘記火車軌的寬度是由馬的屁股的寬度所設定的……

因此，我們可以斷言：可能今天世界上最先進的運輸系統的設計是兩千年前便由兩匹馬的屁股寬度所決定的。

尋根溯源，我們就可以發現，看上去毫不相關的兩個事物，竟然有著根本的連繫。

1945 年的春季，在美國，一名華裔木匠兢兢業業地做著自己的工作。

有一天，木匠正在趕著做一批板條箱，那是當地教堂用來裝衣服運到中國去救助孤兒的。工作完回家的路上，木匠伸手到他的襯衫口袋裡去摸他的眼鏡，突然發現他的眼鏡不見了。木匠急得出了一身汗，在大腦裡把他這一天做過的事細細地過濾了一遍，最終意識到在他不注意的時候，眼

鏡從襯衫口袋裡滑落出去，掉進了他正在釘釘子的板條箱裡。他又急又惱又無可奈何。

當時美國正值大蕭條時期，木匠要養活 6 個孩子，生活非常窘迫，而那副眼鏡就是那天早上他花了 20 美元買來的。

木匠為要重新買一副眼鏡而傷心不已：「這不公平。」在回家途中，他沮喪萬分，不停地嘀咕。

半年後，抗日戰爭勝利，中國孤兒院的院長 —— 一位美國傳教士，回美國休假。並拜訪了木匠所在的芝加哥地區的那所小教堂。

傳教士一開始講話，就熱情地感謝那些援助過孤兒的人們。

「最後，」他加重語氣說，「我必須感謝去年你們送給我的那副眼鏡。大家知道，日本人掃蕩了孤兒院，毀壞了所有的東西，包括我的眼鏡，我當時幾乎絕望了。就算我有錢，在當時也沒法重新配一副眼鏡。由於眼睛看不清楚，我開始天天頭痛，我和我的同事天天祈禱著能有副眼鏡出現。然後，你們的箱子就運到了。當我的同事打開箱蓋，他們發現一副眼鏡躺在那些衣服上。」

「各位朋友，當我戴上那副眼鏡，我發現它就像是為我定做的一樣！我的世界頓時清晰，頭也痛了。我要感謝你們，是你們為我做了這一切！」

人們聽著，紛紛為那副奇蹟般的眼鏡而歡欣，但是他們同時也在想，這位傳教士老兄肯定搞錯了，我們可沒有送過他眼鏡啊 —— 在當初的援助物資目錄上，根本沒有眼鏡這一項。只有一個人清楚這是怎麼一回事。他靜靜地站在後排，眼淚流到了臉上。

在所有的人當中，只有這個普通的木匠知道，上帝是以怎樣奇特的方式創造了奇蹟。

「原來，是上帝借走了我的眼鏡，送給了他認為更需要的人。」

木匠雙手合十，默默祈禱，淚水打溼了他的雙手。

點石成金

這種萬事萬物皆有因果的概念，運用到我們現實生活，就可歸納為「種瓜得瓜，種豆得豆」。發生在我們身上的一切，都是有因果，有緣由的。這因或是由我們自己種下的，或是由於外部的原因產生，但無論如何，發生在我們身上的一切際遇，都是前因種下的後果，而我們這一刻的所思所為，又將成為將來的成因，我們的一生就是由這樣的因果關係串聯在一起。所以，認清自己的選擇，做應做的事，我們才能享受自己想要的人生。

「無論什麼事情對你發生，都是在整個萬古永恆中就為你預備好的，因果的紡織機在萬古永恆中織著你和與你相關連的事物的線」，宇宙是萬古永恆的因果紡織機，發生在你身上的一切，都有因果，這種世界觀，你掌握了嗎？

操縱你的是信念的力量

記住，那操縱你的是隱蔽在內部的：這是信念的力量，這是生命，如果可以這樣說的話，也可以說這是人。在思考你自己時，絕不要包括那將你圍繞的皮囊和那些依附於它的東西，因為它們就像是一把斧頭，差別僅在於它們是長在身體上面。由於沒有推動和制約它們的本源，這些部分的確不比紡織工的梭子、作家的筆和牧人的鞭子有更多的用處。

馬可・奧理略對於人的命運的思考既有某種宿命論的意味，比如，他說人應該滿足從宇宙本性中分配給他的部分，但他同時也強調人的本性對命運的驅動作用。在這裡，他指出操縱人命運的是內部的力量，信念的力量。

如果說在人的命運中，有一種決定性的力量，那麼這種力量不是天分、不是環境、不是機遇，而是你對人生所抱持的信念，這才是操縱你命運的隱祕的、內在的力量。這也是一個人的本源，喪失了信念，人就是一具行屍走肉，甚至不如紡織工的梭子、作家的筆和牧人的鞭子。用信念來武裝自己吧，從此你將無往不利。

他是一位匈牙利木材商的兒子，由於生得呆笨，人們都喊他「木頭」。12歲時，他做了一個夢，夢到有個國王給他頒獎，因為他寫的字被諾貝爾看上了。當時，他很想把這個夢告訴別人，又怕別人嘲笑，最後只告訴了媽媽。

媽媽說：「假若這真是你的夢，你就有出息了！我曾聽說，當上帝把一個美好的夢想放在誰心中時，他是真心想幫助誰完成的。」

男孩信以為真，從此他真的喜歡上了寫作。

「倘若我經得起考驗，上帝會來幫助我的！」他懷著這份信念開始了他的寫作生涯。

3 年過去了，上帝沒有來；又 3 年過去了，上帝還沒有來。就在他期盼上帝前來幫助他的時候，希特勒的部隊先來了。他身為猶太人，被送進了集中營。

在那裡，600 萬人失去了生命，他活了下來。1965 年，他終於寫出他的第一部小說《非關命運》；1975 年，他又寫出他的第二部小說《退稿》；接著他又寫出一系列的東西。

就在他不再關心上帝是否會幫助他時，瑞典皇家文學院宣布：把 2002 年的諾貝爾文學獎授予匈牙利作家因惹·卡爾特斯（Imre kertesz）。他聽到後大吃一驚，因為這正是他的名字。

當人們讓這位名不見經傳的作家談談獲獎的感受時，他說：「沒有什麼感受！我只知，當你說『我就喜歡做這件事，多困難我都不在乎』，這時，上帝會抽出空來幫助你。」信念指引你前進的方向，讓你實現夢想。

1939 年，德國軍隊占領了波蘭首都華沙，此時，卡亞和他的女友迪娜正在籌辦婚禮。然而，卡亞做夢都沒想到，他和其他猶太人一樣，光天化日之下被納粹推上卡車運走，關進了集中營。卡亞陷入了極度的恐懼和悲傷之中，在不斷地遭到摧殘和折磨中，他的情緒極不穩定，精神遭受著痛苦的煎熬。

同被關押的一位猶太老人對他說：「孩子，你只有活下去，才能與你的未婚妻團聚。記住，要活下去。」卡亞冷靜下來，他下決心，無論日子多麼艱難，一定要保持積極的精神和情緒。

所有關在集中營的猶太人，他們每天的食物只有一塊麵包和一碗湯。許多人在飢餓和嚴酷刑罰的雙重折磨下精神失常，有的甚至被折磨致死。卡亞努力控制和調適著自己的情緒，把恐懼、憤怒、悲觀、屈辱等拋之腦後，雖然身體骨瘦如柴，但精神狀態卻很好。

　　5 年後，集中營裡的人數由原來的 4,000 人減少到不足 400 人。納粹將剩餘的猶太人用腳鐐鐵鍊連成一長串，在冰天雪地的隆冬季節，將他們趕往另一個集中營。許多人忍受不了長期的苦役和飢餓，最後橫屍於茫茫雪原之上。在這人間煉獄中，卡亞奇蹟般地活了下來。他不斷地鼓舞自己，靠著堅韌的意志力，維持著衰弱的生命。

　　1945 年，盟軍攻克了集中營，解救了這些飽經苦難、劫後餘生的猶太人。卡亞活著離開了集中營，遺憾的是那位給他忠告的老人，卻沒有熬到這一天。

　　若干年後，卡亞將他在集中營的經歷寫成一本書，他在前言中寫道：「如果沒有那位老者的忠告，如果放任恐懼、悲傷、絕望的情緒在我的心中彌漫，很難想像，我還能活著出來。」

點石成金

　　不要小看你的信念，信念能指引你的人生。這世界上，信念創造的奇蹟還少嗎？是親人的信念，讓臥床幾十年的植物人睜開眼睛；是人性本善的信念，讓邪惡的人幡然悔悟，浪子回頭；是相信愛情的信念，鑄就了長達幾十年的美滿婚姻……

　　「在思考你自己時，絕不要包括那將你圍繞的皮囊和那些依附於它的東西」，思考自己時要摒棄那些動物性的因素，這些不應該成為決定你命運的因素；「那操縱你的是隱蔽在內部的：這是信念的力量」，操縱你命運的是你對自己持有的信念，相信信念的力量，它終究會帶給你想要的人生。

健全的理智可以洞悉所有發生的事情

　　健全的眼睛應該看所有可見的事物，而不是只希望看綠色的東西；因為這願望是一雙病眼所要求的。健全的聽覺嗅覺也應樂意去察覺所有能聽到和聞到的東西。健全的胃應像石磨對待所有它天生要磨的東西一樣對待所有食物。所以，健全的理智應是為所有發生的事情準備的，而這種說法：讓我親愛的孩子活著，讓所有人讚揚我做的一切，就如同一雙尋求綠色事物的病眼，或一副尋求柔軟食物的朽牙一樣。

　　馬可・奧理略總是提醒我們注意事物具有的兩面性，生與死，善與惡，健康和疾病……一個健全的生命應該可以接受任何事物的兩面性。健全的眼睛應該看見所有可見的事物，健全的聽覺嗅覺也應樂意去察覺所有能聽到和聞到的東西，健全的胃也應像石磨對待所有它天生要磨的東西一樣對待所有食物，那麼同樣道理，健全的理智也應是為所有發生的事情準備的。

　　一個擁有健全理智的人，不僅僅知道火能帶給人溫暖，也同樣知道火能燙傷人，他能明察各種安全和危險的情況，能了解關鍵的細枝末節，能根據現實環境做出妥善決定。

　　有一位信徒在佛殿禮佛後，便信步到花園散步，碰巧看到一位禪師正埋首整理花草，只見他一把剪刀在手中此起彼落，將枝葉剪去，或將花草連根拔起，移植另一盆中，或對一些枯枝澆水施肥，給予特別照顧。

　　信徒不解地問道：「禪師，照顧花草，您為什麼將好的枝葉剪去？枯的枝幹反而澆水施肥，而且從這一盆搬到另一盆中，沒有植物的土地，何必鋤來鋤去？有必要這麼麻煩嗎？」

禪師回答道：「照顧花草，等於教育你的子弟一樣，人要怎麼教育，花草也是。」

信徒聽後，不以為然地說：「花草樹木，怎能和人相比呢？」

禪師頭也不抬地說道：「照顧花草，第一、對於那些看似繁茂，卻生長錯亂，不合規矩的花，一定要去其枝蔓，摘其雜葉，免得它們浪費養分，將來才能發育良好；就如收斂年輕人的氣焰，去其惡習，使其納入正軌一樣。第二、將花連根拔起植入另一盆中，目的是使植物離開貧瘠，接觸沃壤；就如使年輕人離開不良環境，到另外的地方接觸良師益友，求取更高的學問一樣。第三、特別澆護枯枝，實在是因為那些植物的枯枝，看來已死，內中卻蘊有無限生機；不要以為不良子弟，都是不可救藥，對他灰心放棄，要知道人性本善，只要悉心愛護，照顧得法，終能使其重生。第四、鬆動曠土，實因泥土中更有種子等待發芽。就如那些貧苦而有心向上的學生，助其一臂之力，使他們有生機成長茁壯！」

健全的理智可以分辨不同的事實，並根據不同情況做出恰當的行動。

在 20 世紀初的日本，腳踏車的照明燈有三種：蠟燭燈最流行，但亮度不夠，極易熄滅；進口瓦斯燈亮度足，不受外界影響，價格又太貴；電池燈亮度適中，不受外界影響，但有一個致命弱點：電池的壽命只有兩、三個小時。

經過對三種車燈進行分析，剛剛創業的松下幸之助生產出一種新型的電池燈泡。這種經過精心改良的燈泡，可以連續發光 50 個小時以上，相當於原來持續時間的 25 倍多！因為它的外形像炮彈，所以被人們戲稱為「炮彈燈」。

望著第一批下線的電池燈，松下欣喜若狂。在全日本還能找到比這更好的電池燈嗎？他對這種燈的銷售前景信心十足：一定可以賣得很好！

但是，現實卻無情地潑了松下一頭涼水！

松下一連跑了幾家商店，那些店主卻並不相信他：「電池燈名聲太壞了，以前不知道有多少人上了當，誰還敢再買？你別在這裡騙人了！還是到別處去吧！」

在數週內，松下走遍了大阪所有的商店，竟沒有一家願意進他的貨。松下鬱悶極了：這麼好的產品怎麼會賣不出去呢？

一個多月過去了，電池燈依然沒有銷售出去一個，上游的材料商已經開始催款。松下心急如焚——如此下去，要不了幾天，工廠就要倒閉了！

一天走在路上，就連小時候的夥伴也開始拿他尋開心：「松下君，你的炮彈燈什麼時候炸響呀？我們已經等不及了！」松下本來就不善言笑，面對這樣的提問，更是難堪至極，無地自容。

松下的幾個手下紛紛主張降價促銷，把價格壓到比改良前的電池燈還低，借此回收一部分資金，以解燃眉之急。但是，松下卻堅決反對這樣做。因為問題的原因是以前的電池燈廠家已經把市場做壞了，人們根本就不相信自己的產品，跟價格高低並不相干。事實上，自己產品的品質絕對沒有問題，人們內心裡拒絕的也並不是自己的產品，而是劣質的產品。只有讓人們親自看到產品的品質，才能從根本上打開局面。

於是，松下決定採用以試用促銷的方法。他在每一家店裡都放幾個電池燈，點亮其中一個，叮囑店主一定要讓燈一直點下去，看它能堅持多久。如果持續時間太短，可以不付錢。如果能夠超過 30 個小時，那就表示產品的品質優良。如果顧客要買，你們可以把剩下的賣給他。

這一招果然靈驗。不過三天，所有的老闆都一片叫好聲：「你們的燈還真不錯，亮得時間比說明書上說的還要長，這樣的燈從來沒有見過。這

是貨款，希望下次再送貨過來！」

就這樣，炮彈燈一炮炸響。不到一個月，庫存的 6,000 個電池燈就銷售一空了。此後，電池燈在日本持續熱銷。這不僅為松下帶來了滾滾財源，松下電器也因此在業界聲名鵲起。

健全的理智能夠洞悉事情的癥結，從而找到解決問題的方法。

點石成金

松下先生之所以能夠在危急時刻扭轉乾坤，並不在於他有多高的技巧，而在於他緊緊抓住了客戶不了解產品品質這一關鍵，從而一舉實現了事業的騰飛。他無疑是擁有健全理智的人，他不僅僅知道如何製造出品質優良的燈泡，還懂得如何打消消費者的疑慮贏得市場。

「健全的理智應是為所有發生的事情準備的」，健全的理智可以洞悉所有發生的事情，遇到問題時，不要逃避，辦法總比困難多。一個人事業的成功，不能僅僅依靠他的專業知識，還需要擁有健全的理智，即對事物的理解力、洞察力等。

豁達：有理智地部分超越肉體的感覺

「豁達」是指有理智地部分，超越肉體的使人愉悅或痛苦的感覺，超越所有那些被稱之為名聲、死亡之類的可憐事物。

因為，繼續保持你原來的樣子，被這樣一種生活撕碎和玷汙，是一個大傻瓜和過分溺愛自己的生命的人才有的品格，就像那些和野獸搏鬥的被咬得遍體鱗傷的鬥士，他們雖然滿身傷口和血塊，還是懇求被養到下一天，雖然他們將在同樣的狀態中，被投給同樣的爪子和撕咬。所以你要固守這幾個名稱，如果你能居於它們之中，那就彷彿你回到了某個幸福之島居住。

善良、謙虛、真誠、理智、鎮定、豁達，是馬可‧奧理略為我們描繪的理想人格，他認為如果我們能擁有這些人格特徵，「那就彷彿你回到了某個幸福之島居住」。這一節，我們就來談一談「豁達」。

豁達是一種人生境界。豁達的人可以超越名利財富，超越人生不幸，可以相容並蓄，可以從容淡定。豁達是一種博大的胸懷，面對世事浮沉，想要「勝似閒庭信步」，就得有豁達的襟懷。

豁達的人不會被生活中瑣碎的小事所困擾，不會文過飾非，不會暗箭傷人，總是光明磊落，熱愛別人也為別人所熱愛。豁達又是生存的藝術。能夠百折不撓，重新奮起，是豁達；不畏譏諷、打擊、陷害，義無反顧走自己的路，是豁達；勇於承認別人的長處，善於發現和調整自己的短處，也是豁達。

在一個週末，一個女人從大西洋城的一個吃角子老虎機中贏得了一大堆硬幣。她打算把這些硬幣送回她所在的酒店房間後，和丈夫一起去吃飯。

259

「我很快就會回來，你先到餐廳等我。」她對丈夫說。

當她正要走進電梯時，發現裡面站著兩個黑人，其中一個身材非常高大，看起來很強壯。她的第一個反應是：這兩個人要搶劫我。

恐懼使她無法挪動腳步，她站在原地，盯著那兩個黑人。當然，兩個黑人已經從她誇張的表情中，看出她在猶豫是否要進入電梯。她意識到自己不能一直站在那裡，最後一咬牙，抬起腿艱難地跨了進去。

她忐忑地轉過身面對著已經關上的電梯門。一秒鐘過去了，又一秒，再一秒⋯⋯她的恐懼在增加。電梯沒有移動！驚慌幾乎使她虛脫。「上帝啊！」她在心裡狂喊，「我掉進陷阱了，就要被搶劫了！」汗水從她的每一個毛孔中滲了出來。

突然，其中一個黑人說道：「拜託你把手上的東西放下。」

她鬆開雙手，硬幣像雨點一樣滾落在電梯的地毯上。「你們把錢拿走，放了我⋯⋯」她懇求道。

過了幾秒鐘，她聽到其中一個黑人禮貌地說道：「夫人，如果您剛才告訴我們您要到哪一層，我們會幫您按按鈕。」說話的這個黑人吐字有點困難，顯然他正強忍著笑意。

中等身材的黑人用親切的話語接著道：「我剛才是讓我的朋友放下手裡的東西去按電梯按鈕，並不是對您說的，夫人。」說完他咬住嘴唇，很明顯，他也快忍不住要笑出來了。

她尷尬得說不出一個字來。看著他們幫她一起撿起滿地的硬幣，她想向他們道一聲歉，但她似乎失語了。

一個小時後，她和丈夫在餐廳用餐。侍者給她送來了一張卡片。卡片上寫著：感謝你給了我們這幾年來最愉快的一次大笑。署名是艾迪·墨菲（好萊塢著名黑人影星）和麥可·喬丹。

事實上，只有真正自信的人，在遭遇難堪的誤解時，才可以豁達地一笑而過。

點石成金

豁達是人生的一種生活態度，更是一種待人處事的思維方式。它一部分來源於性格，但更多的緣於修練：性格的修練，心性的修練，學識的修練，境界的修練。生活的挫折和不幸無法擊倒豁達的人，相反，豁達的人總是能很快脫離困境。豁達是人的處世智慧中不可缺少的一部分，學會豁達，你就能在生活中找到快樂。

「『豁達』是指有理智地部分，超越肉體的使人愉悅或痛苦的感覺，超越所有那些被稱之為名聲、死亡之類的可憐事物。」豁達展現了一種超越精神，這種超越精神在我們經歷人生的困苦和危機時，顯得尤為重要。

第十一卷　與人為善

　　《沉思錄》卷十一的主旨是與人為善。在這一卷中，作者用了相當長的篇幅討論如何處理人與人之間的關係，提出了如何對待冒犯者的十條原則，用來指導正確處理人與人的關係。作者還談到誠實與正直，談到善念要透過行動來表達，他提出一個人不應該憎惡別人或是不理睬別人，一個人若是和別人分離，就是和整個社會分離。與人為善並不是要放棄自身原則，而是要以一種溫和、堅定的態度勸導他人，這是深受斯多葛派哲人讚賞的人格特徵。

現在是最好的行動時機

這看來是多麼明白啊：沒有一種生活條件比你現在碰巧有的條件更適合於哲學。

每個人都生存在現在這個時間裡，現在是一個不可分的點，而他生命的其他部分不是已經過去就是尚未確定。

記住你已經把這些事情推遲得夠久了，你從神靈那裡得到的機會已夠多了，但你沒有利用它。你現在終於必須領悟那個你，只是其中一部分的宇宙，領悟那種你的存在，只是其中一段流逝的宇宙的管理；你只有有限的時間，如果你不用這段時間來清除你靈感上的陰霾；它就將逝去，你亦將逝去，並永不復返。

「現在」也是馬可・奧理略在《沉思錄》裡反覆強調的主題，一個人能擁有的只是現在，所能把握的也只是現在，這是他的主要觀點。

在這裡，他說，「沒有一種生活條件比你現在碰巧有的條件更適合於哲學」，借用到我們現實生活中來，我們要實現任何目標，都要從現在做起，沒有任何時候是比現在更好的行動時機。記住，不是明天，也不是後天，而是現在。

我們曾經擁有過去，我們也會擁有將來，但我們能夠把握的只有現在。每個人都有自己的夢想，有了夢想，就著手去做，堅定地朝著目標前進，就會一步步接近夢想，從而最終實現夢想。所以，成功的往往是那些為了追逐夢想立即行動的人。

安東尼・吉娜是美國紐約百老匯中極負盛名的演員，她曾在美國著名的脫口秀節目《快樂說》中講述了她的成功經歷。

　　數年前，吉娜是大學裡藝術團的歌劇演員。在一次校際演講比賽中，她向人們展示了一個最為璀璨的夢想：大學畢業後，先去歐洲旅遊一年，然後要在紐約百老匯中成為一名優秀的主角。

　　當天下午，吉娜的心理學老師找到她，尖銳地問了一句：「你今天去百老匯跟畢業後去有什麼差別？」吉娜仔細一想：「是呀，大學生活並不能幫我爭取到百老匯的工作機會。」於是，吉娜決定一年以後就去百老匯闖蕩。

　　這時，老師又冷不丁地問她：「你現在去跟一年以後去有什麼不同？」

　　吉娜苦思冥想了一會兒，對老師說，她決定下學期就出發。老師緊追不捨地問：「你下學期去跟今天去，有什麼不一樣？」吉娜有些暈眩了，想想那個金碧輝煌的舞臺和那只在睡夢中縈繞不絕的紅舞鞋……她終於決定下個月就前往百老匯。

　　老師乘勝追擊地問：「一個月以後去，跟今天去有什麼不同？」吉娜激動不已，她情不自禁地說：「好，給我一個星期的時間準備一下，我就出發。」老師步步緊逼：「所有的生活用品在百老匯都能買到，你一個星期以後去和今天去有什麼差別？」

　　吉娜終於雙眼盈淚地說：「好，我明天就去。」老師讚許地點點頭，說：「我已經幫你訂好明天的機票了。」

　　第二天，吉娜就飛到全世界最巔峰的藝術殿堂——美國百老匯。當時，百老匯的製片人正在醞釀一部經典戲碼，幾百名各國藝術家前去應徵主角。按當時的徵選步驟，是先挑出十個左右的候選人，然後，讓他們每人依劇本的要求演出一段主角的唸白。這意味著要經過兩輪百裡挑一的艱苦角逐才能勝出。

　　吉娜到了紐約後，並沒有急於去漂染頭髮、買衣服，而是費盡周折從

一個化妝師手裡要到了將排演的劇本。這以後的兩天中，吉娜閉門苦讀，悄悄演練。正式面試那天，吉娜是第四十八個出場的，當製片人要她說說自己的表演經歷時，吉娜燦然一笑，說：「我可以給您表演一段原來在學校排演的戲碼嗎？就一分鐘。」製片人首肯了，他不願讓這個熱愛藝術的青年失望。

而當製片人聽到傳進自己鼓膜裡的聲音，竟然是將要排演的戲碼對白，而且，面前的這個女孩感情如此真摯，表演如此維妙維肖時，他驚呆了！他馬上通知工作人員結束面試，主角非吉娜莫屬。

就這樣，吉娜來到紐約的第一天就順利地進入了百老匯，穿上了她人生的第一雙紅舞鞋。

這是一個現在就行動，結果大獲成功的例子。

每個人都有願望，但僅僅有願望是不夠的。要使願望得以實現，祕密就在於行動 —— 現在就開始行動。

傑米先生是個普通的年輕人，大約二十幾歲，有太太和小孩，收入並不多。

他們全家住在一間小公寓，夫婦兩人都渴望有一棟自己的新房子。他們希望有較大的活動空間、比較乾淨的環境，這樣既讓小孩有地方玩，同時也增添了一份財產。

買房子的確很難，必須有錢支付分期付款的頭期款才行。有一天，當傑米簽發下個月的房租支票時，突然很不耐煩，因為房租跟新房子每月的分期付款差不多。

傑米跟太太說：「下個禮拜我們就去買一棟新房子，你看怎麼樣？」

「你怎麼突然想到這個？」她問，「開玩笑！我們哪有能力！可能連頭期款都付不起！」

　　但是傑米已經下定決心：「跟我們一樣想買一棟新房子的夫婦大約有幾十萬人，其中只有一半能如願以償，一定是什麼事情才使另一半人打消了這個念頭。我們一定要想辦法買一棟房子。雖然我現在還不知道怎麼湊錢，可是一定要想辦法。」

　　下個禮拜他們真的找到了一間兩人都喜歡的房子，樸素大方又實用，頭期款是 1,200 美元。現在的問題是如何湊夠 1 千多美元。傑米知道無法從銀行借到這筆錢，因為這樣會損害他的信用，使他無法獲得一項關於銷售款項的抵押借款。

　　可是皇天不負有心人，他突然有了一個靈感：為什麼不直接找承包商談談，向他私人貸款呢？他真的這麼做了。承包商起先很冷淡，由於傑米一再堅持，終於同意了。他同意傑米把 1,200 美元的借款按月交還 100 美元，利息另外計算。

　　現在傑米要做的是，每個月湊出 100 美元。夫婦兩人想盡辦法，一個月可以省下 25 美元，還有 75 美元要另外設法籌措。

　　傑米又想到另一個點子。第二天早上他直接跟老闆解釋這件事，他的老闆也很高興他要買房子了。

　　傑米說：「彼恩先生，你看，為了買房子，我每個月要多賺 75 美元才行。我知道，當你認為我值得加薪時一定會加，可是我現在很想多賺一點錢。公司的某些事情可能在週末做更好，你能不能答應我在週末加班呢？有沒有這個可能呢？」

　　老闆被他的誠懇感動了，真的找出許多事情讓他在週末工作十小時，他們因此歡歡喜喜地搬進新房子了。

　　傑米從期望的夢想中醒悟，立即行動起來，終於在自己的努力下實現了長久以來的願望。

　　洛克斐勒也十分注重行動。西元 1897 年的聖誕節，洛克斐勒寫了一封重要的信給兒子，這封信的主旨就是「現在就去做」，在信中，他反覆向兒子強調行動的重要性，我們一起來看看這位巨額財富締造者對自己親生兒子的諄諄教誨：

　　「我一直相信，機會是靠行動得來的。再好的構想都有缺陷，即使是很普通的計畫，但如果確實執行並且繼續發展，都會比半途而廢的好計畫要好得多，因為前者會貫徹始終，後者卻前功盡棄。所以我說，成功沒有祕訣，要在人生中取得正面結果，有過人的聰明智慧、特別的才藝當然好，沒有也無可厚非，只要肯積極行動，你就會越來越接近成功。」

點石成金

　　現實生活中有太多的理由可以成為我們拖延行動的藉口，可事實上，生活總是一直在變動，環境也不可完全預知。現實生活中，各種突發狀況總是層出不窮，你永遠也不能肯定今後會發生什麼事情，但人們還總是寧願犧牲可知可見的當下，而去換取未知的等待，將原本屬於自己的命運，交付給毫無可見的將來，也正是因為這些貌似合乎情理的理由，使我們屢屢與成功失之交臂。

　　「每個人都生存在現在這個時間裡，現在是一個不可分的點，而他生命的其他部分不是已經過去就是尚未確定」，你所能把握的只是現在，追求成功，「現在」是最好的行動時機。

和善寬厚的人更有力量

　　和善寬厚使人性更欣悅，更有男子氣概，擁有這些品格的人也擁有力量、精力和勇氣，而那受制於激動和不滿的發怒者卻不擁有這些。

　　一種好的氣質是不可征服的，只要它是真實的，而不是一種做作的微笑。最蠻橫的人將會對你做什麼呢？只要你對他始終保持一種和善的態度，如果條件允許，你溫和地勸導他，平靜地在他試圖損害你的時候糾正他的錯誤，你這樣說：我的孩子，不要這樣，我們被選出來天生是為了別的什麼事情的，我將肯定不會受到傷害，而你卻要傷害你自己，我的孩子——這樣以溫和的口吻，用如此的一般原則向他說理，並說明甚至蜜蜂也不會做像他所做的事，更不必說那些天生被創造出來合作的動物了。你必須在這樣做時，不帶有任何雙重的意義或以斥責的口吻進行，而是柔和的，在你的心靈裡沒有任何怨恨，不要彷彿你是在對他講演，彷彿旁觀者會給出讚揚，而是當他獨自一人的時候。

　　斯多葛哲學崇尚的個性特徵是待人和善，馬可·奧理略這樣來評價和善，「更有男子氣概」、「擁有這些品格的人也擁有力量、精力和勇氣」、「一種好的氣質是不可征服的」，即便是對最蠻橫的人，也要保持一種和善的態度。

　　和善寬厚是一種內在的修養，它既是天性使然，也需要深厚的閱歷和磨練才能習得，是一種真正的男子氣概。

　　波斯諺語說，俯下身子比昂首怒目更有威嚴，溫和待人比凶猛的手段更有征服力。這句諺語道出了一個真理：真正打動人心的，是仁厚之心和強大的人格感染力，這比其他一切實力、技能、謀略更有力量。

　　春秋五霸之一的楚莊王，有一次宴請群臣，要大家不分君臣，盡興飲酒作樂。正當大家玩得高興時，一陣風吹來，燈火熄滅，全場一片漆黑。這時，有人乘機調戲楚莊王的愛姬。愛姬十分機智，扯下了這個人的冠纓，並告訴楚莊王：「請大王把燈火點燃，只要看清誰的冠纓斷了，就可以查證誰是調戲我的人。」

　　群臣亂成一片，以為定會有人喪命。可是，楚莊王卻宣布：「請大家在點燃燈火之前都扯下自己的冠纓，誰不扯斷冠纓，誰就要受罰。」

　　當燈火再燃起來的時候，群臣都已經拔去了冠纓。那調戲愛姬的人自然無法查出。大家都舒了一口氣，又高興地娛樂起來。

　　兩年以後，晉軍進攻楚。這時，一名將軍勇往直前，殺敵無數，立了大功。楚莊王召見他，讚揚他說：「這次打仗，多虧了你奮勇殺敵，才能打敗晉軍。」這個將領淚流滿面地說：「臣就是兩年前在酒宴中調戲大王愛姬的人，當時大王能夠重視臣的名譽，寬容臣的過錯，不處罰臣，還給臣解圍，這使臣感激不盡。從那以後，臣就決心效忠大王，等待機會為大王效命。」

點石成金

　　《省心錄》中講到，以責人之心責己，則寡過；以恕己之心恕人，則全交。這裡講的就是和善寬厚之道。待人和善寬厚，包括容人之長、容人之短、容人個性、容人之過、容人之功，只要你和別人相處能夠從這五個方面去要求自己，那麼你一定可以和任何人相諧相生。

　　「和善寬厚使人性更欣悅，更有男子氣概，擁有這些品格的人也擁有力量、精力和勇氣」，和善寬厚的人，征服別人靠的是人格力量。

意志自由才是真的自由

沒有任何人能奪走我們的自由意志。

從阿珀洛尼厄斯那裡，我懂得了意志的自由。

讓你在來自外部原因的事物的打擾中，保持自由吧，讓你在根據內在原因所做的事情中，保持正義吧，換言之，讓你的行為和活動限定於有益社會的行為，因為這符合你的本性。

馬可·奧理略在《沉思錄》中反覆說到了自由，並且強調一種意志上的自由。身為一個帝國的皇帝，雖然擁有無上的權力，但他也時刻處在一種現實的羈絆中，他透過默唸這種意志的自由，而得到了心靈的解脫。一個人就算被剝奪了所有的自由，他也仍然可以擁有自由的意志。

莊子曾經用一個很動感的詞來表達意志自由：坐馳。怎樣叫做「坐馳」呢？就是坐在那裡，身子不動，心靈在宇宙天地間自由翱翔。一個人的身體是可以被束縛的，但是一定不要給靈魂帶上枷鎖。

一個人如果能夠保持心靈的自由，那麼他就獲得了真正的自由。

一個後生從家裡到一座禪院去，在路上他看到了一件有趣的事，他想以此去考考禪院裡的老禪者。來到禪院，他與老禪者一邊品茗，一邊閒扯，冷不防他問了一句：「什麼是團團轉？」

「皆因繩未斷。」老禪者隨口答道。

後生聽到老禪者這樣回答，頓時目瞪口呆。

老禪者見狀，問道：「什麼使你如此驚訝？」

「不，老師父，我驚訝的是，你怎麼知道的呢？」後生說，「我今天在來的路上，看到一頭牛被繩子穿了鼻子，拴在樹上，這頭牛想離開這棵

樹，到草地上去吃草，誰知牠轉過來轉過去都不得脫身。我以為師父既然沒有看見，肯定答不出來，哪知師父出口就答對了。」

老禪者微笑著說：「你問的是事，我答的是理，你問的是牛被繩縛而不得解脫，我答的是心被俗務糾纏而不得超脫，一理通百事啊。」

後生大悟。

心被俗務糾纏而不得超脫，就像牛被繩子束縛，無法得到自由。

一隻章魚的體重可以達 70 磅。但是，如此龐大的傢伙，身體卻非常柔軟，柔軟到幾乎可以將自己塞進任何想去的地方。

章魚沒有脊椎，這使牠可以穿過一個銀幣大小的洞。牠們最喜歡做的事情，就是將自己的身體塞進海螺殼裡躲起來，等到魚蝦走近，就咬斷她們的頭部，注入毒液，使其麻痺而死，然後飽餐一頓。對於海洋中的其他生物來說，牠可以被稱得上是最可怕的動物之一。

但是，人類卻有辦法制服牠。漁民掌握了章魚的天性，他們將小瓶子用繩子串在一起沉入海底。章魚一看見小瓶子，都爭先恐後地往裡鑽，不論瓶子有多麼小、多麼窄。

結果，這些在海洋裡無往不勝的章魚，成了瓶子裡的囚徒，變成了漁民的獵物，變成人類餐桌上的美食。

是什麼囚禁了章魚？是瓶子嗎？不，瓶子放在海裡，瓶子不會走路，更不會去主動捕捉。囚禁了章魚的是牠們自己。牠們向著最狹窄的路越走越遠，不管那是一條多麼黑暗的路，即使那條路是死巷子。

點石成金

　　每個人都嚮往自由的感覺，但在現實生活中，我們不可避免會受到各式各樣的約束和羈絆，對於它們，我們似乎毫無辦法。殊不知囚禁我們的不是別人，而是自己，是我們不正確的心態和固執的態度。只有我們放棄固有的想法和行為模式，我們的思想才能海闊天空。意志自由才是真的自由。

　　「讓你在來自外部原因的事物的打擾中，保持自由吧」、「沒有任何人能奪走我們的自由意志」，意志自由是我們無法被剝奪的自由，是真正的自由，當我們深陷於各種現實的束縛時，我們要牢記這一點。

寬恕之道

馬克西穆斯已習慣於仁慈的行爲，隨時準備寬恕、避開所有的錯誤。

當一個人表現得像是在做什麼惡事的時候，我怎麼知道這就一定是一件惡事呢？即使他的確做了惡事，我又怎麼知道他沒有責備過他自己呢？因爲這就像破壞他自己的面容。

如果有人冒犯了你，首先考慮：我和人們之間有什麼連繫，我們是被創造出來相互合作的，另一方面，我是被創造出來放在他們之上的，就像一隻公羊對羊群，一隻公牛對牛群。

第二，考慮冒犯者他們在飯桌邊、在睡床上等地方是什麼人，尤其是考慮他們在什麼壓力下形成意見和行動的，他們做他們所做的事帶著何種驕傲。

第三，如果人們是正當地做他們所做的，那我們不應不愉快；但如果他們做得不正當，那很顯然他們這樣做是出於無知和不自覺。事實上，當人們被稱爲是不正直、背信棄義、貪婪，總之是對鄰人行惡的人時，他們是痛苦的。

第四，考慮你也做了許多不正當的事情，你是一個和他們相仿的人，即使你戒除了某些錯誤，但你還是有犯這些錯誤的傾向，而且你戒除這些錯誤，也許是出於怯懦，或是關心名聲，或是出於別的不潔的動機。

第五，考慮你甚至不知道人們是否真的在做不正當的事情，因爲許多事情，都是由於和某種環繞的關係而做出的。

第六，當你十分煩惱或悲傷時，想一下人的生命只是一瞬，我們都很快就要死去。

第七，那打擾我們的不是人們的行為，因為那些行為的根基是在他們的支配原則中，那打擾我們的是我們自己的意見。那麼就先驅除這些意見，堅決地放棄你對一個行為的判斷。

第八，考慮由這種行為引起的憤怒和煩惱帶給我們的痛苦，要比這種行為本身帶給我們的痛苦多得多。

第九，考慮一種好的氣質是不可征服的，只要它是真實的，而不是一種做作的微笑。最蠻橫的人將會對你做什麼呢？只要你對他始終保持一種和善的態度，如果條件允許，你溫和地勸導他，平靜地在他試圖損害你的時候糾正他的錯誤。

如果你願意，也要從繆斯們的領袖（阿波羅）那裡收到第十個禮物，這就是希望壞人們不做惡事是發瘋，因為希望者欲求一件不可能的事情。

斯多葛派哲人是溫和的，也是寬容的，與人為善是他們奉行的待人原則。馬可‧奧理略十分注重與各種人的關係，他為如何寬容地對待冒犯自己的人確立了十條原則，其中的內容和孔子提倡的「忠恕之道」很有共通之處。

寬恕是一種高度的仁慈行為。我們可以對陌生人微笑，可以對素昧平生的人慷慨解囊，可以對陷入困境的人施以援手，但是，面對一個曾經傷害過自己的人，你又將抱有什麼樣的態度呢？通常我們都會念念不忘他們對我們犯下的過錯，這過錯越大，我們的怨恨越深，它不停地折磨著我們，只有透過漫長的時間才能漸漸磨滅。那麼，我們為什麼選擇主動寬恕別人呢？

寬恕意味著徹底忘記傷害，意味著不再讓過去的事情影響現在的生活。我們來看幾個關於寬恕的故事：

戰爭結束前不久的一天，魯梅尼德看到一架敵機被擊落，機上兩名軍

人被迫跳傘，和許多看到敵軍跳傘的好奇市民一樣，11 歲的魯梅尼德跑到市區中心廣場上看熱鬧。最終兩名員警推推搡搡地押回兩名英軍戰俘。他們得在廣場等汽車來把戰俘送到戰俘營去。

圍觀的德國人一看到戰俘，就憤怒地喊叫：「殺死他們！除掉他們！」毫無疑問，他們想起了英軍及其盟軍對他們城市的恣意轟炸。圍觀的人並不乏出氣的傢伙 ── 英國兵跳傘的時候，好多人都在園子裡工作，他們順手拿起乾草叉、鐵鍬什麼的就跑過來了。

魯梅尼德望著兩名英軍戰俘的臉，他們也就 19 或 20 歲的樣子，看上去驚恐萬狀。兩名旨在保護戰俘的德國員警，也難以擋住操著乾草叉和鐵鍬的憤怒人群。

魯梅尼德跑到戰俘和人群之間，臉對著人群，喊叫著讓他們住手。人群不願傷著這個小男孩，就稍稍後退了一點，就在這當下，魯梅尼德對他們說道：「看看這些戰俘。他們還只是孩子！他們和你們自己的孩子沒什麼兩樣。他們做的也正是你們的孩子正在做的 ── 為各自的國家而戰。要是你們的孩子在敵國中彈，做了戰俘，你們也不想讓那裡的人們把他們殺掉。所以，請你們不要傷害這些孩子。」

人們聽著，感到驚異，繼而羞愧，最後一位婦女說道：「竟是個孩子告訴我們什麼是對的，什麼是錯的。」人群漸漸散開了。

魯梅尼德永遠也不會忘記英軍戰俘臉上流露的寬慰和感激之情。他希望他們能長久而幸福地生活下去，他們也會終生銘記這個拯救了他們生命的小小男孩。

寬恕別人就是寬恕自己，想一想對方的行為是在什麼情況下做出的，想想自己如果處於同一情景，會怎樣做，這樣的換位思考會讓你願意原諒對方。

　　很久以前，有一位年老的國王，他決定不久後就將王位傳給三個兒子中的一個。一天，國王把三個兒子叫到面前說：「我老了，決定把王位傳給你們三兄弟中的一個，但你們三個都要到外面去遊歷一年。一年後回來告訴我，你們在這一年內所做過的最高尚的事情。只有那個真正做過高尚事情的人，才能繼承我的王位。」

　　一年後，三個兒子回到了國王前面，告訴國王自己這一年來在外面的收穫。

　　大兒子先說：「我在遊歷期間，曾經遇到一個陌生人，他十分信任我，托我把他的一袋金幣交給他住在另一鎮上的兒子，當我遊歷到那個鎮上時，我把金幣原封不動地交給了他的兒子。」

　　國王說：「你做得很對，但誠實是你做人應有的品德，不能稱得上是高尚的事情。」

　　二兒子接著說：「我旅行到一個村莊，剛好碰上一夥強盜打劫，我衝上去幫村民們趕走了強盜，保護了他們的財產。」國王說：「你做得很好，但救人是你的責任，還稱不上是高尚的事情。」

　　三兒子遲疑地說：「我有一個仇人，他千方百計地想陷害我，有好幾次，我差點就死在他的手上。在我的旅行中，有一個夜晚，我獨自騎馬走在懸崖邊，發現我的仇人正睡在一棵大樹下，我只要輕輕地一推，他就掉下懸崖摔死了。但我沒有這樣做，而是叫醒了他，告訴他睡在這裡很危險，並勸告他繼續趕路。後來，當我下馬準備過一條河時，一隻老虎突然從旁邊的樹林裡跑出來，撲向我，正在我絕望時，我的仇人從後面趕過來，他一刀就結束了老虎的命。我問他為什麼要救我的命，他說『是你救我在先，你的仁愛化解了我的仇恨。』我只不過提醒了他一下，這……這實在是不算做了什麼大事。」

「不，孩子，能幫助自己的仇人，是一件難得的高尚的事，如果你能夠以這種胸襟和氣量治理國家，那麼我相信這個國家一定會興旺發達。」國王嚴肅地說：「來，孩子，你做了一件真正高尚的事，從今天起，我就把王位傳給你。」

能幫助自己的仇人，是一件難得的高尚的事，因為這需要有極大的慈悲情懷。

不懂得寬恕的人，只會讓仇恨和錯誤蔓延；懂得寬恕的人，則可以化解仇恨，終止怨恨。

寬恕反映了你對於錯誤的基本態度，如果一個人容易寬恕別人的過錯，那麼他對自己也不會那麼挑剔，會更愛自己。因為，寬恕別人就是寬恕自己，對別人寬大，就是對自己寬大。

點石成金

一個不肯原諒別人的人，就是不給自己留餘地，因為每一個人都有犯過錯而需要別人原諒的時候。寬恕別人，不僅需要極大的勇氣，也需要高度的愛心，因而是一種高度仁慈的行為。生活中的恩恩怨怨，人生的起起伏伏，如果沒有一顆寬恕之心，你難以笑對人生，進退自如。寬恕可以終止怨恨和錯誤，能寬恕別人的人，擁有更大的心靈容量，是真正懂得人生的人。因為懂得，所以慈悲。

善意要表現為行動

那些說決心公正地待你的人是多麼不正常和不真誠啊！──人啊，你在做什麼？沒有必要發出這一通知，它馬上就要透過行動來顯示。願望應明白地表現為你的舉止。一個人的品格也是，他直接在他的眼睛裡顯示它，正像戀人立即從對方的眼睛裡讀出一切。誠實和善良的人應像一朵香味濃郁的鮮花，以致其他人一旦接近他就知道他的意願。而矯揉造作的樸實，卻像一根彎曲的棍子。沒有什麼比那種豺狼似的友誼（虛偽的友誼）更可恥的了。要盡最大努力避免它。善良、樸實和仁慈都明確無誤地在眼睛裡展示。

全然不要再談論一個高尚的人應具有的品格，而是要成為這樣的人。

斯多葛派哲人推崇的個性品格是表裡如一，言行一致。馬可·奧理略在這裡說的是，僅有行善的意願是不夠的，要表現為行動。嘴上說要公正地對待你，但實際上卻沒有行動，你一定會對著這個人失去好感和信任。

一個人僅有良好的願望是不夠的，他還需要明白地表現為行動。就像一朵鮮花，如果不散發香味，就難以讓人感覺到它。一個人僅僅心裡有善意，而不去用行動表現出來，無法讓人感知它，那又有什麼意義呢？

有一位老人，收藏了許多價值連城的古董，老伴早死，留下三個孩子，長大後都出了國，孩子不在身邊，所幸還有個學生，跟前跟後地伺候。

許多人都說：「看這年輕人，放著自己的正事不做，整天陪著老頭子，好像很孝順的樣子。誰不知道，他是為了老頭子的錢。」

老人的孩子們也常從國外打電話，叮囑老父要小心被騙。

「我當然知道！」老人總是這麼說，「我又不是傻子！」

老人死了，律師宣讀遺囑時，三個兒子都趕回來，那學生也到了。遺囑宣讀之後，三個兒子都變了臉。因為老人居然糊塗到把多半的收藏都給了那個學生。

「我知道他可能貪圖我的收藏。」老人的遺囑寫著，「但是在我蒼涼的晚年，真正陪我的是他。就算我的兒子愛我，說在嘴裡，掛在心上，卻不伸出手來，那真愛也成了假愛。相反的，就算我這位學生對我的情都是假的，幫我十幾年，連句怨言都沒有，也就應該算是真的！」

點石成金

人們可能會忘記你所說的話，但不會忘記你為他們做的事。這就是行動優於言語的魅力。良好的願望，如果不能透過行為來落實，那就只能是隔靴搔癢，無法解決實際問題。如果你想表達對別人的關愛，那麼就拿出實際行動，從生活的方方面面去關心他，如果你想表達你的善意，那就做出仁慈的舉動。

「全然不要再談論一個高尚的人應具有的品格，而是要成為這樣的人」，好的行動勝過千言萬語。

真誠地對人感興趣

從鄰枝上切下的一根枝條，必定也是從整棵樹上切下的。所以，一個人若和另一個人分離，他也是和整個社會分離。對於枝條來說，還是另外的東西切下了它，而一個人卻是透過自己的行為，使他和他的鄰人分離——當他憎恨別人和不理睬別人的時候，他不知道他同時也使自己與整個社會體系分開了。

馬可‧奧理略反覆強調一個整體的概念，宇宙是一個整體，人和社會是一個整體，在這裡，他用枝條和大樹的關係來比喻人和社會的關係。一個枝條和鄰枝分離，其實也就是和整棵大樹分離。同樣的道理，一個人若是憎恨別人和不理睬別人，那他實際上就是和整個社會分離。

但是，人終究是從屬於這個社會的，你與這個社會有著千絲萬縷的連繫，不可能脫離社會而獨立存在。憎惡別人和不理睬別人，只會讓你與環境格格不入，這於人於己都不是一種良好的局面。要想受人歡迎，就要真誠的對人感興趣，友善他們，關愛他們。

有一位醫生到母校去進修，上課的正是一位原先教過他的教授。教授沒有認出他來。他的學生太多了，何況畢業已整整 10 年了。第一堂課，教授用了半堂課的時間，跟學生們講了一個故事。可是，這個故事醫生當年就聽過：

有個小男孩患了一種病，醫了很多地方，也不見效，為治療花掉了家裡所有的積蓄。後來聽說有個郎中能治，母親便背著男孩前往。可是這個郎中的藥錢很貴，母親只得上山砍柴賣錢為孩子治病。一包草藥煎了又煎，一直到味淡了才扔掉。

可是，小男孩發現，藥渣全部倒在路口上，被許多人踏著。小男孩問母親，為什麼把藥渣倒在路上？母親小聲告訴他：「別人踩了你的藥渣，就把病氣帶走了。」

小男孩說：「這怎麼可以呢？我寧願自己生病，也不能讓別人也生病。」後來，小男孩再沒見到過母親把藥渣倒在路上。那些藥渣全倒在後門的小路上。那條小路只有母親上山砍柴才會經過。

醫生覺得教授真是古板，都 10 年了，怎麼又把這個故事拿出來講呢？醫生覺得索然無味。教授的課在故事中結束，給學生留了幾道思考題。思考題很簡單，要求學生當堂課完成。前面的題大家答得很順利，可是，同學們被最後一道題難住了，這道題是這樣的：「你們公司每天清早打掃衛生的清潔工叫什麼名字？」同學們以為教授是在開玩笑，都沒有回答。

那位醫生也覺得好笑，都 10 年了，還出這樣的題，教授的課怎麼一成不變呢？

教授看了學生的答題，表情很嚴肅。他在黑板上寫了一行字：「在我們的職業當中，每個人都是重要的，都值得關心，並請關愛他們。」教授說，現在我要表揚一位同學，只有他回答出來了。

這個人就是那位醫生。醫生這時才猛然發現，自己在平時工作中常會下意識地去記清潔工的名字。他工作的醫院有 1,000 多人，他竟然記得每位清潔工的名字。

因為，這道題 10 年前就曾難倒過他。沒想到當年第一堂課會影響他這麼多年。

是的，生活中也是這樣，你周圍的每個人對你而言，都應該是重要的。

　　大家都知道，一個人只要真心對別人感興趣，兩個月內就能比一個要別人對他感興趣的人在兩年之內所交的朋友還要多。但是許多人卻錯誤地想方設法用使別人對他們感興趣的辦法來贏得朋友。這種方式是沒用的，別人不會對你感興趣。他們只對自己感興趣 —— 不論早上、中午，或是晚上。

　　如果我們只是透過在別人面前表現自己來使別人對我們感興趣的話，我們將永遠不會得到多少真誠的朋友。朋友 —— 真正的朋友，不是用這種方法結交來的。

點石成金

　　要想受人歡迎，請記住這一條規則：真心誠意地對別人感興趣，關心別人。反之，如果你憎惡別人或是不理睬別人，則會讓你遠離整個社會，而這會給你的事業和個人生活帶來不小的麻煩。

　　「當他憎恨別人和不理睬別人的時候，他不知道他同時也使自己與整個社會體系分開了。」真誠的對別人感興趣，可以讓你更好的融入社會。大多數在某項事業上取得成功的人，都相當注重社會融入感，這種融入感令他們感覺良好，也是帶給他們成功的助力。

擺脫情緒困擾，你將更有力量

一個人的心靈在什麼程度上接受於擺脫激動，它也就在同樣的程度上更接近力量，正像痛苦的感覺是軟弱的一個特徵一樣，憤怒也是軟弱的一個特徵。因為那拜倒於痛苦與憤怒的人，都受到傷害，都是屈服。

那擺脫了激動的心靈就是一座堡壘，因為人再沒有什麼比這更安全的。而不知道這一點的人就是一個無知的人，知道這一點卻不飛向這一庇護所的人，則是不幸的人。

斯多葛派哲人推崇的一種心靈狀態是不動心，他們總是試圖調動自己心靈的最大力量，以擺脫任何外物和事情的影響，馬可·奧理略在這裡強調的是擺脫情緒的困擾。一顆心如果能擺脫激動，它將更有力量；痛苦和憤怒都是軟弱的特徵，無法控制自己情緒的人不是生活的強者。

情緒管理正日漸受到人們重視，大家對由於情緒困擾帶來的力量消減都有切身體會，有情緒困擾的人數比例與日俱增。學會情緒管理，擺脫情緒困擾，是現代人的必修課。

在非洲草原上，有一種不起眼的動物叫吸血蝙蝠。牠身體極小，卻是很多動物的天敵，就連強悍的野馬也常常是牠們的犧牲品。這種蝙蝠靠吸動物的血生存，如牠在攻擊野馬時，常附在馬腿上，用鋒利的牙齒極敏捷地刺破野馬的腿，然後用尖尖的嘴吸血。無論野馬怎麼蹦跳、狂奔，都無法驅逐這種蝙蝠，蝙蝠卻可以從容地吸附在野馬身上，直到吸飽吸足，才滿意地飛去。而野馬常常在暴怒、狂奔、流血中，無可奈何地死去。

動物學家們在分析這一問題時，一致認為吸血蝙蝠所吸的血量是微不足道的，根本不會讓野馬死去，野馬的死亡是牠暴怒狂奔的性格所致。由

此可見，無法控制自己的情緒就會自取滅亡。

在古老的中國西藏，有一個叫愛地巴的人，每次生氣和人起爭執的時候，就以很快的速度跑回家去，繞著自己的房子和土地跑 3 圈，然後坐在田地邊喘氣。

愛地巴非常勤勞努力，他的房子越來越大，土地也越來越廣，但不管房地有多大，只要與人爭論生氣，他還是會繞著房子和土地繞 3 圈。

愛地巴為何每次生氣都繞著房子和土地繞 3 圈呢？所有認識他的人，心裡都有這樣的疑惑，但是不管怎麼問他，愛地巴都不願意說明。直到有一天，愛地巴很老了，他的房地又已經太大，他生氣，拄著拐杖艱難地繞著土地和房子，等他好不容易走 3 圈，太陽都下山了，愛地巴獨自坐在田邊喘氣，他的孫子在身邊懇求他：「阿公，您已經年紀大了，這附近地區的人也沒有人的土地比您更大，您不能再像從前，一生氣就繞著土地跑啊！您可不可以告訴我這個祕密，為什麼您一生氣就要繞著土地跑上 3 圈呢？」

愛地巴禁不住孫子懇求，終於說出隱藏在心中多年的祕密，他說：「年輕時，我一和人吵架、爭論、生氣，就繞著房地跑 3 圈，邊跑邊想，我的房子這麼小，土地這麼小，我哪有時間，哪有資格去跟人家生氣，一想到這裡，氣就消了，於是就把所有時間用來努力做事。」

孫子問到：「阿公，您年紀老了，又變成最富有的人，為什麼還要繞著房地跑？」

愛地巴笑著說：「我現在還是會生氣，生氣時繞著房地走 3 圈，邊走邊想，我的房子這麼大，土地這麼多，我又何必跟人計較？一想到這，氣就消了。」

這位老人真是情緒管理的高手，這也是他成功的奧祕。

點石成金

　　我們每個人，都有情緒失控的時候，很多負面情緒會影響我們的工作和生活，我們需要對這些負面情緒加以控制。否則，我們的能量就會被這些負面情緒消耗。對待憤怒的情緒，或是悲傷、焦急的情緒，有一個大原則：找到疏導感情的管道。情緒及時得到了疏導，就不會積壓在心裡，就不會對我們的身心造成傷害。

　　「那擺脫了激動的心靈就是一座堡壘」，擺脫情緒困擾，你將更有力量。

學習服從規則

在你親自學習服從規則之前，你絕不可能在寫作或閱讀中，為別人立下什麼規則。在生活中則更應如此。

馬可‧奧理略的這個警句發人深省。任何時候，通曉規則總是重要的。對於初入社會的年輕人，沒有什麼比學習規則更重要。這種規則不僅僅是一些明示的規章制度，也包括一些需要個人領悟的行為規範。學會了服從規則，你就不會冒犯你不應該冒犯的人；學會了服從規矩，你就知道應該從哪些方向去努力……規則是規律的一部分，不會學習人生規則的人，永遠也玩不好人生這個大遊戲。

愛麗娜剛從大學畢業，分配在一個離家較遠的公司上班。每天清晨 7 時，公司的專車會準時等候在一個地方接送她和她的同事們。

一個驟然寒冷的清晨，愛麗娜關閉了鬧鐘尖銳的鈴聲後，又稍微留戀了一會暖被窩 —— 像在學校的時候一樣。她盡可能最大限度地拖延一些時光，用來懷念以往不必為生活奔波的寒假日子。那一個清晨，她比平時遲了 5 分鐘起床。可是就是這區區 5 分鐘卻讓她付出了代價。

那天，當愛麗娜匆忙趕到專車等候的地點時，時間已是 7 點 05 分。班車開走了。站在空蕩蕩的馬路邊，她茫然若失，一種無助和受挫的感覺向她襲來。

就在她懊悔沮喪的時候，突然看到了公司的那輛藍色轎車停在不遠處的一幢大樓前。她想起了曾有同事指給她看過那是上司的車，她想：真是天無絕人之路。愛麗娜向那車跑去，在稍稍猶豫一下後，她打開車門，悄悄地坐了進去，並為自己的幸運而得意。

為上司開車的是一位溫和的老司機。他從後視鏡裡看了她一會。然

後，轉過頭來對她說：「小姐，你不應該坐這車。」

「可是，我今天的運氣好。」她如釋重負地說。

這時，上司拿著公事包飛快地走來。待他在前面習慣的位置上坐定後，才發現車裡多了一個人，顯然他很意外。

她趕忙解釋說：「班車開走了，我想搭您的車。」她以為這一切合情合理，因此說話的語氣充滿了輕鬆隨意。

上司愣了一下。但很快明白了，他堅決地說：「不行，你沒有資格坐這車。」然後用無可辯駁的語氣命令道：「請你下去。」

愛麗娜一下子愣住了 —— 這不僅是因為從小到大還沒有誰對她這樣嚴厲過，還因為在這之前，她沒有想過坐這車是需要一定身分的。以她平常的個性，她應該是重重地關上車門以顯示她對小車的不屑一顧而後拂袖而去。可是那一刻，她想起了遲到在公司的制度裡，將對她意味著什麼，而且她那時非常看重這份工作。於是，一向聰明伶俐但缺乏生活經驗的她變得異常無助。她用近乎乞求的語氣對上司說：「要不然，我會遲到的。所以，需要您的協助。」

「遲到是你自己的事。」上司冷淡的語氣沒有一絲一毫的迴旋餘地。

她把求助的目光投向司機。可是老司機看著前方一言不發。委屈的淚水終於在她的眼眶裡打轉。然後，在絕望之餘，她為他們的不近人情而固執地陷入了沉默的對抗。

他們在車上僵持了一會。最後，讓她沒有想到的是，她的上司打開車門走了出去。

坐在車後座的她，目瞪口呆地看著上司拿著公事包向前走去。他在凜冽的寒風中攔下了一輛計程車，飛馳而去。淚水終於順著她的臉頰流淌下來。

他給了她一帆風順的人生以當頭棒喝的警醒。

點石成金

　　雷蒙特（Reymont）說過，世界上的一切都必須按照一定的規矩秩序各就各位。年輕人經常藐視規則，認為規則是一種陳規陋習，但他們品嘗到忽視規則的惡果之後，就會明白，或許有些規則是不合理的，但是，當你沒有力量改變它時，只能選擇服從。任何事情都有規則，如果你不能成為那個制定規則的人，那麼服從是唯一的出路。

　　「在你親自學習服從規則之前，你絕不可能在寫作或閱讀中為別人立下什麼規則。」馬可・奧理略在告誡自己，也是在告誡我們，要訂立規則之前，先要學習服從規則。

第十二卷　優雅退場

　　《沉思錄》卷十二的主旨是生命的優雅退場。作者告訴我們，要在人生中盡職盡責，直到生命告終的那一刻來臨，而無論何時告別人世，都要滿意地退場。因為在人生中，「三幕就是全劇，怎樣才是一齣完全的戲劇，這決定於先前構成這齣戲，及現在又解散這齣戲的那個人，可是你卻兩方面都不是」。斯多葛派哲人並不過分留戀生命，他們主張在任何不利的處境中，都力圖過一種最好的生活，這也是最值得我們學習的生活態度。

堅持不懈

燈光照耀著，不到熄滅它不會失去光芒，而在你心中的真理、正義和節制，卻要在你死之前就熄滅嗎？

我看到父親仔細探討所有需考慮的事情的習慣，他堅持不懈，絕不因對初步現象的滿足就停止他的探究。

堅定、堅持、始終如一，這些都是斯多葛派哲人的個性特徵。馬可·奧理略在位的近二十年間，他的國家不斷遭受颱風、地震、瘟疫等自然災害，邊境也不安寧，不斷發生一些部落的入侵和對抗，而內部也有總督叛亂。他就是以這種堅持不懈、堅如磐石的精神克服種種磨難，把羅馬治理成被史學家稱為「人類過著最為幸福繁榮的生活」的城邦。

堅持不懈是一種品格，更是一種精神。適應現代社會激烈的競爭，需要長期不懈的進取精神。適者生存，優勝劣汰。我們是在和別人賽跑，也是在和自己賽跑，我們能掌控的是自己，而時間卻永遠不停地向前，因此，在時間的海洋裡，我們只能不停地奔跑。這個世界屬於那些不停地奔跑的人，他們為了自己心中的目標，一步一步地向前邁進。如果停止奔跑，我們就可能被別人甩在身後，更可能因此而失掉積極進取的鬥志，最終會被社會淘汰出局。

有個叫布羅迪的英國教師，在整理閣樓上的舊物時，發現了一疊練習冊，它們是皮特金中學 B2 班 51 位孩子的春季作文，題目叫〈未來我是——〉。他本以為這些東西在德軍空襲倫敦時被炸飛了，沒想到它們竟安然地躺在自己家裡，並且一躺就是 25 年。

布羅迪順便翻了幾本，很快被孩子們千奇百怪的自我設計迷住了。比

如：有個叫彼得的學生說，未來的他是海軍大臣，因為有一次他在海中游泳，喝了 3 公升海水，都沒被淹死；還有一個說，自己將來必定是法國的總統，因為他能背出 25 個法國城市的名字，而同班的其他同學最多的只能背出 7 個；最讓人稱奇的，是一個叫大衛的盲人學生，他認為，將來他必定是英國的一個內閣大臣，因為在英國還沒有一個盲人進入過內閣。總之，31 個孩子都在作文中描繪了自己的未來。有當馴狗師的，有當領航員的，有做王妃的……五花八門，應有盡有。

布羅迪讀著這些作文，突然有一種衝動 —— 何不把這些本子重新發到同學們手中，讓他們看看現在的自己是否實現了 25 年前的夢想。當地一家報社得知他這一想法，為他發了一則啟事。沒幾天，書信向布羅迪飛來。他們中間有商人、學者及政府官員，更多的是沒有身分的人，他們都表示，很想知道兒時的夢想，並且很想得到那本作文簿，布羅迪照地址一一給他們寄去。

一年後，布羅迪身邊僅剩下一個作文本沒人索要。他想，這個叫大衛的人也許死了。畢竟 25 年了，25 年間是什麼事都會發生的。就在布羅迪準備把這個本子送給一家私人收藏館時，他收到內閣教育大臣布蘭克特（David Blunkett）的一封信。他在信中說，那個叫大衛的就是我，感謝您還為我們保存著兒時的夢想。不過我已經不需要那個本子了，因為從那時起，我的夢想就一直在我的腦子裡，我沒有一天放棄過；25 年過去了，可以說我已經實現了那個夢想。今天，我還想透過這封信告訴我其他的 30 位同學，只要堅持不懈，成功總有一天會出現在你的面前。

布蘭克特的這封信後來被發表在《太陽報》上，因為他身為英國第一位盲人大臣，用自己的行動證明了一個真理：假如誰能把 15 歲時的願望保持 25 年，那麼他現在一定已經能夠實現這個願望。

點石成金

　　只有不停地奔跑、主動出擊、不斷探索、不斷前進的人才會為自己贏得主動，才會在人生和事業中常變常新、不斷向前。否則，沉醉於一時的成功或安於一時的快活而停止不前，最終便會落後於別人，從而走向平庸和失敗。

　　我們都會有這樣的經歷：當我們跑步時，如果中途停了下來，休息一下再起跑的話，就會感到四肢無力，如果我們一直跑下來，面對越來越近的目標，我們便會充滿力量。人就是這樣，只有在不斷的奔跑中，才不會失去力量，只有在不斷的奮鬥中，才不會削弱自己的鬥志。

　　「絕不因對初步現象的滿足就停止他的探究」，人生要獲得高妙境界，就不能淺嘗則止；「燈光照耀著，不到熄滅它就不會失去光芒，而在你心中的真理、正義和節制，卻要在你死之前就熄滅嗎？」，這種堅持不懈的人生奮鬥精神，應該保持到生命的最後一刻。

在你無望完成的事情中也要訓練自己

　　甚至在你無望完成的事情中，也要訓練自己。因為，即使在所有別的事情上不太擅長的左手，握起韁繩來也要比右手更有力，因為它一直受這種訓練。

　　斯多葛派哲人的自我修練是超越任何環境，任何境遇，持續一生的。在《沉思錄》的最後一卷，馬可‧奧理略意識到生命快要終結，很多事情也許無望完成，即便在這種情況下，他也強調自我的完善和訓練。

　　有時候，確實要承認，人的力量是有限的，很多事情，我們無望完成。即使知道自己絕無可能完成某件事情，卻仍然全力以赴去行動，這展現了人類的一種頑強精神。在這個過程中，人的能力可以得到成長和提升。如果你改變不了事情的結果，那麼就學會在這個過程中提高自己。謀事在人，成事在天，但即便無法達成目標，謀事者在這過程中還是得到了一種訓練，增加了自己的力量。

　　伍德是一位音樂系的學生，這一天，他走進練習室。在鋼琴上，擺著一份全新的樂譜。

　　「超高難度……」伍德翻動著樂譜，喃喃自語，感覺自己對彈奏鋼琴的信心似乎跌到了谷底，消磨殆盡。

　　已經三個月了！自從跟了這位新的指導教授之後，不知道為什麼，教授要以這種方式整人。

　　伍德勉強打起精神，他開始用手指奮戰、奮戰、奮戰……琴音蓋住了練習室外教授走來的腳步聲。

　　指導教授是個極有名的鋼琴大師。授課第一天，他給自己的新學生一

份樂譜。「試試看吧！」他說。

樂譜難度頗高，伍德彈得生澀僵滯、錯誤百出。

「還不熟，回去好好練習！」教授在下課時，這樣叮囑學生。

伍德練了一個星期，第二週上課時正準備讓教授測試。沒想到，教授又給了他一份難度更高的樂譜。「試試看吧！」上星期的課，教授提也沒提。

伍德再次掙扎於向更高難度的技巧挑戰。

第三週，更難的樂譜又出現了。

同樣的情形持續著，伍德每次在課堂上，都被一份新的樂譜所困擾，然後把它帶回去練習，接著再回到課堂上，重新面臨兩倍難度的樂譜，始終無法追上進度，一點也沒有因為上週的練習而有駕輕就熟的感覺。伍德感到越來越沮喪和氣餒。

教授走進練習室。伍德再也忍不住了。他必須向鋼琴大師提出這幾個月來自己承受的巨大壓力。

教授沒開口，他抽出了最早的那份樂譜，交給伍德。「彈彈看！」他以堅定的目光望著學生。

不可思議的結果出現了，連伍德自己都驚訝萬分，他居然可以將這首曲子彈奏得如此美妙、如此精湛！教授又讓伍德試了第二堂課的樂譜，他依然呈現超高水準的表現……演奏結束，伍德呆呆地看著老師，說不出話來。

「如果我任由你表現最擅長的部分，可能你還在練習最早的那份樂譜，就不會有現在這樣的水準。」鋼琴大師緩緩地說。

在無望完成的事情中訓練自己，你會發現自己正在逐漸接近目標。始終保持一種積極努力的姿態去迎接生活的挑戰，不論成敗與否，你的人生都會得到昇華，都會無怨無悔。

點石成金

　　不要過分執著於目標是否達到，而要在這個過程中不斷訓練自己，提高自己，這樣，即使不能達成既定目標，也能有所收穫。人生之路上，也要有這種豁達與智慧。即使無法實現自己的偉大夢想，也要在不斷奮鬥中提升自己。透過這種不斷提升，或許某一天，你會發現不知不覺中，你已經具備了實現夢想的能力，而之所以能贏得這樣的時刻，完全依賴於你長期在無望完成的事情中訓練自己。

　　「甚至在你無望完成的事情中也要訓練自己」，當我們遇到難以逾越的障礙時，我們需要這種哲學。

一個人最重要的是他的內心

神注視所有人去掉了質料、罩衣、外殼和雜物的心靈（支配原則），因為祂只用祂的理智部分來接觸那，只是從祂自身獲得並流入這些身體中的理智。如果你也這樣做，你將擺脫許多苦惱。因為對那將他包裹的可憐身體不予關心的人，肯定不會因為追求衣服、居室、名聲以及類似的外表和裝飾而苦惱。

馬可・奧理略永遠關注的是人的本質問題，他告訴我們，神靈看待人類，去掉了質料、罩衣、外殼和雜物的心靈，只關注人的本性，如果我們也能這樣看待自己，我們就會免去很多煩惱，我們就只會關注和靈魂有關的事物，而不會去注重一些外在的東西，如衣服、居室、名聲以及類似的外表和裝飾。一個人最重要的是他的內心，這也是我們評價一個人的標準，財富、名聲、外表都只是一種附庸物。

鬧鐘響了，又是一個星期天的早晨。布朗本來可以好好睡一個懶覺，但是有一種強烈的罪惡感驅使他起身去教堂做禮拜。

布朗梳洗完畢，收拾整齊，匆匆忙忙趕往教堂。

禮拜剛剛開始，布朗在一個靠邊的位子上悄悄坐下。牧師開始祈禱了，布朗剛要低頭閉上眼睛，卻看到鄰座先生的鞋子輕輕碰了一下他的鞋子，布朗輕輕地嘆了一口氣。

布朗想：鄰座先生那邊有足夠的空間，為什麼我們的鞋子要碰在一起呢？這讓他感到不安，但鄰座先生似乎一點也沒有感覺到。

祈禱開始了：「我們的父……」牧師剛開了頭。布朗忍不住又想：這個人真不自覺，鞋子又髒又舊，鞋上還有一個破洞。

　　牧師在繼續祈禱著：「謝謝你的祝福！」鄰座先生悄悄地說了一聲：「阿門！」布朗盡力想集中心思禱告，但思緒忍不住又回到了那雙鞋子上。他想：難道我們上教堂時，不應該以最好的面貌出現嗎？他掃了一眼地板上鄰座先生的鞋子想，鄰座的這位先生肯定不是這樣。

　　禱告結束了，唱起了讚美詩，鄰座先生很自豪地高聲歌唱，還情不自禁地高舉雙手。布朗想，主在天上肯定能聽到他的聲音。奉獻時，布朗鄭重地放進了自己的支票。鄰座先生把手伸到口袋裡，摸了半天才摸出了幾個硬幣，「叮噹噹」放進了盤子裡。

　　牧師的禱告詞深深地觸動著布朗，鄰座先生顯然也同樣被感動了，因為布朗看見淚水從他的臉上流了下來。

　　禮拜結束後，大家像平常一樣歡迎新朋友，以讓他們感到溫暖。布朗心裡有一種要認識鄰座先生的衝動。他轉過身子握住了鄰座先生的手。

　　鄰座的先生是一個上了年紀的黑人，頭髮很亂，但布朗還是謝謝他來到教堂。鄰座的先生激動得熱淚盈眶，咧開嘴笑著說：「我叫查理，很高興認識你，我的朋友。」

　　鄰座先生擦擦眼睛繼續說道：「我來這裡已經有幾個月了，你是第一個和我打招呼的人。我知道，我看起來與別人格格不入，但我總是盡量以最好的形象出現在這裡。星期天一大早我就起來了，先是擦乾淨鞋子、打上油，然後走了很遠的路，等我到這裡的時候鞋子已經又髒又破了。」布朗忍不住一陣心酸，強忍下了眼淚。

　　鄰座先生接著又向布朗道歉說：「我坐得離你太近了。當你到這裡時，我知道我應該先看你一眼，再問候你一句。但是我想，當我們的鞋子相碰時，也許我們就可以心靈相通了。」布朗一時覺得再說什麼都顯得無濟於事，就靜了一會才說：「是的，你的鞋子觸動了我的心。在一定程度上，

你也讓我知道，一個人最重要的是他的內心，不是外表。」

　　還有一半話布朗沒有說出來，這位老黑人是怎麼也不會想到的。布朗從心底深深地感激他那雙又髒又舊的鞋子，是它們深深觸動了自己的靈魂。

　　不要簡單地以外表來評判他人，一個人最重要的是他的內心。內心是一個人的真正本質，也是他的價值所在。

點石成金

　　強調一個人的內在價值，能夠把我們從無休止的追名逐利的遊戲中解放出來，這是人類大部分的苦惱和不幸的根源。相信自己的內在價值，你便對追求外在的虛榮抱有一分冷靜和豁達，你會在牢牢把握自己的基礎上，去追求這些，這樣才不會本末倒置、喪失做人的根本。

　　「因為對那將他包裹的可憐身體不予關心的人，肯定不會因為追求衣服、居室、名聲以及類似的外表和裝飾而苦惱。」一個人最重要的是他的內心，這是人的本質所在，其他的一切都只是假象。

擺脫不必要的煩惱

　　當你因為什麼事苦惱時，你忘記了這一點：所有事物都是按照宇宙的本性發生的；你忘記了：一個人的邪惡行為接觸不到你；你還忘記了：現在發生的一切如此發生，將來也如此發生，現在也在各個地方如此發生；你也忘記了：一個人和整個人類之間的親緣關係是多麼緊密，因為這是一種共有，不是一點點血或種子的共有，而是理智的共有。你還忘記了：每個人的理智都是一個神，都是神性的一種流溢；你忘記了：沒有什麼東西是人自己的，他的孩子、他的身體，以至他的靈魂都是來自神的；你也忘記了：一切都是意見；最後你還忘記了：每個人都僅僅生活在現在，喪失的也只是現在。

　　馬可·奧理略在這一小節，總結了他對人生境遇的看法，他告訴我們，當你為什麼事情苦惱時，你要記住：所有事物都是按照宇宙的本性發生的，引起你煩惱的事物也不例外，你要接受它；別人的惡不會也不應該影響自己……

　　傳說四祖道信禪師還未悟道時，曾經向三祖僧璨禪師請教。道信虔誠地請求道：「我覺得人生太苦惱了，希望你指引給我一條解脫的道路。」三祖僧璨禪師反問道：「是誰在捆綁著你？」道信想了想，如實回答道：「沒有人綁著我。」三祖僧璨禪師笑道：「既然沒有人捆綁你，你就是自由的，就已經是解脫了，你何必還要尋求解脫呢？」可見，面對煩惱，我們要尋求自我解脫。

　　二戰期間，羅勃·摩爾在一艘美國潛艇上擔任瞭望員。一天清晨，隨著潛艇在印度洋水下潛行的他透過潛望鏡，看到一支由一艘驅逐艦、一艘

運油船和一艘魚雷船組成的日本艦隊正向自己逼近。潛艇對準走在最後的日本魚雷船準備發起攻擊，魚雷船卻已掉頭，朝潛艇直衝過來。原來空中的一架日機，偵察到了潛艇的位置，並通知了魚雷船。潛艇只好緊急下潛，以便躲開魚雷船的炸彈。

三分鐘後，六顆深水炸彈幾乎同時在潛艇四周炸開，潛艇被逼到水下八十三公尺深處。摩爾知道，只要有一顆炸彈在潛艇五公尺範圍內爆炸，就會把潛艇炸出個大洞來。

潛艇以不變應萬變，關掉了所有的電力和動力系統，全體官兵靜靜地躺在床鋪上。當時，摩爾害怕極了，連呼吸都覺得困難。他不斷地問自己：「難道這就是我的死期？」儘管潛艇裡的冷氣和電扇都關掉了，溫度高達 36℃ 以上，摩爾仍然冷汗涔涔，披上大衣，牙齒照樣碰得格格響。

日軍魚雷船連續轟炸了幾個小時，摩爾卻覺得比十五萬年還漫長。寂靜中，過去生活中，無論是不幸運的倒楣事，還是荒謬的煩惱都一一在眼前重現：摩爾加入海軍前是一家稅務局的小職員，那時，他總為工作又累又乏味而煩惱；抱怨報酬太少，升遷無望；煩惱買不起房子、新車和高級服裝；晚上下班回家，因一些瑣事與妻子爭吵。這些煩惱事，過去對摩爾來說，似乎都是天大的事。而今置身這墳墓般的潛艇中，面臨著死亡的威脅，摩爾深深感受到，當初的一切煩惱顯得那麼的荒謬。他對自己發誓：只要能活著看到日月星辰，從此再不煩惱。

日艦扔完所有炸彈後終於開走了，摩爾和他的潛艇重新浮上水面。戰後，摩爾回國重新參加工作，從此，他更加熱愛生命，懂得如何去幸福地生活。他說：「在那可怕的幾個小時內，我深深體驗到對於生命來說，世界上任何煩惱和憂愁都是那麼地微不足道。」

世上本無事，庸人自擾之。生活中，人們有時候往往會自尋煩惱，或

被一些完全不必要的瑣事牽絆。其實，就像摩爾所說：「對於生命來說，世界上任何煩惱和憂愁都是那麼地微不足道。」放開心胸，任何煩惱都會煙消雲散。

點石成金

　　威爾科克斯說過，當生活像一首歌那樣輕快流暢時，笑顏常開是自然而然；而在一切事都不妙時，仍能微笑的人，是真正的樂觀。在實際生活中，煩惱並沒有想像中那麼嚴重，大多數煩惱不過是我們的一種情緒困擾，而非真正的人生危機，只是一種心理假象，是一種幻想的產物，如果我們因為這個折磨自己，那就太不值得了。

　　「所有事物都是按照宇宙的本性發生的」、「一個人的邪惡行為接觸不到你」、「現在發生的一切如此發生，將來也如此發生，現在也在各個地方如此發生」……當你遭遇不愉快的人生境遇時，馬可‧奧理略的這些話能讓你擺脫不必要的煩惱，微笑面對生活。

生命在恰當的時候終止，並非遭受不幸

　　任何一種活動，無論它可能是什麼，當它在恰當的時間停止時，它並非遭受到不幸，因為它已停止了；做出這一活動的人也並非遭到不幸，因為這一活動已經停止。那麼同樣，由所有這種行為組成的整體，亦即我們的生命，如果它在恰當的時候停止，因為它已經停止，所以也並非遭受到不幸。如果一個受到虐待的人，在恰當的時候結束這一過程，他也就沒有受到痛苦。而恰當的時間和界限是由本性來確定的，有時像年邁而終的事情是由人的特別本性來確定，但透過其部分的變化，使整個宇宙總是保持青春和完美，則總是由宇宙的本性來決定的。對於宇宙有用的一切，始終是好的和合乎時宜的。因此，生命的終結對每個人都不是惡，因為它絕不是恥辱，這是由於它不依賴於意志也不對立於普遍利益，而且這還是件好事，因為它對宇宙來說是合乎時宜的和有利的，是跟宇宙一致的。

　　人啊，你一直是這個偉大國家（世界）裡的一個公民，五年（或三年）會對你有什麼不同呢？因為與法相合的事情對一切都是公正的。如果沒有暴君也沒有不公正的法官把你從國家中打發走，把你打發走的只是送你進來的自然，那麼這又有什麼困苦可言呢？這正像一個執法官曾僱用一名演員，現在把他辭退讓他主動離開舞臺一樣。

　　斯多葛派哲人對死亡的看法是超脫的，他們認為死亡是合乎宇宙本性的事 ──「生命的終結對每個人都不是惡，因為它絕不是恥辱，這是由於它不依賴於意志也不對立於普遍利益，而且這還是件好事，因為它對宇宙來說是合乎時宜的和有利的，是跟宇宙一致的。」這是馬可·奧理略對於死亡的總體看法。

　　我們總是認為死亡是一個悲劇，是一件悲傷的事，是一個避諱，因此在我們的生活中，我們強調生命，甚至執著於生命，排斥死亡。這是一種非常偏頗的心態。試問，如果我們只歌頌白天，而不讓夜晚也發揮出它應有的功能，那麼我們的生活不是會嚴重地失去平衡嗎？宇宙的運行需要靠正反兩極的交互動作運作，只有正極而沒有負極是違反宇宙法則的。如果生命是正極，那麼死亡就是負極，它們兩者必須合作無間，人生的進行才會順利才會平衡。

　　如果你慶祝生命，那麼你也要慶祝死亡，因為生是死的開始，它們是綿綿不斷的、無始無終的生命長途裡的兩個極小點。永恆的生命包含生命，也包含死亡。

　　莊子的妻子去世了，惠施前去弔唁。當他來到莊子家時，看見莊子正盤腿坐在蒲草編的墊子敲著瓦盆唱歌呢。

　　惠施很不理解，責備他說：「你的妻子與你日夜相伴，為你生兒育女，身體都勞累壞了。現在死了，你不哭也就罷了，卻在這裡敲著瓦盆唱歌，不是太過分了嗎？」

　　莊子回答說：「你這話可就不對了。你知道嗎？當我的妻子剛死的時候我很悲傷。可是後來想了想，想清楚了，也就不悲傷了。你來聽我說說我的想法。我的妻子想當初是沒有生命的，不但沒有生命，而且連形體也沒有，不但沒有形體，而且連氣息也沒有。後來恍然間出現了氣息，由氣息漸漸地產生了形體，由形體漸漸地產生了生命。現在她死了，又由有生命的東西變成了無生命的東西，之後形體也會消散，氣息也會泯滅，完全恢復到原先的樣子。這樣看來，人生人死就像是春夏秋冬四季交替一樣，循環往復，無有窮盡。我的妻子死了，也正是沿著這一循環的道路，從一無所有的大房子中生出，又回歸到她原來一無所有的大房子裡面休息，而

我卻在這裡為此號啕大哭，這不是不懂得大自然循環往復的道理嗎？正因為如此，所以我止住了悲傷，不哭了。」

人的生死，都是大自然循環往復過程的展現。知道這個道理的人，隨著大自然的流轉而泰然處之，所以不分生死，不趨生，不避死，生不喜而死不悲。

點石成金

死亡是生命的另一面，就像一枚硬幣的另一面。除非你接受死亡，否則你將保持的只是一半生命的意義，你將保持偏頗。當你同時也接受死亡，你才會變得平衡，這時候你才掌握了生命的完整意義，一切都被接受了 —— 白天和晚上，夏天和冬天，光和黑暗，全部都被接受。當兩者都被接受，當生命兩極都被接受，你才能獲得平衡和鎮靜。生命是很美的，而死亡也跟生命一樣美；生命有它本身的祝福，死亡也應該得到祝福。

生命在恰當的時候終止，並非不幸。馬可‧奧理略對於生死的感悟，對我們具有現實的指導意義。

「沉思」有什麼用？

哲學皇帝的每日功課！讓「哲帝」來教你，該如何面對殘酷的世界，築起堅強的心靈堡壘！

編　　著：劉燁，王郁陽

發 行 人：黃振庭

出 版 者：崧燁文化事業有限公司

發 行 者：崧燁文化事業有限公司

E-mail：sonbookservice@gmail.com

粉 絲 頁：https://www.facebook.com/
　　　　　sonbookss/

網　　址：https://sonbook.net/

地　　址：台北市中正區重慶南路一段六十一號八
　　　　　樓 815 室

Rm. 815, 8F., No.61, Sec. 1, Chongqing S. Rd.,
Zhongzheng Dist., Taipei City 100, Taiwan

電　　話：(02)2370-3310

傳　　真：(02)2388-1990

印　　刷：京峯數位服務有限公司

律師顧問：廣華律師事務所 張珮琦律師

定　　價：399 元

發行日期：2023 年 11 月第一版

◎本書以 POD 印製

Design Assets from Freepik.com

國家圖書館出版品預行編目資料

「沉思」有什麼用？哲學皇帝的每日
功課！讓「哲帝」來教你，該如何面
對殘酷的世界，築起堅強的心靈堡
壘！/ 劉燁，王郁陽 編著 . -- 第一
版 . -- 臺北市：崧燁文化事業有限公
司 , 2023.11
面；　公分
POD 版
ISBN 978-626-357-724-4(平裝)
1.CST: 安東尼 (Antoninus, Marcus
Aurelius, 121-180) 2.CST: 學術思
想 3.CST: 哲學
141.75　112016022

電子書購買

臉書

爽讀 APP